ILAN GOREN

WO BIST DU, MOTEK?

Ein Israeli in Berlin

Aus dem Englischen
von Vanadis Buhr

GRAF

MIX
Papier
FSC FSC® C083411

Der Graf Verlag München ist ein Unternehmen
der Ullstein Buchverlage

ISBN 978-3-86220-025-2
Originalausgabe

Gesetzt aus der Minion
Satz: Uwe Steffen, München
Druck und Bindung: CPI – Clausen & Bosse, Leck
Printed in Germany
www.graf-verlag.de

»Jetzt ein Teufelskerl, Haarausfall später.« (Dave 1)
»Okay, mach weiter, mach dein Ding.« (Dave 2)

Inhalt

Erstes Kapitel
Der unheiligste Ort aller Zeiten
Spätherbst

Zweites Kapitel
Glücksritter
Winter

Drittes Kapitel
Auf dem Eis
Mehr Winter

Viertes Kapitel

Fliegen

Frühling

Fünftes Kapitel

Laufen

Sommer

Wo bist du, Motek?

Erstes Kapitel

Der unheiligste Ort aller Zeiten

Spätherbst

Die erste Mission

Ich war erschöpft nach meiner ersten Nacht als Berliner. Zu viel Weißburgunder, zu viel Lechaim, zu viele Farben.

Am Abend zuvor hatte mich der freundliche Direktor einer freundlichen Stiftung, die die deutsch-israelischen Bande stärken sollte, in ein neu eröffnetes Designhotel direkt an der Museumsinsel eingeladen. Er nahm mich zunächst zu einem Spaziergang in der Umgebung mit, dort, wo sich die grünbraune Spree in zwei schmale Arme teilt. Sie floss kühl und langsam an den Mauern des hoch aufragenden Doms dahin, vorbei am geschichtsträchtigsten Teil der Stadt, vorbei an dem, was einmal das steinerne Herz der DDR und, lange zuvor, das Ostjudenviertel Berlins gewesen war. In den Zwanzigerjahren wurde hier das jüdische Strandgut der russischen Revolutionen, polnischen Teilungen und galizischen Pogrome angespült. Ich sah sie vor mir, in abgetragenen Kaftanen, mit zerzausten Bärten, die Augen mit Salzlake gefüllt, eingelegt in Hoffnung und Verdammnis. Dort, wo heute, den großen Museen gegenüber, eine Promenade liegt, deren Ruhe an diesem Abend nur gestört wurde durch einen Akkordeon spielenden, gegelten Zigeuner mit seiner fordernd dreinblickenden Frau, an der ein Baby hing wie eine stumme Zimbel. In den Cafés am Wasser wurden glänzende, süßliche Pizzen für Touristen aufgewärmt.

Nach unserer Rückkehr, in der aufdringlich bunten Lobby des Kunsthotels, hatte der Gastgeber viel zu viele Gläser Weißburgunder auf den neuen Korrespondenten, also auf mich, gehoben. Wir stießen an auf die Freiheit der israelischen, der deutschen und der internationalen Presse, auf das Gedenken, die Hoffnung, die Ehrlichkeit und den Dialog – für alles ein eigenes Chin-Chin, Prost und Lechaim. Irgendwann verlor ich den Überblick. Und ich genoss es, von einem beschwipsten Funktionär ein ums andere Mal in den Stand eines »Sondergesandten des israelischen Fernsehens in Deutschland« erhoben zu werden. Später, in meinem kunstinspirierten Zimmer, in meinem viel zu weichen Bett, zwischen gelbgrünen Wänden, stieg der Weißwein dann pochend in meinen Nacken und hinauf in mein Gehirn. Ich dämmerte weg.

Schweißgebadet wachte ich auf. Hatte nicht ein Einheimischer irgendwas gesagt von deutscher Genauigkeit und der Notwendigkeit, die Uhr umzustellen? Aber auf was? Winterzeit? Oder war es Sommerzeit? Mit verquollenen Augen mühte ich mich, die Uhrzeit auf meinem Wecker zu entziffern. Er hatte mich im Stich gelassen.

Es war heller Tag, und ich hätte längst bei meinem Interview sein müssen. Wenn es etwas gab, was mir meine geliebte halbdeutsche Mutter eingeimpft hatte, so war es die Angst davor, zu spät zu einem geplanten Interview zu kommen.

Die jüdischen und christlichen Berliner Vorfahren meiner Mutter hatten beste Manieren, war mir immer gesagt worden. Juda und Else, die in den Zwanzigerjahren im Westen der Stadt zu Hause waren, hatten großen Wert darauf gelegt, dass man es nur durch Disziplin und harte Arbeit zu etwas bringt. Unpünktlichkeit allein hätten mir meine längst verstorbenen Ahnen vielleicht noch verziehen. Doch meine Verderbtheit reichte ja tiefer. Ich befand mich auf dem Weg in Europas größtes Bordell. Und das war noch dazu der einzige Termin des heutigen Tages, den ich selbst organisiert hatte, und meine erste journalistische Mission in der Stadt.

Offiziell war ich für zwölf Monate als Europakorrespondent für Channel 10 von Tel Aviv nach Berlin geschickt worden. So lange hatte ich Zeit, um die rutschige Karriereleiter zu erklimmen. Der Sender wollte Erfolg am Bildschirm. Ich auch.

Der eigentliche Grund, warum ich mich in die Arbeit stürzen wollte, war das dringende Bedürfnis, innezuhalten, zurückzublicken und mich umzusehen. Ich zog kurz nach dem Tod meiner Mutter hierher, vergangenen Sommer in Jerusalem, wo heruntergelassene Jalousien das helle Licht daran gehindert hatten, in das Krankenhauszimmer vorzudringen. Während meine Mutter auf grünen Laken in einer neonerleuchteten Grotte dahinwelkte, schwelgte sie in Erinnerungen an ein goldenes Berlin, in dem ihre Vorfahren ein zielgerichtetes Leben geführt hatten. Meine weltliche Mutter setzte alles daran, diese Leute quasi heiligzusprechen. Deutsch à la Mom zu werden musste ziemlich toll sein, stellte ich mir vor. Und womöglich würde diese Stadt einen Teil meines Schmerzes über ihren Tod in sich aufnehmen.

Engelbert Krümmels Reich höchster Ekstase

Ich hatte Herrn Engelbert Krümmel, den Manager des *Diana FKK Saunaklub mit Pool, Bio- und Finnische Sauna, Hamam, Sexkinos, Solarium, Restaurant und mehr*, bereits angerufen, mich mehrfach für meine Verspätung entschuldigt (»I am so sorry, it's just that I'm grief stricken and jet lagged«*) und feierlich geschworen, bis 11.15 Uhr am Hintereingang des Etablissements zu erscheinen, also nur fünfundsiebzig Minuten später als ursprünglich vereinbart. Aber ich wollte meinen Redakteuren beim israelischen Fernsehen zum Auftakt meiner Korrespondententätigkeit in Europa unbedingt einen unkonventionellen Bericht vorlegen. Die Art Bericht, den sie einerseits als »sexy« verkaufen konnten – »Dreihundert bezaubernde Mädchen erwarten in jeder Schicht ihre Kunden« – und andererseits als »hochbrisant« – »Dreihundert ausgebeutete Mädchen erwarten in jeder Schicht ihre Kunden«. Die Tatsache, dass keine Frau vor der Kamera erscheinen durfte, sollte diesem zweifachen Marketingansatz nicht im Wege stehen. Der Beitrag wurde bereits angeteasert als »Die nackte Wahrheit hinter Berlins glänzender Fassade. Heute in den Nachrichten auf Channel 10«. Dazu sah man Archivaufnahmen von jungen Frauen in Polyesterminiröcken.

Der Taxifahrer gab sein Bestes. Er hatte erklärt, er persönlich kenne Orte wie das *Diana* zwar nicht, doch: »Wenn es das ist, was du brauchst, bring ich dich hin, Inschallah!« Dabei hob er einen Finger, um den Ernst seiner Aussage zu unterstreichen, bevor er mit demselben Finger fünfzehn Se-

* Tut mir furchtbar leid, aber ich bin tieftraurig und todmüde.

kunden lang auf die Hupe drückte. »Arschloch, Ausländer, Schwabe!«, bellte er den anderen Autofahrern durch das offene Fenster entgegen, durch das der Ostwind hereinblies. Bis vor Kurzem war es noch Sommer gewesen in der Stadt. »Und wo kommen Sie her?«, fragte ich ihn auf Englisch. Ich fühlte mich dem Mann auf seltsame Art verbunden. »Ich? Wedding. Und Palästina«, grinste er.

Da war es schon 11.20 Uhr. *»Scheise!«*, brachte ich heraus, mein erstes deutsches Wort auf deutschem Boden. Zumindest war es nicht das unumgängliche *»schnell schnell«* meiner Generation, die mit einer audiovisuellen Kost aus deutschen Softpornos und harten israelischen Dokumentarfilmen aufgewachsen war. »Vielleicht wissen Sie ja den Weg?«, fragte er. Aus dem Radio blubberte etwas, was sich anhörte wie *fierutneunzichdreidersupermix.*

»Ich weiße nicht.« Ich erinnerte mich an ein Familienfest in meiner Kindheit, bei dem alle von mir entzückt waren, dem kleinen Wunderkind, das fließend Deutsch sprach. *»Ich weiße nicht. Ich komme aus die Wuste.«* Wo hatte ich diesen Tarnausdruck her? Ich wusste es nicht.

»Da ist es, da ist es!«, rief ich, als ich auf der anderen Straßenseite plötzlich eine Werbetafel mit rosa Lippen auf einem würfelförmigen Industriegebäude sah. Und dann: »Halt, halt!«, wie in einem schlechten Kriegsfilm, in dem blond gescheitelte Totenkopfmajore skandierten, wie sie das auf dem Bildschirm unseres Schwarz-Weiß-Grundig-Fernsehers taten, den Mutter in vierundzwanzig Raten abgezahlt hatte. Ich ließ den Fahrer sitzen, der erneut etwas über Ausländer murmelte.

Es war 11.52 Uhr, und ich schwitzte mächtig, als ich beim Eingang angelangt war. Engelbert rief mich auf dem Handy an, um mir zu sagen: »Zer iz no point in ze meeting at zis late hour.«* Doch ich musste mich dem Schicksal stellen und auch Herrn Krümmels blondiertem Vokuhila, blondem Schnauzer und silbernen Koteletten. Als ich endlich vor ihm stand, erbarmte er sich und gewährte mir einen schnellen Rundgang durch sein Etablissement. So erhielt ich Erläuterungen zu harmonischen Kombinationen aus mit Polyestertigerfell bezogenen Chaiselongues und vergoldeten dorischen Plastiksäulen. Ringsum brannten Fackelleuchten mit Zellophanflammen.

»Zis is like a temple but a relaxing place. Zer iz a discount for taxi drivers und pensioners«**, erklärte Engelbert, während ich eine Suite namens *Hellenistischer Hedonismus* filmte. Nie zuvor hatte ich einen so schamroten Raum gesehen: Auf einem riesigen runden Bett lagen eine bordeauxrote Decke und rubinrote Kissen. Die Vorhänge waren in Safran und Ketchup gehalten, die lachsfarbenen Wände verziert mit Silhouetten verschlungener Körper in Flieder und Indigo, nackt, geschmeidig und in höchster Ekstase. Genau das, was man sich vorstellt bei einer Orgie, in die Nutten, Taxifahrer und herumtollende Rentner mit Dauerkarte involviert sind.

Eigentlich wollte ich nichts anderes, als meinen Chefredakteur davon überzeugen, dass ich einen Exklusivbericht über die Sexindustrie in Deutschland unmittelbar vor dem zwanzigsten Jahrestag des Mauerfalls hinkriegte, ein Ereignis, »which brings maaeeny nice clients from Israel into our establishment, even if zey need a long long time to un-

---

* Nun lohnt es sich nicht mehr.

** Es ist wie ein Tempel, aber auch ein Ort zum Entspannen. Taxifahrer und Rentner bekommen Rabatt.

derstand our rulez and regulations*«, wie Engelbert es ausdrückte.

Später schrieb ich dem Chefredakteur der Nachrichtenabteilung eine SMS: »Bordellbesuch war fantastisch, keine Zeit für einen Kommentar vor der Kamera im Sexkino, aber Interview mit blondem, schnauzbärtigem deutschem Platzhirsch der Zuhälterszene.« Er schrieb zurück: »Perfec!«

»Was machst du mit dem Deutschen?«

Zu den Weltmeisterschaften 2006 hatte ich es versäumt, nach Deutschland zu reisen, als in den Köpfen der Fernsehzuschauer der Welt – und in Israel – das neue Deutschland offiziell geboren wurde und Berlin zum unheiligsten, angesagtesten Ort aller Zeiten aufstieg. Ein Ort, an dem Prostitution legal ist und auf Werbetafeln im Bus beworben wird, Zuspätkommen aber undenkbar ist. Und jetzt war ich hier, in dieser Stadt, die Urgroßvater und Urgroßmutter vor langer Zeit verlassen hatten. Der Tod meiner Mutter hatte mir den letzten Anstoß gegeben für die Reise hierher.

Ihr Leben, so wurde mir klar, hatte etwas von einer schmerzvollen Werbekampagne gehabt; schließlich hatte sie über Jahrzehnte hinweg beinahe alles Deutsche enthusiastisch gelobt und gepflegt, wobei Kinderreime, Holzspielzeug, Zartbitterschokolade und qualitativ hochwertige Küchengeräte ganz oben auf der Liste rangierten. Ihre Hauptzielgruppe, meine Schwester und ich, hatten mitunter Probleme

---

* … das viele nette Kunden aus Israel in unser Etablissement bringt, auch wenn sie lange, lange brauchen, bis sie unsere Regeln und Vorschriften verstehen.

damit gehabt, ihre sehnsüchtigen Werbebotschaften zu verstehen.

Ich schäme mich noch heute für den Tag vor etwa dreißig Jahren, an dem sie mich mit feierlicher Geste mit orangefarbenen Wollsocken in meinen braunen Ledersandalen zur Schule geschickt hatte, bevor sie zur Arbeit ins Krebsforschungszentrum gefahren war. Ich sah aus wie ein Idiot. Wie viel lieber hätte ich gefälschte »Adidas« oder »Puma« getragen, wie die anderen Jungs.

Ich schnitt mir mit einer Nagelschere kleine Löcher in die orangefarbenen Socken und behauptete später, ein paar Jungs aus Bethlehem hätten mich mit Steinchen beworfen, die wiederum meine Socken zerstört hätten.

»So ein Quatsch!«, zischte meine Mutter. »Wenn ich daran denke, wie teuer die waren! Wo ich doch kaum Geld übrig habe, zumal dein Vater nicht mehr …« Ihre Stimme überschlug sich fast. »Mein Sohn ist ein Schwindler … und ein Banause. Deutsche Jungs lieben es, grüne Socken zu ihren Sandalen zu tragen.«

»Orangefarbene«, schoss ich zurück. »Jeder hat mich Shiknoz genannt!« Das ist eine beleidigende Bezeichnung für neurotische, verpeilte Kinder mit europäischen Wurzeln. Ich beneidete meine sephardischen Klassenkameraden mit Wurzeln aus Nahost oder aus Nordafrika. Deren Eltern schienen den Weg zum Scheidungsanwalt nicht zu kennen, dafür aber wussten sie, wo man supercoole Windjacken kauft. »Du und dein Deutschland. Aber wenn deine eigene Mama von dort anruft, gibst du mir sofort den Hörer weiter, und ich muss mit ihr sprechen! Und dabei darf ich sie nicht mal Oma nennen. Sie ist aber nicht irgendeine Jutta, sondern deine Mutter!«

Für einen Moment schwieg sie, dann gab sie mir eine Ohrfeige. »Du weißt gar nichts über meine Mutter«, fauchte sie. »Sie ist gemein und unzuverlässig … im Gegensatz zum Rest meiner Familie. Und den meisten Deutschen.«

Als meine Mutter bereits sehr krank war, habe ich sie an die Geschichte erinnert, und ein scharfes Lächeln schnitt ihr von Angst und starken Medikamenten verzerrtes Gesicht in zwei Hälften. »Du hast schon damals gern geflunkert. Und dann bist du ja auch Journalist geworden.«

»Ich bin dafür, dass man die Wahrheit erzählt. Und nicht in Sandalen mit Socken herumläuft«, sagte ich.

Sie lächelte und sah mich prüfend an. »Was machst du mit dem Deutschen?« Ich weiß nicht genau, ob sie die Sprache, die Menschen oder die Familie meinte.

In der Lücke, die meine Mutter hinterlassen hatte, wuchs der Drang, etwas über meine deutschen Wurzeln und Vorfahren zu erfahren.

Lara und Niklas

Unter den Dingen, die meine Mutter mir hinterließ, war eine Stofftasche mit der Aufschrift »My mother went to Schwarzwald and all I got was this scheisse tasche*«, die noch an ihrem Krankenhausbett hing, als ihre Leiche schon längst weggebracht worden war. Ich nahm die Tasche und ging mit ihr zum Einkaufen. Um sie mit Schokolade zu füllen. Mit »Ritter Sport«, genauer gesagt. Denn das hatte ich von mei-

* Meine Mutter war im Schwarzwald, und was bringt sie mir mit? Diese Scheißtasche!

ner Mutter übernommen: immer einen Vorrat an Schokolade dazuhaben. »Nur das Gute ist gut genug für Hirn und Gemüt«, pflegte sie zu predigen.

Ich erzählte Lara davon, meiner engsten deutschen Freundin, die auch in Berlin lebte.

Ich war Lara ein paar Jahre zuvor auf einer Dachterrassengrillparty zum Unabhängigkeitstag in Tel Aviv begegnet. Über der Stadt hing eine Wolke von fettigem Dampf, die nur hin und wieder von Militärflugzeugen durchbohrt wurde, die zur Feier des Tages ihre Kunststücke vorführten. Wir betrachteten den durchlöcherten Himmel. Lara klaubte eine Keule vom Grill und erhob sie: »Auf unseren Höhenflug! Komm mich mal in Deutschland besuchen, ja?« Das war der Beginn einer Freundschaft, unter einem Baldachin von Chicken Wings und F16-Kampfjets.

Jetzt feierten wir unser Wiedersehen in Berlin bei einem Abendessen in einem teuren Restaurant, zusammen mit Laras Freund Niklas. Alle drei – er, sie und das Restaurant – waren Beispiele für das neue Berlin, echte Bewohner eines gelobten Landes, von dem so viele Israelis träumen: klug, intelligent, selbstsicher und nett zu Ausländern, Zuwanderern und jeglichen anderen Außenseitern. Sie waren beide Journalisten und liebten Asics Sneaker, Adidas-Kletterschuhe, Prenzlauer-Berg-Cafés mit Baukastennamen wie *Sowohl als auch* und *Lass uns Freunde bleiben*, alte Loriot-Sketche und die *Fantastischen Vier*. Und die Alpen und Berlin und Tel Aviv und Spargel und Rhabarber. Nur darüber, ob Bushido sexy ist, konnten sie sich nicht einigen.

Lara war blond und Niklas braunhaarig. Sie erzählten mir von ihrer Kindheit im Ruhrgebiet Anfang der Achtzigerjahre und wie viele glückliche, aber oft auch schmerzvolle Erinnerungen sie mit Borussia Dortmund und Bayer Leverkusen verbanden. Ich erzählte ihnen, dass für mich als Kind diese Namen, übrigens auch »Bayern«, magische, ferne Orte darstellten, wenn ich den Bundesliga-Berichten im israelischen Radio lauschte. »Borussia und Bayern haben 1:1 gespielt?«, fragte die tiefe Stimme des Moderators »unseren deutschen Fußballexperten«, und die andere Stimme antwortete: »In der Tat. Der Kampf der Titanen fand im eisigen Borussia statt. Nächste Woche gibt es ein Rückspiel im tief verschneiten Bayern.«

Münster hingegen zählte nicht zu diesen Märchenlandnamen meiner Kindheit. Dort lebte jemand, den meine Mutter nur »diese Frau« oder »Jutta« nannte. »Großmutter« oder »Oma« wurde sie nie genannt. In unserem Leben war sie nur präsent durch seltene Anrufe mit gepresster Stimme und seltsamem Akzent. Außerdem waren da ein altes Kinderbuch, auf dessen erster Seite ihr Name in Kinderhandschrift stand und das von abtrünnigen Kindern erzählte, die wegen schlechten Benehmens in den Ofen gesteckt wurden, und die sepiafarbenen Porträts von Juttas Eltern – meinen Urgroßeltern –, die meine Mutter als »die Berliner« verehrte.

Meine Mutter hatte nicht viel Geld, als geschiedene Frau Mitte dreißig mit zwei Kindern. All ihre Energie und Hoffnung bezog sie wöchentlich aus einer Dosis deutscher Schokolade: eine Hundert-Gramm-Tafel »Ritter Sport«, »Sarotti« oder »Milka«. Der einzige Ort in Jerusalem, wo man sie kaufen konnte, war ein kleiner Eckladen, geführt von einem Alkoholiker mit einer Schwäche für Süßes und Damen in Not. Meine Mutter konnte sich die hochwertige importierte Süßigkeit kaum leisten, doch irgendwie reichte es immer.

Sie klapperte in ihrem Käfer zur Arbeit und erzählte uns immer wieder, dass wir Hitler dieses wunderbare Auto zu verdanken hätten – und Deutschland die ausgewogene Mischung aus Mandeln und Kakaobutter. Ihre Finger rochen nach den radioaktiven Giften, mit denen sie bei der Arbeit mit Gewebekulturzellen hantierte. Aber als Vorschüler konnte ich nur an diesen einen Moment denken, wenn ihre müden Daumen die Tafel in kleine Stückchen brachen und ihre Stimme uns befahl, niemals Schokolade zu essen, die weniger als vierzig Prozent Kakao enthielt, und wenn doch, dann niemals das Zeug, das in Nahost als echte Schokolade durchgeht. »Lasst das den *schwarze vilde khaye*«, kicherte sie immer, ungnädig gegen die ahnungslosen Menschen, die sie umgaben.

»Wem?«, wollte Niklas wissen.

»Den schwarzen wilden Tieren. Das ist Jiddisch«, erklärte ich.

Niklas versuchte, ein Lächeln zu verbergen. Lara dagegen fand das nicht amüsant. Dann schwiegen wir wieder eine Weile.

»Meint ihr, man kann in Gedanken kauen?«, überlegte ich.

»Natürlich kann man das«, sagten sie gleichzeitig.

Die beiden waren so entspannt und gastfreundlich, dass die stehende Einladung, auf ihrem Sofa zu kampieren, mich fast schon verunsicherte. Ganz im Gegensatz zu der Leichtigkeit, mit der ich offizielle Angebote annahm, auf Steuerzahlers Kosten in Nobelhotels unterzukommen.

Jedenfalls verbrachte ich nach jenem ersten Abendessen drei Tage auf ihrem sehr gemütlichen braunen Sofa, ehe ich meine eigene feste Bleibe in der Gleimstraße fand, nahe der Schönhauser Allee. Oder *Shen Auzer Ale*, wie wir Israelis den Straßennamen sorgfältig falsch aussprechen, mit dieser Art linguistischer Galligkeit, die denen gestattet sei, die unerwartet zurückgekehrt sind.

Omer

Niklas und mein Kollege und Freund Omer halfen mir, das lächerlich schwere Ikea-Sofa, das mir inzwischen ans Herz gewachsen war, bis in den zweiten Stock des Hinterhauses zu schleppen.

Omer war bei einer angesehenen israelischen Tageszeitung für die Nachrufe verantwortlich. Aber sein Faible für Wiedergeburt war durch die Beschäftigung mit den jüngst Verstorbenen keineswegs bedient. Er liebte voll gestopfte Archive aller Art, und Archivare auf der ganzen Welt hassten und bewunderten seine Fähigkeit, zerbröselnde Manuskripte und verschollene Mikrofilme auszugraben – die Skelette von Geschichten.

Ich lernte ihn an Bord eines Flugzeugs von Tel Aviv nach Berlin kennen, beide waren wir als Journalisten für eine deutsch-israelische Verbindung in Berlin eingesetzt. Wir rekelten uns in den Polyestersesseln der Business Class und blätterten durch Omers neueste Entdeckung, Max Brods persönliches Tagebuch, das irgendwie seinen Weg vom Küchenschrank einer unverheirateten alten Dame aus Tel Aviv in Omers Rucksack gefunden hatte. Omer war ein Kenner der deutschen Sprache und Kultur und brachte mir nützliche Wendungen bei wie »Noch einen Schampus, bitte« und »Lass uns in Ruhe, bitte«. Das »bitte« schenkten wir uns immer häufiger, je näher wir an Berlin waren.

Als das Flugzeug landete, wusste ich Omers Eigenarten längst zu schätzen. Am eindrucksvollsten war seine Kunst, den Gesichtsausdruck innerhalb eines Sekundenbruchteils von einem breiten Grinsen in tiefste Düsterkeit zu verwandeln. Damit hatte er bereits eine Menge Leute in Tel Aviv überrumpelt, erzählte er mir und rülpste zufrieden. »Ich verspreche mir noch bessere Ergebnisse bei den Deutschen.«

Wenige Wochen später wurde seine Vermutung einem Test unterzogen. Nämlich als eine wehmütig dreinblickende Dame mit ockerfarbenem Haar nach einer Veranstaltung zum zwanzigsten Jahrestag des Mauerfalls allein und unscheinbar aus dem Friedrichstadtpalast trat. Omer und ich begegneten ihr zufällig, als sie zwischen Dutzenden ununterscheidbarer schwarzer Autos nach ihrem außergewöhnlich gewöhnlichen schwarzen Auto suchte. Als wir merkten, dass es die deutsche Kanzlerin war, schoss uns sofort das Blut in jenes Organ, das automatisch im Gehirn jedes israelischen Journalisten arbeitet: der iranische Bedrohungskortex. Wir bombardierten sie mit Fragen zum »Handel mit den Mullahs« und der »deutschen Verantwortung«, nur um mit einer Handbewegung von ihr verscheucht zu werden. Ich imitierte Omers Miene: gemessen und ernst, als ich eine Frage stellte, und vollständig fröhlich, als ich von der Kanzlerin die Abfuhr erhielt. Ihr einziger Leibwächter schien von dieser Taktik unbeeindruckt. Er musste nicht eingreifen. Und wir konnten eine tolle Geschichte über die »laxen Sicherheitsvorkehrungen in Berlin« machen – Omer in einer Zeitung und ich im israelischen Fernsehen –, was uns beiden das Lob unserer Chefs einbrachte.

Omer und ich lernten noch etwas an jenem Tag: Als wir einen Herrn mit vollem silbergrauem Haar und sehr gesunden Zähnen nach dem Weg fragten, antwortete der alte Mann auf Englisch, und seine überraschend weißen Zähne klapperten bei jeder Silbe, als er uns folgenden kryptischen Rat gab: »Es gibt aber eine Konstante, die Sie nicht vergessen sollten, wenn Sie sich in Berlin bewegen. Wo oder wann Sie auch nach oben blicken, Sie sehen immer den Fernsehturm am Alex. Er steht im Herzen Ostberlins.« Er lächelte wissend und tätschelte mir glücklicherweise nicht den verdutzten Kopf.

Sein Rat sollte sich allerdings als verwirrend herausstellen. Ich ging nämlich davon aus, dass der Alexanderplatz – erst viel später konnte ich ihn »Alex« nennen, ohne mir komisch dabei vorzukommen – immer östlich von mir liegt, wie Jerusalem oder Mekka. Der örtliche Ostpol ist aber nur dann einer, wenn man westlich von ihm steht. Das ist hilfreich, wenn man sich in der Friedrichstraße verläuft, aber nicht, wenn man ratlos in Friedrichshain, benommen in Prenzlauer Berg oder hipsterisiert in Kreuzkölln ist. Und es bringt einen nicht weiter an grauen, kalten, nebligen oder regnerischen Tagen, wenn die silbrig glänzende Kugel mit der schweren Wolkendecke über Berlin verschmilzt. An einem normalen Novembertag, so wie an neunzig Prozent aller anderen Tage in dieser Stadt, ist das der Fall.

Der Soundtrack des ersten Winters

Wie auch immer, ich merkte bald, dass ich in meiner neuen Wohnung in der Gleimstraße von musizierenden Nachbarn umgeben war. Im ersten Stock lebte eine namenlose, niemals lächelnde ukrainische Klavierlehrerin mit einem Gesicht, säuerlicher als Spreewaldgurken. Dann war da im dritten Stock Alexej, ein herzlicher Russe mit Pferdeschwanz, dessen Visitenkarte ihn als »Glasharfenkünstler« auswies und sein lächelndes Porträt vor einem Hintergrund aus Sektgläsern und einem Wasserfall zeigte. Er spielte jeden Sonntag vor dem Pergamonmuseum.

Und dann gab es noch Dave, meinen direkten Nachbarn, ein selbst ernannter »klassischer Fall von desillusioniertem britischem Zigeunerrockstar«, der sich seinen Lebensunterhalt als Stuckateur verdiente, wenn er Arbeit fand. Dave sah man nur selten ohne Mode- und Klassenbewusstsein. Ersteres manifestierte sich im Tragen eines Tiroler Jägerhuts oder einer Sherlock-Holmes-Mütze, eines Tweedjacketts, eines seidenen Ascotschlipses und brauner Oxfordschuhe, die vom vielen Polieren schon ganz durchscheinend waren. Und das Klassenbewusstsein dadurch, dass er sich seinen Lebensunterhalt auf Baustellen verdiente und proanarchische, antikapitalistische Hymnen auf einer unbezahlbaren Telecaster schrubbte. Auf diese Weise unterstützte er das Recht der Menschen auf das, was der überwiegende Teil der Gesellschaft »Aufstand« nennen würde und er »Zorn«.

Einmal, als Dave seine Gitarre allzu heftig aufjaulen ließ, schickte die ukrainische Klavierlehrerin ihre eigene Version des sowjetischen *Pioniersky* nach oben – einen zarten, schüchternen Jungen mit formloser Ostblockfrisur. Der blasse Abgesandte informierte Dave pflichtgemäß: »Mama hat gesagt, dass sie die Ausländerbehörde und die Polizei und das Steueramt benachrichtigen wird.« Dave, der gerade seinen karierten Tweedanzug und einen dreieckigen Filzhut trug, lachte und tätschelte dem Kind den indoktrinierten Kopf. »Sag deiner Mama, wenn sie mir etwas zu sagen hat, soll sie einen mündigen Erwachsenen heraufschicken.«

Die kombinierten Talente der Musiker sollten den Soundtrack zu meinem ersten gnadenlosen Berliner Winter bilden. Dave schrubbte auf seiner Gitarre und vermietete seine Wohnung an Rockbands aus entlegenen und exotischen Orten wie Australien, Island und Braunschweig; die Klavierlehrerin hämmerte eine unvollendete Sonate, deren erster und einziger Satz jeden Nachmittag durch die Dielen meiner Wohnung drang; und die himmlischen Klänge von Alexejs Gläsern schwebten durch meine Decke herab.

Unter Amateurathleten

Wenn die Livemusik in unserem Haus ihren Höhepunkt erreichte und darauf länger als eine halbe Stunde verharrte, musste ich raus. Ich nahm dann mein altes Hobby Joggen wieder auf – eine sichere Methode, zum eigenen Kern vorzudringen, während du ein Stück weiterkommst. Durch Joggen wollte ich versuchen, die Energie zu verarbeiten, die mir aus den vielen Generationen meiner Familie zufloss, die sich in und um Berlin bewegt hatten. Zunächst einmal trainierte ich auf der von Flutlicht beleuchteten Laufbahn an der Cantianstraße. Sie liegt gleich um die Ecke von meiner Wohnung, gegenüber einem neonbeleuchteten Waschsalon und einer schummrigen Fußballkneipe.

Ich staunte immer über die Gleichgültigkeit, mit der die Einheimischen die vielen Frauen akzeptierten, die ihre Bugaboo-Kinderwagen aus Titan inklusive ihrer stillen, gehorsamen Babys um die Bahn schoben, und die Männer, die in neonglänzenden Polyesterstrumpfhosen ihre Runden drehen. All diese deutschen Amateurathleten waren so still und präzise, ausgestattet mit Schrittzählern und atmungsaktiven Socken, die mit L und R gekennzeichnet sind, damit man sie nicht verkehrt herum anzieht. Sie hatten einen ritualisierten Zugang zum Laufen, und anfänglich wollte ich das genauso handhaben.

Um Schmerz und Langeweile zu lindern, meine einzigen Begleiter während meiner ersten Laufrunden, zählte ich die Schritte pro Kilometer oder die Atemzüge pro Runde. Ich musste daran denken, wie ich als Sechsjähriger dem zunehmenden Rückzug meiner Eltern voneinander dadurch begegnet war, dass ich mein eigenes kompliziertes System aus Regeln und Vorschriften entwarf. Das gab mir Halt. Ehe ich zu Bett ging, ordnete ich die Schnürsenkel meiner Turnschuhe in einer Weise an, die nur ich verstehen konnte. Dann stellte ich die Schuhe auf den Boden an eine Stelle, die exakt durch den Lichtstrahl bestimmt wurde, der durch die einen Spaltbreit geöffnete Tür fiel – wobei auch die Breite des Spaltes das Ergebnis ausführlicher Messungen und Justierungen war. Dann tippte ich mit den Fingern der rechten Hand auf den hölzernen Nachttisch, der vor vielen Jahren meiner Urgroßmutter gehört hatte. Meine Finger wanderten von links nach rechts, dann von rechts nach links, dann wieder von rechts nach links und dann ein letztes Mal von links nach rechts. Dann wiederholte ich das Ganze mit der linken Hand. Viermal Klopfen pro Finger, zwanzigmal Klopfen pro Hand, vierzigmal Klopfen insgesamt. Erst dann konnte ich einschlafen.

Das gegenwärtige Ritual war nicht so viel anders: immer wieder die Stoppuhr checken, den Abstand zwischen Geschwindigkeit und Zeit messen, sich mitten beim Laufen Sorgen machen, ob das blöde L auch wirklich auf meinem linken Fuß gelandet war und das R auf dem rechten. Klar, auf dieser Laufbahn zu schlappen bescherte einem ein paar unvergessliche Anblicke von erwachsenen Männern, die ihrerseits in Strumpfhosen herumschlappten. Aber eben nur eine vorübergehende Erlösung vom Schmerz, der Langeweile und mir selbst.

Irgendwann Mitte Oktober ging ich also im Grunewald laufen. Dort war ich alsbald sehr erstaunt über die weißen Riesenblasen, die auf einmal vor mir erschienen. Aha, der Teufelsberg. Darüber hatte ich gelesen. Der künstliche Hügel erhebt sich etwa achtzig Meter über die Ebene, aufgehäuft aus dem ganzen Schutt, der nach dem Zweiten Weltkrieg überall rumlag. Und dann bauten die USA hier eine Flugüberwachungs- und Abhörstation, die inzwischen, seit die Streitkräfte abgezogen sind, es die DDR nicht mehr gibt und auch Deutschland hier keine Radarstation mehr unterhält, leer steht. Schräg.

Ich lief weiter. Ein Pfad führte zu einem kleinen See, dunkelgrün und glatt. Es war noch mild, und so wäre es nicht weiter überraschend gewesen, ein paar Menschen am Strand zu sehen. Doch der Anblick, der sich mir bot, traf mich dann doch unvorbereitet: Dutzende nackter Körper allen Alters und jeglicher Farbe waren am Ufer verstreut, badeten in den letzten butterfarbenen Sonnenstrahlen oder im gurkengrünen Wasser. Zwei Veteranen sprangen aus einem goldbraunen Blätterbett und gesellten sich fröhlich zu mir, ihre silbernen Mähnen und rosa Penisse schwangen frei in der frischen Brise. Nur ihre Füße waren bekleidet, mit roten Laufschuhen. Ich wandte mich ihnen zu, sorgsam darauf bedacht, meine Augen nicht unterhalb ihrer Schlüsselbeine wandern zu lassen, und murmelte: »Entschuldigung, was bedeutet diese ... äh ... also diese Nudität?«

»Hier ist FKK – Freikörperkultur!«, antworteten sie im Vorbeilaufen. »Ist gesund und schön, verstehen Sie?«

Die FKK-Jogger liefen weiter, ihre baumelnden Hodensäcke entfernten sich.

Ich zog mich zurück. Das waren in der Tat neue Impressionen.

Aber wenigstens wusste ich jetzt, was FKK bedeutet.

Karen

Wir lernten uns in Israel auf einer Hochzeit kennen. Meine Mutter war beerdigt. Es war ein schwüler Abend wenige Tage nach dem Ende von Shiv'a, der siebentägigen jüdischen Trauerwoche. Während der Shiv'a soll man sich essend und trinkend seinen Weg durch die dumpfe Wolke der Trauer suchen. So viel anders, was die Massen von Speisen und Getränken betrifft, geht es eigentlich auch auf einer israelischen Hochzeit nicht zu, nur weniger lang. Und fröhlicher. Ich stand neben einem Hochzeitsbüfett und sah geistesabwesend zu, wie Berge von Hühnchen unter glasierten Bohnen begraben wurden.

Die Hochzeit war eine klassische Fusion zweier führender Teile der israelischen Gesellschaft. Ein Hightechmanager mit braunem, gnadenlos gestutztem Haar, das sowohl Kühnheit als auch Kahlheit suggerierte, heiratete eine blond gesträhnte Fernsehmoderatorin. Eine Finanzblase fusionierte mit Medienblubber.

Ich kam zu spät, weil ich durch einen Rüffel meines Chefredakteurs aufgehalten worden war. Er wollte wissen, wie ich an diesem Tag im Morgenmagazin mit solcher Selbstsicherheit die Schlagzeilen des Vortags hatte vortragen können. Das hatte der Konkurrenz einen Festtag beschert. Meinem Chef schien die Wahrheit nicht aufzufallen – oder sie war ihm egal: In meinen Augen hatten alle Schlagzeilen, Storys und Soundbites – neue wie alte gleichermaßen – denselben schalen Beigeschmack wie die Teigwaren, die die Trauergäste in der Shiv'a gespendet hatten. Ich beschränkte mich allerdings darauf, mich kleinlaut zu entschuldigen.

»Tja, du hast ja reichlich Zeit, über diesen Livepatzer nachzudenken, bevor du nach Deutschland gehst. Ich will nicht, dass sich unser Europakorrespondent schlecht fühlt. Komm also wieder auf die Füße. Angeblich hast du ja starke Füße.« Er klopfte mir auf den Rücken. Sein Atem roch säuerlich nach Zigaretten und schlechten Quoten. »Ein Kameramann hat mir erzählt, wie du diesen Möchtegernwissenschaftler und Nobelpreisträger erwischt hast, der partout nicht vor die Kamera wollte. Das ist die richtige Einstellung, mein Europakorrespondent!« Er geleitete mich zur Tür und aus seinen Augen.

Seine Stimme hallte noch in mir nach, als ich zusah, wie gebratene Hühner apathisch auf der vorletzten Station ihres Lebens brutzelten. In den Sektgläsern stand lauwarmer Champagner. Meine Beine fühlten sich hohl und taub an.

Dann sah ich Karen.

Sie unterhielt sich gerade mit einem ihrer Vorgesetzten, einem Mittfünfziger, der aus fünf Kriegen berichtet und sechsmal geheiratet hatte. In ihrer Eigenschaft als Reiseredakteurin des staatlichen Fernsehens musste sie nicht nur über griechisch-türkische Pauschalreisen Bescheid wissen und fließend PR-Talk sprechen, sondern auch die Männer abwehren – aber nie beleidigen –, die sich zu ihr hingezogen fühlten wie der Straßenpöbel zur Livekamera.

Sie stand an einen Holztisch gelehnt, der ein wenig zu niedrig war für ihre hohe, schmale Gestalt. In einer Hand hielt sie eine *Baggardi-Cola* – der Brautvater hatte enorme Summen in den besten Bacardi-Ersatz, den man für Geld kriegen konnte, investiert –, in der anderen eine Zigarette. Ihr pfirsichfarbenes Kleid kontrastierte mit ihren grünen Augen und passte perfekt zu ihrem kastanienbraunen Haar.

Ich kannte sie flüchtig, seit sie vor ein paar Jahren mit einem meiner selbstbewussten Kollegen zusammen gewesen war. Abgesehen von einem gelegentlichen »Hi«, das ich in ihre Richtung murmelte, hatte ich nie den Mut aufgebracht, die hübscheste Journalistin des israelischen Fernsehens anzusprechen.

»Hey, wie ist es dir in den letzten fünf Jahren ergangen? Ich hab gehört, du bist wieder solo!« Ich bereute meine Plumpheit sofort, aber es reichte, um den polyamoren Manager zu vertreiben.

»Na ja, ganz gut. Ich versuche zu arbeiten.« Sie machte eine Handbewegung in Richtung des abziehenden Chefs. Ihre Stimme war tief und angenehm. »Und du?«

»Ach, meine Mutter ist gestorben … vor zehn Tagen.«

»Oh.« Ihre grünen Augen waren verschleiert wie Meerwasser voller Algen. »Das tut mir sehr leid. Was ist passiert?«

»Krebs. Jetzt habe ich niemanden mehr, der mich fragt *Was willst du?* und *Was machst du?*«

»Was heißt das?«

»Keine Ahnung, das ist deutsch. Aber vielleicht finde ich es bald heraus. Ich werde ein bisschen Zeit dort verbringen, in Berlin. Vielleicht zwei Monate, mal sehen.« Ich spielte den Zeitraum extra ein wenig herunter, um ein mögliches Interesse ihrerseits nicht im Keim zu ersticken. »Ich glaube, es ist klasse, da ein bisschen abzuhängen, als internationaler Korrespondent und so ... ein bisschen Abenteuer.«

Ich erzählte Karen von meiner Mutter. Da sie selbst eine Krebsforscherin gewesen war, hatte sie ein genaues Auge auf die Dosierungen der Medikamente und das Timing der Verabreichung. Die Stationsschwestern nannten sie bald »den Monitor aus Zimmer 14«.

Karen lachte.

Ich erzählte weiter, dass meine Mutter manchmal rief: »Sie sind schon sieben Minuten zu spät dran! Sie dürfen aber die abendlichen Schmerzmittel nicht mit den Schlafmitteln für die Nacht mischen!«

Karen schenkte mir ein halbes Lächeln, das genügte, um die stickige Spätsommerwolke zwischen uns zu vertreiben. »Außerdem stammt meine halbe Familie von dort. Sagen sie jedenfalls. Ich meine, das hat sie gesagt. Wir ... sie hatten mal ein wunderbares kleines Haus in Charlottenburg. Ich glaube jedenfalls, dass sie mir das erzählt hat ...« Mir war bewusst, dass ich nuschelte. »Du solltest mich mal besuchen kommen!« Jetzt klang meine Stimme schrill.

»Du siehst ein bisschen hungrig aus. Wollen wir Kurs aufs Büfett nehmen? Ich erspähe da eine Insel aus Brokkoli in Wasabikruste am Horizont«, lockte sie mich. Als wir endlich den Archipel aus Woks durchschifft hatten, war mein Teller voll und mein Appetit vergangen. Karen murmelte mit tiefer, rauchiger Stimme: »Du weißt, dass du kannst, wenn du willst, oder?«

»Was kann ich?«, murmelte ich, doch dann merkte ich, dass etwas auf die Mondlandschaft auf meinem Teller tropfte. Ich weinte. Die Tränen bildeten einen winzigen See auf einem Berg aus Kartoffelpüree; das Wasser spiegelte die roten und lilafarbenen Discolichter wider. Es fühlte sich gut an, Karen durch ein Kaleidoskop aus Kartoffelpüree und Tränen zu beobachten. Plötzlich wünschte ich, meine Mutter könnte mich sehen, wie ich mit diesem Mädchen sprach.

»Sie war bis zum Ende deutsch, weißt du?« Ich hob mein Glas und Karen auch. »Auf Kinderreime und Marzipan und Anständigkeit und Ehrlichkeit.«

»Und jetzt isst du was«, ordnete sie an. Es war, als würde Karen mich seit zehn Minuten *und* ein Leben lang kennen. »Dein dunkler, hungriger Blick ist irgendwie sexy, aber auch beunruhigend. Wie die Itzkales und Yonkeles in den Bildern aus dem frühen 20. Jahrhundert.«

Ich stocherte in meinem Essen, aß einen Bissen oder zwei. Dann schlang ich alles herunter. Sie stand auf und kam mit einem Teller voller Süßigkeiten und Konfekt zurück – Windbeutel, Eis, Marzipan, Kekse und Schokoladenfondant, Schokoladentrüffel und Schwarzwälder-Kirsch-Torte. Alles war *parve*, mit Milchersatz zubereitet, gemäß der jüdischen Tradition, die es verbietet, Milch und Fleisch zur selben Zeit und vom selben Teller zu essen. Ich kaute die geschmacksneutrale Schokolade. Sie aß auch etwas davon.

»Lass uns rausgehen«, schlug Karen vor und nippte an einer frischen *Baggardi-Cola*. Sie machte ein paar Tanzschritte, als wir an der Tanzfläche entlanggingen, wo Braut und Bräutigam für ihre Darbietung bejubelt wurden. Ein Nachrichtensprecher blieb bei uns stehen. »Ich hab gehört, du gehst weg.« Er deutete mit einer Flasche Sekt auf mich und bespritzte uns beide versehentlich mit etwas, das sich passenderweise *Brute de Brute* nannte. »Teste mal die israelisch-deutschen Freundschaftspartys. Wunderbar! Hu-ha, Dschingis Khan!«, heulte er und gab ein paar mongolische Hockbewegungen im Stil einer gewissen deutschen Eurovisionsband zum Besten.

»Wenn der mich mal an die Siegessäule fesselt, befreist du mich dann?« Ich hob mein Bier, als er weg war.

»Nur wenn du es willst.« Sie stieß mit dem Glas mit meiner Flasche an, und dann küssten wir uns.

In meinem Inneren tobte ein wilder Kampf. Ich sollte mich vier Stunden vor Abflug wirklich nicht verlieben.

Auf dem Weg nach Hause hielt ich an der zentralen Kreuzung der Stadt an, und wir küssten uns wieder. Im Radio sagte der Moderator: »We could be heroes, just for one day«, dann spielte er den Bowie-Song.

Karen schüttelte den Kopf und lächelte mich an: »Da geht's um Berlin. Ich schick dir die CD. Und jedes Mal, wenn du Bowie hörst, denkst du an mich.«

Ich nickte.

»Ich glaube, du bist schon sehr bald wieder da. Ich bin mir sogar sicher.« Sie schenkte mir ein ganzes Lächeln, das perfekte Allheilmittel. »Du weißt doch, dass unsere Schokoladen-Halva-Kuchen hier besser sind als alles, was du dort findest.«

Na ja, wir werden sehen, sagte ich, aber nicht zu ihr.

Ich pflegte jetzt zwar von Berlin aus eine Beziehung mit einem verpixelten Avatar mit metallisch klingender Stimme (dank Skype-gefilterter und simulierter Realität) und traurigen Augen (dank realer Realität), aber es war ganz sicher wunderbar, sie zu haben. Mit ihrer zarten Stimme schaffte sie es, mir über die Entfernung etwas zu sagen, das ich nur schwer begreifen konnte: Ich will dich so, wie du bist. Die erste SMS, die ich ihr von hier aus schickte, lautete: »Es ist unfassbar. Ich sitze viertausend Kilometer von dir entfernt nackt auf einem Holzstuhl und fühle mich dir so nah wie nie zuvor jemandem.«

Die Kiste

Ein ungutes Gefühl beschlich mich. Die Dies-ist-mein-Deutschland-Kampagne meiner Mutter schien mir im Nachhinein immer schräger. Nicht nur, dass ich kein einziges Kind mit bunten Wollsocken in Sandalen entdecken konnte. Was war mit ihrer Version der Familiengeschichte? Wie hatte Jutta für meine Mutter dermaßen zur Unperson werden können? Über Jahre hinweg hatte ich die Version der Familiengeschichte aus dem Mund meiner Mutter einfach hingenommen. Es gab ja niemanden, der sie korrigiert hätte. Alles, was mir zur Verfügung stand, waren die Erzählungen, Ansichten, Erinnerungsstücke und Gewohnheiten meiner Mutter. Bis diese Kiste und das Tagebuch auftauchten. Und alles in anderem Licht erschien.

Die Kiste war stabil, riesig, still und zufrieden in ihrer Undurchdringlichkeit, komplett unangefochten von ihrer langweiligen Umgebung: ein Haufen Kabel und Mikrofone, das braune Sofa, ein weißer Bienenstock von Ikea, den ich in der Gaudystraße gefunden hatte. Die einzige weitere Dekoration in meiner fast kahlen Wohnung war ein Handelsvertreter zum Aufziehen mit steifer grün karierter Jacke und orangefarbener Hose. Immer, wenn ihn jemand aufzog, ratterte der Blechmann manisch mit seinen beiden Blechkoffern. Er war ein Geschenk meiner Schwester, einer Psychologin mit Sinn für trockenen Humor.

Da stand nun also diese Kiste. Ihr versiegelter Deckel war vielleicht der einzige Weg in die Vergangenheit meiner Familie. Auf der Kiste standen in großen, schiefen roten Buchstaben die Worte:

Hoppe, hoppe, Reiter!
Wenn er fällt, dann schreit er.
Fällt er in den Graben, fressen ihn die Raben.
Fällt er in die Hecken, fressen ihn die Schnecken.

Eigentlich sollte man meinen, ich könnte von meinen ersten Erfahrungen als Kleinkind profitieren, als ich auf dem Schoß meiner Mutter geritten war und sie deutsche Kinderreime rezitierte. Sie brachte diesen Reim mit solcher Hingabe und Inbrunst vor, dass ich sofort glaubte, die Zeilen trügen eine weitaus tiefere Bedeutung in sich als meine gesamte Kinderbibliothek, die vor allem deutsche und übersetzte Ausgaben von *Struwwelpeter* und *Max und Moritz* enthielt und außerdem lieblos illustrierte Agentenromane, die israelische Kinder glauben machen sollten, arabische Generäle seinen Gestalten, die ohne Weiteres in den *Stürmer* passen würden.

Beide Genres, als Abenteuergeschichten getarnte zionistische Propaganda und als Kinderbücher getarnte deutsche Moralgeschichten, waren voller Gewalt und Belehrung.

Doch meine Mutter akzeptierte nur Letztere als angemessene Seelennahrung für ihre Kinder: komplexe Geschichten über ungehorsame Kinder, die von rachsüchtigen, ehrwürdigen Erwachsenen traktiert werden, Kinder, denen als Strafe fürs Daumenlutschen die Finger abgeschnitten werden. Meine Mutter las mir diese Geschichten in solch heiterem Ton vor, dass ich wirklich glaubte, ich sei Nachkomme einer langen Reihe preußischer Eiferer.

Ich hatte damals keine Ahnung, dass es mir eines Tages leidtun würde, mich nicht an die Weisung meiner Mutter gehalten und »Hoppe, hoppe, Reiter« auswendig gelernt zu haben. Als Vorschüler bestand meine Welt aus sonnendurchfluteten Kindergärten mit Sandkästen voller Kinder, die um die Herrschaft in den von staubigen Zypressen umstandenen Höfen kämpften. Für das Beherrschen deutscher Reime war da kein Platz. Manchmal, und nur wenn ich ganz sicher war, dass mich keiner der Nachbarsjungen hören konnte, gab ich vor, von der Sache mit dem Reiter begeistert zu sein. Ein billiger Trick, der meine Mutter zufrieden machen und meine Schokoladenrationen sicherstellen sollte.

Vor acht Tagen war die schwarze Kiste in der Mitte meines kahlen Ostberliner Wohnzimmers abgestellt worden. Sie strahlte fast schon Eitelkeit aus, wie ein außerirdisches Raumschiff, das seinen vor langer Zeit verlassenen Planeten zurückfordert. Ein Paketbote hatte sie abgegeben, im Auftrag eines wohlmeinenden Mannes, der der Nachbar meiner verstorbenen Großmutter in Münster gewesen war.

Dieser Mann hatte mich vor zwei Wochen angerufen. Er verriet mir nicht, wie und wo er erfahren hatte, dass ich in Deutschland war oder dass es mich überhaupt gab. Aber er war sehr liebenswürdig.

Falls ich alles haben wollte, was sie besessen hatte, Fotoalben, Briefe, Erinnerungen und Erinnerungsstücke, so könne er mir das alles schicken, erklärte er. Es gäbe auch vier nicht sehr eindrucksvolle Ölgemälde und ein Schmuckkästchen, dessen Inhalt billig scheine und »von recht eigenwilligem Geschmack« zeuge.

Ich murmelte Dinge wie »Warum nicht?« und »Ich weiß nicht«. Immerhin, biologisch und körperlich gesehen hatte die Nachbarin dieses Mannes meine Mutter zur Welt gebracht. Aber die fremde, freundliche Stimme sagte mir noch etwas: Ich sei emotional verbunden mit Frau Jutta Pelikan und sie mit mir. »Ihre Großmutter.« Mit einer einfachen Geste der Höflichkeit bot mir dieser Deutsche die Möglichkeit, die bruchstückhafte Lebensgeschichte meiner Ahnen zu rekonstruieren.

Ich hörte mich murmeln: »Ja, ich würde gern mein Großmutters Wurzeln kennenzulernen.«

Der Mann ließ sich durch meine Verwirrung nicht aus der Ruhe bringen. Er war Deutscher, also sagte und tat er das Richtige. »Ich schicke Ihnen dann alle Habseligkeiten Ihrer Großmutter. Tschüs! Machen Sie es gut!«, verkündete er und legte auf.

Der angekündigte Schmuck stellte sich in der Tat als billig und geschmacklos heraus, genau wie es der gründliche Münsteraner gesagt hatte. Die Ölgemälde warf ich sofort weg. Sie waren nichtssagend, weder schön noch hässlich, irgendwie seelenlos.

Und dann die Kiste. Ich spürte, dass sie etwas Bedeutsames enthielt, vielleicht einen Code. Wie eine gewaltige Mikrofilmkapsel drohte und versprach sie, wenn man sie öffnete, das in ihr verborgene Band aufzurollen, eine emotionale DNA zu enthüllen, die seit Generationen fest verschlossen war.

Als sie hörte, wie die Kiste sich praktisch selbst zutage gefördert hatte, sagte meine gepixelte Skype-Karen, sie vertraue auf meine Stärke und Tapferkeit, doch ich solle aufpassen, nicht so viel an mir zu feilen und zu formen, dass ich am Ende dünn wie ein Fädchen sei.

Omer, wie immer in bizarrem Outfit, sagte, ich solle die Kiste öffnen und ihm sofort berichten, falls ich Hinweise auf verlorenes jüdisches Gold oder seltene Kafka-Manuskripte fände – zwei Themen, mit denen er sich gerne beschäftigte.

Auf der anderen Seite der Wohnzimmerwand jammte Dave gegen das System.

Ich duschte, aß ein Stück Hühnchen, las die Überschriften von zwölf Nachrichtenwebseiten, schrieb Niklas eine SMS, dass ich ihn morgen »ungefahrlich zwischen 4 und 5« auf einen Kaffee treffen könnte, schrieb dem diensthabenden Redakteur eine E-Mail über die letzten deutsch-iranischen Handelsstatistiken (in der ich ihm versicherte, der Trend des letzten Jahres setze sich fort, und ihm verschwieg, was dieser Trend tatsächlich war) und futterte achtzig Gramm Dunkle Voll-Nuss. »Gut für die Gehirnzellen«, pflegte meine Mutter zu sagen.

Dann öffnete ich die Kiste.

Darin war ein Haufen Papiere. Briefmarken. Jede Menge Umschläge. Ein halbes Dutzend Fotoalben. Noch mehr Umschläge von einem Fotoladen, darauf der Slogan *»Der beste Kundendienst ist die richtige Beratung!«*, und ein paar Fotos aus den Zwanzigerjahren in Berlin. Ein wohlhabendes und stolzes, aber nicht sehr freundlich dreinblickendes Paar – mein Brille tragender, dunkelhaariger Urgroßvater Juda

Hellberg, jüdischer Abstammung, und meine platinblonde Urgroßmutter Else von Wiebe, eine Lutheranerin.

Er, ein Ostjude aus Polen, mit braunen Augen und korrektem Scheitel im pomadisierten Haar, sitzt in einem Jugendstil-Lehnstuhl. Sie, eine adelige Westpreußin aus Danzig, steht vor einem Gebäude, das aussieht wie die Alhambra in Granada, nur dass aus der üppigen Fassade scheu ein kleiner, stacheliger Davidsstern wächst. Selbst auf dem Schwarz-Weiß-Porträt sind ihre Augen blau. Später gesellt sich ein braunäugiges, blondes Kind zu ihnen. Es sieht auf unheimliche Weise bedrückt aus. Weitere Bilder aus Berlin gab es nicht.

Dann war da ein Haufen Ausweise: ein roter Mitgliedsausweis der Arbeitergewerkschaft Haifa von 1951, ausgestellt auf den Namen Judith Hellberg; ein grauer Mitgliedsausweis der Arbeitergewerkschaft Münster von 1953, ausgestellt auf den Namen Jutta Pelikan.

Eine Notiz in roter Tinte. Die Handschrift ist so verworren, dass sie fast unleserlich ist, aber ich konnte die Unterschrift entziffern: »Jutta«. Meine Großmutter. Tut mir leid, Mutti, ich weiß, ich sollte sie nicht so nennen. Die Notiz ist von 1971, ohne genaue Angabe des Datums. Keine Überschrift. Kein Adressat. Der Text ist neun Wörter lang. »Ich bin keine Jüdin! Und ich war nie eine!« Wie bitte? Ich starrte darauf. Niemand hat jemals etwas von sich wandelnden religiösen Zugehörigkeiten gesagt. Meine ganze Kindheit hindurch wusste ich, dass etwas mit Jutta nicht stimmte. Ihre verworrene Lebensgeschichte hatte meine Mutter ein letztes Mal nach Deutschland geführt, ein Jahr vor ihrem eigenen Tod. Sie hatte beschlossen, ihre ihr fremd gewordene Mutter als Jüdin zu bestatten und das Kaddisch der Waisen an ihrem Grab zu lesen. Und das tat sie. Sie stand mit ihrem von Metastasen durchsetzten Bein am Grab und pries den Gott der Juden auf Aramäisch: »Yehei shmëh rabba mevarakh lealam ulalmey almaya.«

Meine Mutter war also heldenhaft nach Münster gehumpelt, und jetzt bekam ich nichts als eine lausige, neun Worte lange Leugnung des Judentums?

Meine Mutter hatte mir doch immer erzählt, dass ihre Familie aus Berlin vertrieben worden sei, weil sie ihre deutsch-jüdische Identität nicht hatten aufgeben wollen. Für mich hatte sich diese Geschichte wiederholt als sehr nützlich erwiesen, etwa bei Bewerbungen oder in deutsch-israelischen Gesprächskreisen. Warum musste diese Jutta denn jetzt alles verderben? Auch noch aus dem Grab heraus?

Ganz unten in der Kiste, unter vielen Schichten alter Sparkassen-Scheckbücher begraben, lag ein roter Ordner. Ich öffnete ihn – und fand darin etwas offiziell Aussehendes. Ein mit der Schreibmaschine ausgefülltes Formular, für mich völlig unverständlich. Deutsch. Schon wieder.

Das vergilbte Blatt war voller Wörter, die mehr als zehn Buchstaben lang waren. »Deutsche Wörter funktionieren wie Lego«, erklärte mir einmal ein Freund, der sich auskennt. »Wenn man sie verstehen will, muss man sie auseinanderbauen.« Also versuchte ich, die schwarzen Tintenkonstruktionen in einzelne Bausteine aufzubrechen.

Die Wörter, die ich zufällig auswählte, konnte ich nicht entschlüsseln: *Heilungsverlauf. Aufmerksamkeit. Einzelpsychodynamisch. Angsterkrankung. Entspannungsverfahren.*

Herauslesen konnte ich, dass das Formular am 13. Mai 1982 in der Klinik für Psychiatrie und Psychotherapie in Münster ausgefüllt wurde. Das klang sehr weit weg.

Zu beiden Seiten des schreibmaschinengeschriebenen Textes waren in derselben Handschrift und in roter Tinte Wörter gekritzelt wie: »Porträt«, »jedes Mal«, »Hasse Sie!«, dann »Nein, ich hasse dich!« und »Hexe, Hexe«. Ich ließ das Blatt zurück in die Kiste fallen.

In der Kiste fand ich außerdem ein fein säuberlich gefaltetes offizielles Dokument mit der Überschrift »Geburts- und Taufbescheinigung«. Es war von der »Ev. Kirchengemeinde St. Matthäus ausgestellt auf den Namen Jutta Hellberg, Geburtsdatum 17. Juni 1923«. Das Dokument ist absolut akkurat, durch und durch deutsch. Ausgewiesen ist auch ein »erneuter Tauftag« im Jahre 1970. Wozu das? Ich durchsuchte meinen schmalen Vorrat an deutschen Wörtern, und bei »Taufe« musste ich an ein seltsames Geschehen denken, das ich eines Nachts im Bayerischen Fernsehen gesehen hatte. Da bespritzten sich rosagesichtige Katholiken in weißen Gewändern gegenseitig mit Wasser und sangen dabei.

Hieß das also, dass ich als Sohn ihrer Tochter und nach jüdischer Tradition direkter Erbe ihrer Religion als Achtelmischling oder Viertelbastard oder Halbjude oder eine Art Christ galt? Aber ich hatte doch meine Bar-Mizwa – und die andere Sache auch.

Nur wenige Tage zuvor wollte mich ein wohlmeinender Bekannter aus dem Auswärtigen Amt in die lokale Fußballkultur einführen und nahm mich zu einem Spiel des FC Union im *Stadion An der Alten Försterei* in Treptow mit. »Da sind gute Leute«, meinte Lara; es klang aber eher wie eine Entschuldigung vorab, »stark in der Abwehr. Und es wird schon niemand die Nationalhymne anstimmen.«

Im Stadion, nach drei eiskalten Pils – »zum Aufwärmen«, wie mein Gastgeber sagte –, musste ich mal. Schon in der Schlange vor dem Klo beschlich mich angesichts einer Gruppe Ultranationaler in Sweatshirts von Lonsdale und Thor Steinar das demütigende Gefühl körperlicher Unterlegenheit.

Ich trug einen alten, schweren, kohlefarbenen Mantel von Niklas, der wie die meisten deutschen Männer größer und breiter ist als ich. Meinem Nebenmann schien die Kälte nichts auszumachen: Er stellte seinen nackten Oberkörper und einen darauf tätowierten lebensgroßen Adler zur Schau, der sich an seiner rechten Brustwarze festhielt. Als ich mich zur Pinkelrinne drängte, wurde mir plötzlich klar, dass ich gleich vor Hunderten urinierender Fans meine ureigenste physiologische Manifestation des Bundes zwischen Abraham und Gott entblößen würde. Sie sangen alle fröhlich, zusammen mit Nina Hagen, *»Den Sieg vor Augen, den Blick weit nach vorn«*. Ich konzentrierte mich auf einen Punkt an der Toilettenwand und versuchte, mich nicht durch das *»Ziehn wir gemeinsam durch die Nation«* ablenken zu lassen. In der Flut des *»Immer weiter! Immer weiter!«* um mich herum produzierte ich ein paar kümmerliche Tropfen.

Jetzt, in Anbetracht des Kisteninhalts, wurde dieses Opfer, das ich gebracht hatte, mit einem akkurat gefalteten Dokument entwertet. Einem Dokument, das die unerklärliche Loyalität meiner Großmutter zum Christentum bestätigte. Oder besser gesagt: ihren Bruch mit dem Judentum. Warum nur?

Ich hob meinen Kopf und nahm einen langen Zug der frischen, kalten Luft, die durch das offene Fenster hereinströmte. Das Lächeln meines kleinen Blechverkäufers wirkte überfordert, so wie das dieser illegalen Wanderverkäufer, die ihren unhandlichen Schmonzes beim ersten Anblick der örtlichen Ordnungshüter zusammenraffen. Ich wühlte weiter.

Zwei lange, nicht sehr schlanke, aber wohlgeformte Beine guckten aus der Kiste. Ein altes Foto. Es trug den Namen meiner Großmutter, und außerdem stand darauf »*Else Wiebe, Teilnehmerin an den ›Die Schönsten Beine von Berlin Meisterschaften‹*, 1920«. Außerdem ein Lippenstiftkussabdruck und eine Widmung: »Lieber Juda, mit freundlichen Beinen«. Es waren also die Hüften und Beine und Zehen meiner Urgroßmutter, die da aus dem Foto strahlten. Lang, weiß, kabarettreif. Erst viel später sollten sich die Bande lösen, die Juda für immer an ihre langen Beine und ihre dünne Seele fesselten.

Ich starrte in die offene Kiste, die jetzt fast leer war, wie ein erschöpfter Vulkan, der mehr geraucht und gespuckt hat, als ihm guttut. In einer dunklen Ecke lag noch ein Umschlag. Ich nahm ihn heraus. Darin steckte ein braunes Notizbuch. Abgegriffen und alt, aber vollgeschrieben bis zur letzten Seite. Auf dem Einband stand:

Schokolade ist dicker als Blut.
Wie und warum ich von Juda zu Joachim wurde
Von Juda-Joachim Hellberg (früher Oberingenieur, bei der AEG beschäftigt. Derzeit arbeitsloser Oberingenieur)

Das Notizbuch verströmte einen scharfen, süßlichen Geruch. In seinem Atem war etwas wie Asche und Staub, gemischt mit Ingwer, Mandeln oder Kakao.

Auf der Rückseite des Notizbuchs, die ein bisschen angesengt ist, stand in der Handschrift einer Frau – jedoch nicht der meiner Großmutter: »Das klingt vielleicht wie der Titel eines Kriminalromans, aber es ist keiner.« Daneben hatte eine Kinderhand sorgfältig etwas in Sütterlinschrift geschrieben. Die Handschrift ähnelte, obgleich verträumter, der Handschrift auf dem Deckel der Kiste und auf dem Zettel, der das Judentum verleugnete. Der Text auf dem Notizbuch lautete:

Maikäfer, flieg!
Der Vater ist im Krieg,
Die Mutter ist in Pommerland,
Pommerland ist abgebrannt!
Maikäfer, flieg!

Das kannte ich. Die Stimme meiner Mutter, unsicher und schrill, begleitete den Reim. Ich glaube, sie hat mir einmal erzählt, worum es geht, eines Nachmittags in Jerusalem, als die blauen Rollläden unserer Wohnung in der unbarmherzigen Sonne schmorten. Im Hebräischen wie im Deutschen ist die Sonne weiblich.

»So was nennen die Deutschen Schlaflied. Lustig, nicht wahr?«, lachte sie. Ich versuchte, ebenfalls zu lachen, doch meine Stimme klang komisch. Ich blickte sie prüfend an und wusste, dass ihre Augen bald schmal und schwer sein würden, und dann würde sie in ihr Schlafzimmer gehen und eines ihrer vielen frühen Abendschläfchen halten, die viele Stunden dauerten und manchmal noch länger.

Es war spät und schon fast dunkel. Die Dielen um mich herum waren bedeckt mit Notizen in roter Tinte, Umschlägen, Fotos, einem braunen Notizbuch, alles wild durcheinandergeworfen. Vor dem Fenster das orangefarbene Licht der DDR-Straßenlaternen, die die Einheit überlebt haben. Ein paar Schneeflocken schwebten zögernd zu Boden.

Die Kiste stand mitten im Zimmer, schweigend. Mein Gesicht war aschfarben und heiß. Ich schlug das Notizbuch auf. Endlich, ein Reiseführer, dachte ich. Hier ist die Landkarte, die mich geleitet über die Wege, die meine Vorfahren sorgsam geebnet haben, die mich an ihren großen Momenten, Taten und Leistungen teilhaben lässt. Wenn ich den Wegen folge, kann ich womöglich ein wenig mehr sein wie sie, ein bisschen deutscher.

Und zudem wäre dieses Vorgehen auch geeignet, meiner Mutter zu gedenken.

Der erste Absatz lautete: »Als ich in den frühen Morgenstunden des 9. Januar 1919 auf den Bahnsteig am Schlesischen Bahnhof im Osten Berlins trat, konnte ich nicht behaupten, frisch aus Polen gekommen zu sein. Nein, frisch war ich nicht. Aber voller Energie.«

Zweites Kapitel

Glücksritter

Winter

Juda Hellberg begibt sich auf den Weg

Mein Urgroßvater Juda Hellberg war also in den frühen Morgenstunden des 9. Januar 1919 am Schlesischen Bahnhof angekommen. Er trug seinen einzigen guten Anzug und hatte Brillantine im Haar. Doch trotz seiner Bemühungen, wie der mitteleuropäische Gentleman zu wirken, für den er sich hielt, roch er nach Rauch und vergorener Erwartung. Er war extra nicht im letzten Wagen gereist, der offiziell für Kriegsinvaliden, Reisende mit Hunden und Reisende mit Großgepäck ausgewiesen war. Die Fahrkarten für diesen Wagen waren billiger, und man durfte mehr Koffer mitnehmen, was für Einwanderer natürlich wünschenswert war. Doch Juda zog nicht einfach weg wie die anderen, er stieg auf. Schweres Gepäck wäre da nur hinderlich gewesen.

Jeder in Tschenstochau, seiner polnischen Heimatstadt – damals unter preußischer Herrschaft –, wusste, dass die Stadt exakt im Zentrum Europas lag, genau in der Mitte zwischen Madrid und Moskau. Und Juda wusste so gut wie alle anderen dort auch, dass das nicht stimmt. Geografisch gesehen war Warschau der rechtmäßige Inhaber dieses Titels, doch wie alle Einwohner Kleinpolens waren die Menschen in Tschenstochau sehr zugänglich für Wunder und Mythen, die sie größer machten, ohne sie je zu hinterfragen.

Der junge Juda Hellberg, ein zappeliger, neugieriger Bursche, der die Legenden und Lehren, die im Shtiebel unterrichtet wurden, weder mochte noch glaubte, hegte tiefen Groll gegen die solipsistische Gesellschaft. Für alle – katholische Priester, jüdische Rabbiner, polnische Stahlarbeiter und selbst seine eigenen Handel treibenden Eltern – waren Pferdehandel und das Abwiegen von Kohle ebenso natürliche Erscheinungen wie die Schwarze Madonna, ein Bildnis der Muttergottes im berühmten Paulinerkloster, dessen Kirchturm alle anderen Türme der Stadt überragte. Die Christen glaubten, die schwarzhäutige Dame von Jasna Góra sei einst auf den Tisch der Heiligen Familie gemalt worden. Doch sie war nicht die einzige wunderbare Gestalt der Stadt. Tschenstochau hatte so viele Weise und Märtyrer und Heilige zu bieten, dass Juda, der keine Geduld für das Studium der Thora hatte und viel lieber mit Zahlen spielte, einmal ausrechnete, würde man alle Wundertätigen aufeinanderstapeln, so wäre der Stapel weit höher als der Kirchturm des Klosters.

Schon im zarten Alter von dreizehn Jahren, bei seiner Bar-Mizwa, widerten Juda tropfende Kerzen und weinende Tanten an. Er saß gerne auf einer Mauer und blickte auf die katholischen Pilger herab, die auf allen vieren zum Kloster hinaufkrochen, in der Hoffnung, den Segen Ihrer Schwarzen Heiligkeit zu erhalten, wie Juda das legendäre Bildnis nannte. Es gab aber eine Figur in der Stadt, die er mochte, deren Seele in weitaus dunkleren Welten als die der Madonna gewandert war.

Diese Figur war Jakob Frank, ein jüdischer Mystiker des 18. Jahrhunderts, der zum Katholizismus konvertierte und behauptete, die Reinkarnation König Davids und des falschen Messias Sabbatai Zwi zu sein. Frank war eine Art Megastar-Guru seiner Zeit, der durch Städte, Jahrmärkte und Höfe in Polen zog und seinen Anhängern eine Prise Kabbala-Rituale bot. Und eine Portion Verderbnis gleich dazu, ein verschlüsselter Begriff, der großzügig über die Seiten der scharfen jiddischen Pamphlete gestreut war, die Juda heimlich von einem alten Zeitungshändler bekam.

Der Händler überreichte ihm die halb legalen Schriften durch das Rückfenster seines Verkaufswagens, den er neben der Kathedrale der Heiligen Familie parkte, und ließ nicht zu, dass der Junge ihm Geld dafür gab. »Nimm es als Geschenk, als meinen Beitrag zu deiner Erziehung«, pflegte der Händler zu sagen und verbeugte sich elegant, soweit dies sein aus Wolle und Leder zusammengeschusterter Anzug zuließ. »Wir sind Freunde, nicht wahr? Wenn du mehr Geschichten willst, komm wieder.« Der Zeitungshändler erwartete, dass die Saat, die er in den ältesten Sohn von Szalman-Pinkus Hellberg streute, einem bekannten Händler mit Öllampen für Minenarbeiter, reiche Früchte tragen würde.

Franks Niedergang, den Juda in seinem Tagebuch in trockenen, fast schon wissenschaftlichen Worten beschrieb, begann an einem winterlichen Freitagabend im Jahre 1756. Eine Gruppe Bewunderer und Anhänger war in die Stadt Lanckorona in Galizien gekommen, um den Beginn des Sabbat zu feiern. Und wie sie feierten! Aus dem Ritual wurde ein wildes Fest mit Gesang und Tanz, angeführt von Frank und der Frau des örtlichen Rabbiners. Das Fest erreichte seinen Höhepunkt, als die stranggläubige Frau auf den Tisch stieg und sich unter allgemeinem Gejohle auszog. Man krönte sie mit einer Thorarolle, ein Akt unaussprechlicher Häresie und Frivolität. Daraufhin wurde das Kabbalat Schabbat zu einer zügellosen Orgie. Fassungslose Nachbarn kamen hinzu. Manche stürzten sich direkt ins Vergnügen, andere gerieten in einen Zustand tiefer Trance, aus dem sie nicht mehr zurückgeholt werden konnten, nicht einmal durch den Blick der Schwarzen Madonna, der sonst stets unfehlbar wirkte. Die Räume des Klosters waren in jenem Winter voller lächelnder, benommener Augenzeugen, von denen einige nie wieder zu ihrem sonstigen Missmut zurückfanden.

Als die Nachricht von der Orgie der Kabbalisten die Runde machte, wurde Frank sofort exkommuniziert und von den Juden wie von den Christen des Fanatismus und der Häresie bezichtigt. Er wurde zu einer Gefängnisstrafe im Kloster verurteilt, wo er dreizehn Jahre lang in direkter Nachbarschaft der Madonna lebte. Sein Leben endete im Luxus eines Schlosses in Offenbach. Er gab sich selbst den Titel »Baron Offenbach« und lebte von den Zuwendungen Tausender seiner alten Anhänger.

In seinem Tagebuch kommentierte Juda dazu abschließend: »Und da erwarteten meine Eltern doch tatsächlich von mir, ein religiöser *Gelernter* zu werden«, also ein »gebildeter Mensch« im Jiddischen, einer Sprache, die er nur zu gerne loswerden wollte. »Sie argumentierten immer, das sei vernünftig und moralisch richtig. Doch jeder Emporkömmling, schändliche Schurken inbegriffen, war heiliger als diese selbstgerechte Familie mit ihrem hysterischen Gebräu aus Mystizismus, Moralismus und Rationalismus und ein paar anderen Ismussen, die sie nie wirklich verstanden. Da entschied ich mich doch lieber gleich für die Fantasie.«

Und das tat er. Seine Eltern wussten, dass Juda schon als kleiner Junge Bilderbücher geliebt hatte, in denen Helden Ruhm suchten oder abenteuerliche Reisen auf Dampfschiffen und Lokomotiven beschrieben wurden, am besten auf Deutsch. Er liebte sie mehr als jede chassidische Fabel. Anfangs setzten sie dem nichts entgegen, sie betrachteten sich als aufgeklärte Leute und dachten, die Geschichten aus der Fremde würde seine Sehnsucht lindern.

Doch als Jugendlicher klaute Juda immer wieder Münzen aus der Geldbörse seines Vaters und ging damit zu dem Händler, von dem er schon Jakob Franks Pamphlete bekommen hatte. Er kaufte so viele überteuerte internationale Zeitschriften, wie er konnte, manchmal sogar auf Kredit. Es begann als eine Art Hobby, und zunächst glaubte Juda nicht ein Zehntel der Irrlehren, von denen er las, und der Gotteslästereien, die er beobachtete. Es ging ihm vielmehr darum, ein paar rebellischen Jungs an der Talmudhochschule Jeschiwa, die er kannte, nachzueifern. Doch dann merkte er irgendwann, dass es ihm nicht wie ihnen genügte, über Schlagzeilen wie »Silvesterfeier in der Varietégarderobe« oder »Das Luftschiff Erbslöh stürzte ab. Dabei kamen alle fünf Personen an Bord ums Leben« zu lachen.

Er verschlang gierig literarische Beschreibungen – und wann immer möglich, auch unscharfe Bilder langbeiniger Walküren auf hell erleuchteten Bühnen in Bayreuth oder Berlin, Haar, Augen und Haut strahlend im Rampenlicht. Diese Opern- und Kabarettdarsteller faszinierten ihn weit mehr als die wandernde jiddische Theatertruppe, die zu jedem Purimfest auf dem Marktplatz von Tschenstochau auftrat und immer wieder dieselben Witze erzählte von dem Juden, dem Esel und dem nichtjüdischen Grundherrn, der noch dümmer war als der Esel, der wiederum von einem bärtigen Schauspieler dargestellt wurde, der wohl schon seit dem Mittelalter dasselbe Purimspiel aufführte.

Die Fotos und Stiche in den Zeitschriften zogen ihn magisch an.

»Das Welte-Mignon-Kabinett«, verkündete die *Leipziger Illustrierte Zeitung* unter einer Abbildung des komplizierten Reproduktionsklaviers. Die Zeitung war 1909 erschienen, und man schrieb das Jahr 1914, doch Juda nahm seinem Händler die ein wenig veraltete Ausgabe nicht krumm.

»Das Versprechen einer ewigen gelben Dämmerung«, übertrieb ein Gedicht in der wöchentlich erscheinenden Zeitschrift *Der Sturm*. »Surrealistische Türme des Futurismus außer Kontrolle«, titelte eine Kritik in der Zeitschrift *PAN*. Nachdem er diese deutschen Zeitschriften ein paar Monate lang durchgeblättert hatte, verstand er zwar noch längst nicht alle Artikel und Gedichte, doch er war sich gewiss: Er *fühlte*, was sie bedeuteten. Juda lernte, nur die Bausteine auszuwählen, die er für sein neues Ich brauchte. Je mehr er davon sammelte, desto mehr brauchte er. Er wollte alles in sich austauschen: Öllampen und Jiddisch und braunäugige *Bokherte* und *Meidale* gegen Dreiphasenstrom und Deutsch und Fräuleins und Mamsells.

Der Händler merkte bald, dass er die Preise ungestraft erhöhen konnte. Sein junger Kunde klaute sich, was er brauchte, und kam immer wieder, mit zitternder Stimme nach der neuesten Ausgabe fragend, die oft mehrere Jahre alt war und deshalb nichts von den Schrecken des großen Krieges berichtete, der ganz Europa verwüstete.

Eines Freitagnachmittags, wenige Stunden vor dem Sabbat, entdeckte ein Rabbiner Juda, der sich um den fahrbaren Kiosk herumdrückte. Der Rabbi berichtete Szalman-Pinkus voller Entrüstung, sein Sohn gebe die schwer verdienten Groschen der Familie für gedruckte Fantasien aus.

»Du stiehlst von den Mündern deiner Brüder und Schwestern, nur um Schmutz zu fressen?«, brüllte sein Vater am Kopf der Tafel zu Kabbalat Schabbat, erfüllt vom Zorn gegen seinen Sohn, der es gewagt hatte, das Wochenende und den Ruf seiner Familie zu ruinieren. »Du hast schlechte Triebe in dir, und ich werde sie dir austreiben!« Er knallte den Kidduschbecher auf den schweren Eichentisch und murmelte »Gatlaz« – Ketzer.

Dann entschlüpfte Szalman-Pinkus' Mund ein Rülpser, gesättigt vom Duft des Kiddusch-Weins, was eine Welle der Verwunderung und Heiterkeit unter Judas Brüdern und Schwestern auslöste und seine Mutter – die es für ein böses Omen hielt – noch besorgter machte, als sie es ohnehin schon war.

Von den Geschwistern war Juda der Einzige, der nicht kicherte. Eines Spätsommertags, als er siebzehn war, nahm er seine Kippa ab und trug sie nie wieder in Gegenwart seines Vaters, nicht einmal während der zehn ehrfurchtsvollen Tage, den heiligsten Tagen im jüdischen Kalender. Je enttäuschter seine Eltern über seinen Eigensinn waren, desto mehr wollte er fort.

Was Juda an finanziellen Mitteln fehlte, machte er durch Tagträume und minutiöse Planung wett. Er beschloss, die finsteren Gassen des jüdischen Viertels hinter sich zu lassen und sich weit über den Hellen Berg zu erheben, wie der Sitz der Schwarzen Madonna genannt wurde. »Der Berg verdiente seinen Namen nur während der christlichen Feiertage, wenn er über und über mit Kerzen bedeckt war«, schrieb er in sein Tagebuch. »Ich wollte ein Lichtbogenarchitekt werden« oder, wie es auf dem Anmeldeformular der Berliner Technischen Hochschule genannt wurde, Elektroingenieur. Die Anmeldeformulare waren das Ergebnis einer Abmachung, die er mit seinem Vater getroffen hatte: Im Gegenzug dafür, dass seine Eltern die Formulare per Post anforderten, versprach er, seinen fehlenden Respekt nicht mehr öffentlich zur Schau zu stellen.

Szalman-Pinkus war ein religiöser Mann, aber er war kein Eiferer, und er glaubte, wie die städtischen Juden so oft, Gott, das Glück oder »irgendetwas dazwischen« werde schon für Erfolg sorgen. Besser, man mischte sich da nicht ein, das war sein Grundsatz. Wenn sein Sohn also für ein paar Papiere mit seinen Mätzchen aufhören würde, so sei es. Er glaubte jedenfalls nicht daran, dass Juda es auf die Hochschule schaffen würde. Um auf der sicheren Seite zu sein, informierte er den schnüffelnden Rabbi darüber, dass er seine Spende an das Shtiebel verdoppeln würde, und dies »für die nächste Zukunft, es sei denn, der Marktpreis für Kerosin fällt um mehr als sieben Prozent, Gott behüte«.

Der Rabbi hob eine buschige Braue.

»Gut, sagen wir 8,5 Prozent. Ich werde den Geldhahn offen halten, solange Gott meinem Sohn den Fluchtweg blockiert.«

Ein pelziger Bogen verharrte mitten auf der Stirn.

»9,25«, Judas Vater wurde nun spöttisch, »und lasst uns dafür beten, dass der Allmächtige keine Mine zerstört, die einer unversicherten gottlosen Gesellschaft gehört.«

»Gott sei Dank, wir haben einen Deal.« Die Braue des Rabbis fiel in sich zusammen. »Wir wünschen den Gojim keine Katastrophe an den Hals, wo sie doch ihre Öllampen von Ihnen beziehen, Szalman.«

Dessen Frau Rosa sah das anders. Sie war eine kluge, aber stets besorgte Frau, die immer einen Vorrat an Speck und

Trockenfrüchten hatte, um für die unvermeidliche Katastrophe gerüstet zu sein. Nun würde diese eintreten, falls ihr Sohn die schriftliche Aufnahmeprüfung bestand und zum Studium nach Berlin ging.

Ihre Angst war nur zu berechtigt, denn Juda bestand die Prüfung und erhielt Anfang 1918, nach einem Jahr nervösen Wartens, die Zulassung zum Studium der Elektrotechnik, einem neuen, noch exotischen Studiengang. Die einzige Bedingung war, dass er seine Sprachkenntnisse verbesserte, was er ordnungsgemäß tat. Er übte mit dem alten Buchhändler, einem zwielichtigen Mann, der Juda ein paar zweisprachige Ausgaben gekürzter Werke deutscher Meister zusteckte. Sie waren auf billigem Papier gedruckt und im inzwischen nicht mehr existenten *Verlag Dritte Teilung* erschienen. Auf jeder Seite stand neben dem leicht verständlichen deutschen Originaltext die polnische Übersetzung. Juda verschlang die zweisprachigen Gedichte von Goethe und Heine, doch am liebsten mochte er Nietzsches *Der Wanderer und sein Schatten*. »Ja, ja«, nickte der Buchhändler, der sah, wie sich ein Schleier über Judas Augen legte, als er das Buch in der Hand hielt. »In der Tat eine gute Geschichte, einer der großen Erfolge unseres Verlegers.«

Nach Berlin zu gehen, sich ins Herz des modernen Preußens zu integrieren, war für Juda die große Chance, dem in seinen Augen so mittelalterlichen jüdischen Leben zu entkommen. Zu jener Zeit hatte jeder junge Mensch, der sein Glück in der vom Krieg ausgezehrten Stadt versuchen wollte, die so viele ihrer Söhne verschlungen hatte, eine Chance. Wenn es nach Juda ging, konnten seine Eltern zurückbleiben und für immer im *Schmaltz* schwelgen, und das hätten sie auch sicher getan, wäre da nicht jener Tag im Jahre 1940 gewesen, als ein Todeskommando in Tschenstochau auftauchte. Der Trupp war so unfreundlich, dass selbst Rosas beste gehackte Leber nichts ausrichten konnte.

Im Januar 1919, als Tschenstochau einfach ein Ort an der südöstlichen Spitze Preußens war, hielt noch niemand so etwas für möglich. Juda – oder der Ingenieursstudent Hellberg, wie er sich bereits nannte – bestieg den Nachtzug von Tschenstochau nach Berlin, so bepackt, dass seine Hände zitterten und er weder die nötige Konzentration noch das nötige Wohlwollen aufbrachte, sich ordentlich von seiner Familie zu verabschieden. Er umarmte jeden seiner sieben Brüder und Schwestern flüchtig und küsste seine Mutter oder, besser gesagt, streifte eine ihrer Wangen. Rosa ermahnte ihn mit einer Mischung aus Säuerlichkeit und Wärme, die nur vom Geschmack ihrer Hühnersuppe übertroffen wurde, seine Vorliebe für die Torheiten der *schegetz* (Nichtjuden) und vor allem für die *schiksa* (Nichtjüdinnen) zu zügeln.

Anschließend reichte Juda seinem Vater schnell die Hand. Szalman-Pinkus gab seinem fiebrigen Sohn eine Tasche mit einem Dutzend in Servietten gewickelten Hühnerbeinen und ein Buch in braunem Umschlagpapier: eine Sammlung *Geschichten vom Baal Schem Tov*, dem Bescht, dem unfreiwilligen Gründer der chassidischen Bewegung. Sein Vater blickte ihm in die Augen und erklärte in bemüht autoritärem Ton, wie der Bescht der Legende nach schon als ganz junger Mann ein religiöser, frommer Eremit gewesen war. Juda hörte sich an, wie der Bescht durch die Karpaten gewandert war und sich die Achtung von Mensch und Tier verdient, Kräuterkunde gelernt, mit Bären und Vögeln gesprochen und Taschendieben kluge Ratschläge gegeben hatte. Als er mit achtzehn Jahren die Wälder verließ, wurde der Bescht ein vollwertiger Wundertäter und Kopf der geheimen Gruppe der Lamed Vav Tzadikim, der sechsunddreißig Gerechten, deren Aufgabe im Leben es war, Katastrophen durch ihre mystischen Kräfte abzuwenden. Wie jeder Abtrünnige, der seinem Namen Ehre machte, wusste Juda, wen Beschts Anhänger für seinen Tod im Jahre 1760 verantwortlich machten: Jakob Frank, der selbst erklärte Messias, der Orgienorganisator und Konvertit, der ihn so sehr mochte.

Doch Juda sagte nur: »Danke, Vater« und stieg in den Wagen dritter Klasse. Es war das letzte Mal, dass er seine Familie sah. Als die Sonne unterging, kam für seine Eltern, seine Brüder und Schwestern, die Rabbiner und Schochets und Mohels der Stadt und selbst für die Schicksen und Händler das Ende eines weiteren Tages im Monat Schevat im Jahr 5679 des jüdischen Kalenders.

Für Juda war es nun der 8. Januar 1919.

Der Zug, beladen mit Hunderten Passagieren voller Hoffnung auf eine bessere Zukunft im Westen, verließ den Bahnhof quälend langsam. Als er außer Sicht war, ging ein Fenster in einem Wagen der dritten Klasse auf, und ein braunes Päckchen flog heraus. Es flatterte auf die Schienen, und die veralteten Worte, von rechts nach links gedruckt, wurden von den Stahlrädern zerfetzt.

Akkusativ, Dativ, Dönerspieß

Ich brauchte eine Pause. Das Familienpuzzle nahm eine andere Gestalt an, als es meiner Mutter gefallen hätte. Juda war kein Deutscher, weder als solcher geboren noch aufgewachsen. Ich weiß nicht, ob meine Mutter dies wusste oder nicht, jedenfalls fanden sich keinerlei Hinweise auf polnische Wurzeln in ihren Heldensagen über unsere grandiose Familienvergangenheit.

Ich war gleichwohl sicher, dass Juda in puncto Penibilität einem echten Sachsen oder Preußen in nichts nachstand. Im Gegensatz zu mir. Aber wir beide waren aus östlichen Gefilden nach Berlin gekommen und eigneten uns das Wissen über Berlin und die deutsche Sprache aus zugänglichen, lockereren Quellen an.

Bei meinen Sprachstudien verließ ich mich hauptsächlich auf verfügbare Quellen wie *Bild*, *Bunte* oder spätabendliche Dauerwerbesendungen, in denen alles *krass*, *verrückt*, *Wahnsinn* oder – nach Mitternacht – *sexy* und *heiß* war. Ich schickte Lara eine SMS, in der ich ihr meine kommenden »Schicksejahre« beschrieb. Dabei verwechselte ich aber den herablassenden jiddischen Ausdruck für eine Nichtjüdin mit dem deutschen Original – Schicksal –, das auf dem Titelblatt der *Bunten* verwendet wurde, um das verhängnisvolle Jahr zu beschreiben, das eine europäische Prinzessin erwarten sollte, deren Lächeln beunruhigend breit für ihr schmales königliches und sehr nichtjüdisches Gesicht war.

Eine andere Möglichkeit, Deutsch zu lernen, war, Fußball zu gucken. Als ich hörte, wie ein Sportkommentator einen ghanaischen Fußballer als *sehr spritzig* lobte, verliebte ich mich in dieses sprudelnde Adjektiv und verwendete es später, als sei es meine eigene Erfindung: Ich beschrieb damit alles von lebhaften Freunden bis hin zu frechen israelischen Ministern, die ihrem örtlichen Sicherheitsteam entwischten, um *spritzige* Nächte in gewissen Etablissements rund um die Kurfürstenstraße zu verbringen.

Mein nächster Schritt bestand darin, mich zu einem Integrationskurs an der Volkshochschule anzumelden, in der Antonstraße im Wedding. Nur ein paar Meter weiter lag etwas Glitzerndes, das sich »eines der größten Spielcasinos Berlins« nannte und umgeben war von Dutzenden »Bistros«, die sich allesamt als Dönerbuden und Bulettenbars entpuppten.

Durch die Texte des A1.1-Levels zu waten war in etwa so dankbar, wie in einer flachen Pfütze schwimmen zu lernen. Die Arbeitsblätter – meist drei Sätze umfassende illustrierte Geschichten – waren durch und durch Multikulti. Es war kaum möglich, Texte zu finden, in denen es nicht um schwer arbeitende Ghanaer, strebsame Italiener oder traditionsbewusste Türken ging. Die Klasse selbst war nicht so sehr um politische Korrektheit besorgt. Sunita, eine dünne Nepalesin, verriet uns ihr Rezept für Hundefüße in Tomatensoße. Izekel, ein nigerianischer Koch, der in einer dieser italienischen Touristenfallen am Brandenburger Tor arbeitete, gab sein Tiramisurezept an uns weiter. Er behauptete, Tiramisu sei das erste deutsche Wort gewesen, das er gelernt hatte.

Und über ihnen allen stand Nuria, eine portugiesische Malerin. Sie brüstete sich damit, in den drei Jahren, die sie schon hier war, noch nie Steuern gezahlt zu haben, mit der Begründung: »Iss brausse Geld, si?« Nuria beschwerte sich dauernd über den Zustrom an Migranten und behauptete, Kopftücher seien der Untergang dieses Landes. Flüsternd fügte sie noch an, jemand – oder etwas – namens Sarrazin habe gar nicht so unrecht. Es war vielleicht kein Zufall, dass sie einmal beim Vorlesen eines Textes zum Thema »Höflichkeit und Gewohnheiten« mit dem Titel *Was kann ich für Sie tun?* statt »herzlich« »hässlich willkommen« sagte.

Ihr Tischnachbar war Dok, ein junger Thai, der jeden Morgen um vier aufstand und mit dem Fahrrad zu einem Lagerhaus in Steglitz fuhr, wo er den ganzen Tag Dreißig-Kilo-Dönerspieße und Vierzig-Liter-Fässer Speiseöl schleppte.

Unsere übersprudelnde Lehrerin Gudrun, eine unerschütterliche Optimistin aus Köpenick, erzählte uns mit klimpernden Ohrringen, wie sie auf Usedom FKK-Volleyball gespielt hatte. Was FKK bedeutete, wusste keiner außer mir, wo ich doch bereits eine Einführung im *Diana Club* und mit den nackten Läufern bekommen hatte.

Nun, was es auch immer auf sich hatte mit Tiramisu, FKK, der deutschen Sprache mit ihrem Akkusativ und Dativ und Dönerspießen, es war spät. Mein Rücken tat weh, und ich kam nicht vom Sofa hoch. Also öffnete ich Judas Tagebuch erneut, um ihn auf seiner Reise nach Berlin zu begleiten. Mal sehen, was für Diskrepanzen zwischen Mutters Erzählungen und Hellbergs Bericht da zu finden sein mochten.

Neues Licht im Westen

»Als ich in den Wagen stieg, zitterte ich bis in die Fingerspitzen. Ich konnte es kaum erwarten, die Silhouette der großen Stadt und ihrer neu erbauten Kaufhäuser endlich zu sehen. Die Kaufhäuser waren angeblich größer als die meisten Kirchen. Es hieß, dank ihrer könne man sich in der Metropole nicht verlaufen. Man müsse nur zu den leuchtenden Schildern aufblicken und wisse sofort, wo in der Stadt, in der Welt man sei. Hoch aufragende, leuchtende Gebäude dienen als Kompass! Wunderlach!« Das letzte, jiddische Wort war zweimal durchgestrichen, und darunter stand in derselben Handschrift, aber mit mehr Nachdruck auf Deutsch: »Außergewöhnlich!«

Manche sagten, um ein organischer Teil des Körpers der Stadt zu werden, müsse man vollständig in ihr aufgehen, sich in ihr verlieren. Genau das hatte Juda vor.

Doch die Reise durch die schlesische Nacht, die ihn ans Ziel seiner Träume führen sollte, war alles andere als ein Traum. Je weiter er sich von Polen entfernte, desto mehr erfasste ihn etwas, das man heutzutage wohl »Panikattacke« nennen würde. Er saß benommen im Zug, schwitzend und keuchend. Als er im verschlafenen Kattowitz umstieg, raste sein Puls. Zugleich verlor er immer wieder die Orientierung. Irgendwie schaffte er es in den nächsten Zug, doch in Gleiwitz revoltierten seine Eingeweide so sehr, dass allein der Gedanke an die grauen Hühnerbeine in seiner Tasche ihn eine halbe Stunde auf der trostlosen Zugtoilette verbringen ließ, dem einzigen Ort, an dem er sich sicher fühlte. Irgendwo vor Breslau überkam ihn das Gefühl, die Erfüllung seines Traumes sei das Schlimmste, was ihm geschehen konnte.

Die meisten Fenster des Zuges waren weit geöffnet und konnten auch nicht mehr geschlossen werden, seit die dafür vorgesehenen Lederbänder von Soldaten und Flüchtlingen abgeschnitten worden waren, die alles mitnahmen, womit sie ihre verrotteten Schuhe flicken konnten. Aber die Zugluft half nichts. Er keuchte.

Er versuchte zu lesen, trank schwarzen Tee und schritt, spazierte, ja, rannte durch den Zug. Nichts half. Der polnische Schaffner, dem Herrn Hellbergs nervöses mitternächtliches Gebaren sehr missfiel, weil es auch die anderen Fahrgäste nervös machte, schlug dem verschwitzten Mann mit der Brille vor, es beim nächsten Halt mit ein paar Ave Marias in der Bahnhofskirche von Breslau zu versuchen. »Bei mir funktioniert das immer, wenn mir schlecht ist«, sagte der Zugbegleiter zu dem leichenblassen Mann. »Ein bisschen Hilfe der Muttergottes schadet den Beziehungen zwischen Eingeweiden und Mund nicht, was?«, sagte er mit einem Augenzwinkern, und ein seltsamer Funke glitzerte in seinen Augen. »„Das hab ich auch gesagt, als russische Granaten genau in dem Moment den Zug trafen, als ich den österreichischen Offizieren Tee servierte, irgendwo in der Nähe der Front bei Kowel. Ich habe mir fast in die Hosen gemacht, als ein Granatsplitter mir das Ohr abriss. Sehen Sie?« Der Schaffner hob seine Mütze und zog sich sein Ohr ab. An der Stelle klaffte ein tiefes Loch. »In Wien haben sie mir ein elastisches Ohr gemacht. Ich muss es jede Woche erneuern. In der Apotheke bekomme ich Material, das ich in eine Form gieße, und dann knete ich die Prothese zurecht, bis sie genau passt. Und wem habe ich es zu verdanken, dass ich noch da bin mit meinem Paraffinohr? Genau, Maria. Wenn sie nicht wäre, läge ich jetzt zusammen mit den zerfetzten Offizieren des Kaisers und ihren zerschlagenen Tassen in den Trümmern.« Er setzte sein Ohr wieder auf. »Man muss nur glauben.«

Doch Juda verzichtete auf das ökumenische Angebot. Seine Vernarrtheit in Jakob Franks Geschichte war eine Sache – aber die Mutter Christi zu bitten, seine sündigen jüdischen Eingeweide zu retten, war etwas ganz anderes. Also nickte er dem Schaffner nur unbestimmt zu, in der Hoffnung, seine innere Unruhe würde sich von allein legen.

Er schlief ein und träumte, er grabe in die Flanke eines Berges hinein. Er schob verschlungenes Gebüsch beiseite, das sich jahrhundertelang geduldig über den schattigen Grund ausgebreitet hatte. Anstelle von Blüten wuchsen Röhren, die Luft aus einer Schicht aus Kohle und Dampf saugten. Über einer Öffnung leuchtete ein Schild auf: »Ex Oriente Lux«. Er nahm es mit in einen Tunnel. Doch als er den westlichen Ausgang erreichte, war das Schild weg. Stattdessen wuchsen Blumen rasend schnell in die Höhe, ihre laternenartigen Köpfe reckten sich mehreren Sonnen entgegen. Die strahlenden Sterne bewegten sich am Himmel hin und her, auf und ab, und die Blütenstiele folgten ihnen wie schwankende Anbeter. Wir haben nichts zu bedeuten, flüsterten sie ihm zu.

Als er erwachte, fuhr der Zug pfeifend durch Friedrichshagen. Um sich zu entspannen, berechnete er im Kopf die Leistungsfähigkeit der Lokomotive und wie man sie verbessern könnte. Juda Hellberg war stolz darauf, dass sein Kopf ständig vor Ideen summte, für die andere Leute kein Interesse hatten. Er konnte ohne Stift und Papier komplexe Stromkreise und Maschinen entwerfen.

Doch seine Gehemmtheit löste in den Menschen um ihn herum Unbehagen aus. Er hatte hart gegen seine Art gekämpft und versucht, sich liebenswürdigere Manieren anzugewöhnen, um mehr Selbstvertrauen und Eleganz auszustrahlen. Aber wenn Hellberg Schwung ausstrahlen wollte, wirkte er meist einfach nur unbeholfen. Die Dämme, die der künftige Ingenieursstudent sorgfältig um seine Psyche herum anlegte, konnten die sprudelnden Fluten in seinem Inneren nicht halten, und das wusste er. Durch das Studium in Berlin hoffte er, das alles zu ändern, sich zu stärken. Im Westen brach der neue Tag an, ja, im Westen würde bald neues Licht geboren werden. Er erklärte der Dunkelheit den Krieg.

Als er am staubigen Schlesischen Bahnhof aus dem Zug stieg, fand sich Juda Hellberg inmitten einer Menschenmenge wieder. Unrasierte, ausgemergelte Kriegsveteranen humpelten auf Krücken voran wie kaputte Holzspielzeuge, die sich nun, da ihre kleinen Herren sie nicht mehr herumschoben und -zogen, in neuer Freiheit bewegen konnten. Juda sah eine Horde finster dreinblickender Arbeiter, die Gesichter voller Entschlossenheit und so rot wie die Fahnen, die sie in der einen Hand hielten, die ihnen nach dem Dienst für Kaiser und Vaterland noch verblieben war. Hausfrauen schoben eilig ihre Einkäufe durch die Menge, als spürten sie eine unbestimmte Gefahr. Ein Plakat kündete von der bevorstehenden Wahl der Nationalversammlung und rief die Bevölkerung auf: »Des deutschen Volkes großer Tag! Auf jede Stimme kommt es an!«

»Wohin man auch blickte, sah man zornige, hungrige Menschen, die kurz vor der Explosion standen«, schrieb er später in sein Tagebuch. Und sie explodierten, noch am selben Tag. Angeheizt durch Alkohol und verletzten Stolz, kam es zu einer regelrechten Schlacht mit den Freikorps um das strategisch wichtige Bahnhofsgebäude.

Juda, der vom brodelnden Spartakusaufstand nichts ahnte, trug seine ganz eigene Version eines Kampfanzugs: Sein gut geschnittener grauer Anzug, seine Hornbrille und das geölte, gescheitelte Haar waren seine Tarnung, seine Uniform. Seine Übelkeit und Nervosität lösten sich in der staubigen Luft auf, die von unzähligen Rufen widerhallte. Unbeirrt fühlte Juda sofort, dass er gut hierher passen würde, nicht als Revolutionär, sondern als Bürger, der sich geduldig und sorgfältig die gesellschaftliche Leiter hocharbeitet, und sei sie noch so wackelig. Für ihn lag darin die Genialität seines Kostüms: Er wollte deutscher wirken als die Deutschen.

Die wenigen Passanten, die überhaupt einen Blick auf den zerknitterten, aber korrekt gekleideten Mann warfen, der sich seinen Weg durch den Volksaufstand bahnte, fanden ihn vielleicht merkwürdig, aber – und das war entscheidend für ihn – absolut unjüdisch. Mit seinen hellbraunen Augen und seiner geraden Nase wirkte er wie einer der vielen polnischen Goldgräber, die ihr Glück im Westen suchten. Nicht mehr und nicht weniger.

Ein Problem gab es natürlich doch, und das war sein Name. Juda – dieses sprachliche Geburtsmal. Er wusste, dass dies das weitaus größte Hindernis für seine ehrgeizigen Karrierepläne darstellen würde. Und doch würde er sich seines Namens nicht entledigen, selbst wenn sein ostjüdischer Hintergrund damit immer eine Rolle spielen würde. Er war ein Relikt seiner Vergangenheit und der seines Volkes und stand für den stolzen Stamm aus Judäa – und nicht etwa für den Unruhestifter, der Jesus an die Römer verriet. Er würde nicht nachgeben. Nicht an der Namensfront. Inmitten des Getümmels hielt er inne und schrieb das in großen, klaren Buchstaben in sein Tagebuch.

Er hatte nicht viel Zeit zum Grübeln, doch Juda spürte, dass ihn die orangefarbenen Lichter der kleinen Läden rund um den Schlesischen Bahnhof riefen. Er fühlte sich wie ein tollkühnes Glühwürmchen, das weder die eisige Kälte noch die aufgeheizte Atmosphäre ringsum wahrnahm und nur die kleinen Lampen sah. Die Fackeln und Fahnen und Gewehre und Knüppel, die sich rund um den Bahnhof versammelten, nahm er nicht wahr. Er sinnierte über die wundersame moderne Technik, die die dunkle Seite Berlins erleuchtete. Und was die helle Seite anging – nun, die würde er mit seinem Talent und seiner Leidenschaft noch heller erstrahlen lassen, als es sich irgendjemand ausmalen konnte. Eine gewaltige Herausforderung, doch sie schreckte ihn nicht. Optimismus schwellte seine Brust.

Juda Hellberg war so in seine Träumereien versunken, dass er den Panzer, der an ihm vorüberrumpelte, kaum wahrnahm. Am Steuer des britischen Mark-IV-Tanks, den die Truppen des Kaisers im großen Krieg im französischen Cambrai erbeutet hatten, saßen Mitglieder des Freikorps Hülsen. Sie waren auf dem Weg, eine Gruppe Spartakisten niederzumachen, die sich in einem Tabakladen im Obergeschoss des Bahnhofs verschanzt hatten. Noch hatte der Panzer, eine Spende eines Bankers, der die Antibolschewistische Liga unterstützte, keinen Feuerbefehl erhalten. So geistesabwesend er auch war, spürte der junge Hellberg, es sei klüger, sich davonzumachen, ehe gefeuert würde.

Doch wo sollte er hin? Er kannte niemanden in Berlin, und seinen Pharus-Plan hatte er im Zug liegen gelassen. Ohne Stadtplan und zu dieser frühen Morgenstunde mitten im Winter waren seine Aussichten auf einen anständigen Schlafplatz verschwindend klein. Die lethargische Sonne würde sich auch nach ihrem Aufgang hinter der dichten Wolkendecke verstecken, die ihm aus seiner Heimatstadt in Polen so vertraut war. Nur hatte hier, anders als in Tschenstochau, die Dunkelheit einen Feind in Form eines Flusses, den Judas Mission in einen Strom verwandeln würde. Ja, er würde zum Alexanderplatz gehen und sich das imposante Kaufhaus ansehen, das sowohl Quelle als auch Empfänger dieses Stromes von Menschenhand war.

Und so wanderte er westwärts, blass vor Erschöpfung und doch strahlend, als er sich dem weiten Platz näherte, von dem er so oft in den abgegriffenen Heften gelesen hatte. Dann blieb er unvermittelt stehen, völlig gebannt. Über ihm erstrahlten zwei Kugeln, eine schwarze und eine gelbe. Der dunkle Planet war von einem sich ständig wandelnden leuchtenden Ring umgeben, der mit Neongas gefüllt war. Der Saturn auf Erden machte Werbung für die Zigarettenmarke *Manoli*. Ein ständig fließender Werbetext umgab ihn wie ein flackerndes Band.

Dem schwarzen Planeten gegenüber erhob sich sein berühmter Zwilling: der gelbe Stern von Tietz auf dem Dach des jüdischen Kaufhauses. Er strahlte so hell, dass er über den Kolonnaden aus Glas, Stahl und Stein zu schweben schien. »Guten Morgen, gelber Stern«, schrieb Juda in sein Tagebuch. Seine Handschrift war fahrig. Vielleicht lag es an der Kälte. Vielleicht auch an dem seltsamen Anflug von Romantik. Als die Morgendämmerung die Nacht ablöste, schaltete sich das schwarz-gelbe Sternbild automatisch ab.

Hellberg stand noch immer unbeweglich da, die Augen geschlossen, den Kopf in den Nacken gelegt, als er einen lauten Knall hörte. Eine Glasflasche zersplitterte in tausend Scherben, die auf den Platz herabregneten. Kaum verständliche Schreie waren zu hören. Ein Dutzend Kommunisten und Spartakisten versammelten sich nach der Schlacht im besetzten Bahnhof nun auf dem Alexanderplatz. Sie wurden verfolgt von einer Abteilung des Regiments Potsdam. Auf beiden Seiten kämpften zähe Kerle, vollgepumpt mit Bier und Hass, und so entbrannte die Schlacht der vorangegangenen Nacht schnell von Neuem, während die Sonne langsam den eisigen Nebel anging.

Judas rascher Berechnung zufolge stand er im geometrischen Zentrum des riesigen Platzes und somit auf einer gefährlichen Position. Er hatte keine Ahnung, wie und wohin er fliehen sollte, und sein Koffer war sehr viel schwerer als zuvor. Er fror und zitterte vor Kälte und Überraschung. Flaschen und Steine flogen über ihn hinweg, begleitet von verbalen Geschossen. »Verdammte Schweinhunde!« und »Halunken!« schrie es auf beiden Seiten, »falsche Fuffziger!« und »Kriegshetzer!«. In seinen Ohren klangen sie alle gleich, und sie sahen auch alle gleich aus. »Ich verspürte Gleichgültigkeit und war wie benommen«, erinnerte er sich. »Ich glaube, ich hab einfach dagestanden und gelächelt.«

Das Polizeipräsidium befand sich an der Nordseite des Platzes, doch keines der Fenster in der roten Ziegelsteinfassade öffnete sich, und es strömten keine Polizisten aus den zahlreichen Türen und Toren in das siedende Getümmel. Vielleicht liegt es ja an den Arbeitszeiten, überlegte Hellberg angesichts des völligen Fehlens jeglicher Vertreter von Recht und Gesetz. Er wusste, wie strikt sich die Deutschen an Regeln hielten, und ihm gefiel der Gedanke einer Nation, deren Leben und Sterben von einer Gebrauchsanleitung bestimmt wurde, wie ein Stromkreis nach einem exakten Bauplan. Und doch waren sie kreativ und produktiv! War das, was er hier und jetzt erlebte, der totale Zusammenbruch der Autorität? Oder war es möglich, dass ein Scharmützel um sechs Uhr morgens nicht in die Zuständigkeit der Polizei fiel, deren Dienst offiziell erst um acht Uhr begann? Wahrscheinlich war es das, und Juda stellte zufrieden fest, dass seine Weltsicht durch diese zyklische Logik untermauert wurde.

Dann hörte er eine Explosion. Ein starker und zugleich weicher Aufprall riss ihn um. Irgendetwas hatte ihn getroffen, das ihn fast erstickte, während es ihn zu Boden drückte. Glasscherben wirbelten um ihn herum. Als er wieder zu Sinnen kam, sah er eine fleckige weiße Gestalt aus aufgeblasenem Gummi, die sich über ihn lehnte.

Später schrieb er nieder, wie er grinsen musste, als ihn eine dumpfe, aber eindeutig menschliche Stimme aus den Gummiringen heraus fragte: »Ist allesph in Ordnung mitph Ihnen? Die habenph Ihnen fast den Schädel eingephlagen. Ich musste Sie beschützenph, tut mir leid, wenn ich Sie erschreckt habe, Menschph!« Die Gestalt aus Gummireifen hob eine aufgeblähte Hand an das, was wohl ihr Gesicht sein sollte, und zog einen Reißverschluss auf. Ein menschliches Gesicht kam hinter der Maske zum Vorschein. »Freut mich, Sie kennenzulernen. Hermann Wolf«, sagte der Mann aus Fleisch und Reifen nun deutlich verständlich. »Leiter der BAMER-BRIMIR ›Berlin Aktiv – Menschliche Reklamebrigade für Michelin-Reifen‹. Griffiges Akronym, was? Keine Sorge. Ich bin kein Kommunistenschwein und auch kein nationalistischer Arsch, ich führe einfach nur eine Reklametruppe. Wir treffen uns immer am Alex, bevor wir nach Mitte losziehen. Aber heute ist es ein bisschen, nun, sagen wir laut.«

Da waren noch fünf weitere Michelin-Männer, alle in fleckige weiße Gummianzüge gehüllt. Manche hatten ihre Maske geöffnet. Sie waren neugierig, wessen Kopf ihr Chef Hermann vor einer Milchflasche voller Benzin gerettet hatte. Der Platz war jetzt ruhig, doch überall waren Fetzen roter Fahnen und Blut.

Juda blinzelte und erklärte, er habe vor, Elektrotechnik an der Technischen Hochschule zu studieren. Reifen-Wolf wünschte ihm eine spektakuläre Karriere, warnte ihn davor, sich allzu sehr in die Politik einzumischen, und half ihm auf die Füße. Dann wies er mit dem Kopf in Richtung Hackescher Markt, und seine untergebenen Michelin-Männer wackelten gehorsam die Dircksenstraße hinunter und durch das Scheunenviertel, wo sich die neu angekommenen ostjüdischen Bewohner noch immer hinter braunen Fensterläden versteckten.

Ihre auseinanderfallenden Bücher waren voller seltsamer alter Briefe, die sie aus Galizien mitgebracht hatten, und ihre Holzkarren, die in dunklen Hinterhöfen unter kahlen Bäumen standen, waren beladen mit Steinnussknöpfen, falschen Seidenbändern, Nähgarnen, Nadeln, hölzernen Auftrennern und Kragenstäbchen aus Zelluloid und all den anderen kleinen Dingen, die das Leben ärgerlicher und erträglicher zugleich machen. Noch war es still – doch bald schon würde das tägliche Leben die Straßen erfüllen. Man würde Wechselkurse diskutieren, über den Wert britischer gegenüber deutscher Wertpapiere streiten und über Sir Francis Montefiore und Theodor Herzl debattieren, deren Porträts überall in den kleinen Spelunken und rußigen Lokalen des Viertels hingen.

Doch zu dieser frühen Stunde traf man nur niedergeschlagene Nutten auf dem Nachhauseweg aus ihrem Revier um die Neue Schönhauser Straße an, im gebleichten Haar noch letzten Reste Flitter. Sie verabscheuten politische Unruhen, weil sie schlecht fürs Geschäft waren und weil sie die Betrunkenen fürchteten. Die Zeiten waren so hart, dass selbst der Anblick aufgeblasener menschlicher Reifen vor den koscheren Restaurants ihren verwüsteten, von Kümmel und Schlägen geröteten Gesichtern kein Lächeln entlocken konnte.

Der Reifenmann ließ Juda noch schwören, sich nicht mehr in Kämpfe verwickeln zu lassen, die ihn nichts angingen. Dann gaben sie sich die Hand, die Mitglieder der Reifenbrigade schlossen ihre Masken wieder und zogen sich über ihre Gummianzüge Schilder mit der Aufschrift »Sicherheit und Komfort der Zukunft – mit den Reifen von heute!«. Dann zogen sie ab.

Die Schwester meiner Urgroßmutter

Unsicher, was er jetzt tun sollte, blieb Judas Blick an einer Litfaßsäule hängen. In einem Meer aus Revue- und Kabarettplakaten entdeckte er eines, das ihn sofort interessierte und Ablenkung versprach: »Der großartigste Wettbewerb aller Zeiten: Die schönsten Beine von Berlin!« Der Wettbewerb sollte in der Scala in der Lutherstraße ausgetragen werden, am folgenden Abend. Das gab ihm genug Zeit, sich im Schlafsaal der Universität einzurichten, sich an der Fakultät einzuschreiben und sich gründlich zu erholen.

Plötzlich stand eine junge, blonde Frau neben ihm vor der Litfaßsäule und studierte ihn ebenso intensiv wie er die Plakate. Sie war schmal und mittelgroß. In ihrem sandfarbenen Mantel und dazu passenden Hut, mit ihren hellen, fast durchsichtig blauen Augen und dünnem, flachsfarbenem Haar war sie, wenn auch nicht atemberaubend, so doch durchaus attraktiv. Und sie hatte Courage, das spürte er sofort.

Sie sprach ihn an, überraschenderweise sofort per du, und lud ihn zu dem Wettbewerb ein. Ihre Rede plätscherte so rasch und fröhlich dahin, dass er nur »Varieté«, »Scala«, »Schwester« und »Beine von Berlin« aufschnappte. Der angehende Ingenieur versuchte, sie höflich per Sie abzuwimmeln, doch eigentlich wollte er gar nicht so förmlich klingen.

Sie stellte sich ihm als Ingrid von Wiebe vor und erklärte, sie würde gemeinsam mit Freunden hingehen, und er *müsste* einfach mitkommen.

»Natürlich, danke, aber Sie müssen mich nicht retten … ich meine, abholen.« Schon wieder klang er förmlicher als beabsichtigt. »Ich bin absolut dazu in der Lage, den Weg vom Schlafsaal der Technischen Hochschule zur Scala zu finden. Danke, Madame, ich meine, Mademoiselle.«

Sie lächelte und erklärte ihm, in Berlin könnten Mädchen wie sie Jungs wie ihn ganz zwanglos zum Ausgehen einladen. »Egal, jedenfalls erwarte ich, dass du pünktlich und mit guter Laune kommst. Ich brauche dich, um meine Schwester Else anzufeuern. Sie hat gute Chancen, sich zum Narren und ihre Beine zu einer Legende zu machen und dabei auch noch Geld zu verdienen.«

Bestimmt spürte Ingrid, dass dieser introvertierte junge Mann sich nichts sehnlicher wünschte, als den erfahrenen Veteranen an der Frauenfront zu geben und nicht den Grünschnabel, der er eigentlich war. Doch er konnte die Objekte seiner Zuneigung immer nur aus der Ferne belagern, wie ein General, der stotternd seine Truppen zum Rückzug ruft, wenn es Zeit zum Angriff ist. Juda würde sich niemals einem Fräulein in einem Café nähern, eine Dame in einem Varieté ansprechen oder sich an ein Mädchen auf der Straße heranmachen. Er setzte lieber sein kritisches Technikerauge ein, allerdings mit ziemlich unerfreulichem Erfolg. Er vermaß gerne Frauenkörper, analysierte sie wie Brücken oder Dämme oder Pendel, berechnete, wie viel Hebelwirkung und Flexibilität und Drehmoment zur Bewegung von

Oberschenkeln und Hüften und Füßen und Unterschenkeln nötig sind. Die Objekte seiner Analyse und seines Begehrens – ein jüdisches Mädchen auf dem Weg zum Markt, eine Novizin auf dem Weg zum Jasna Góra – ärgerte das, ohne dass sie wussten, warum, und sie warfen ihm zornige Blicke zu. Daraufhin errötete er und setzte seine Schätzungen später allein in seinem Zimmer fort.

Doch nun endete die kurze und erbarmungslose Geschichte seiner Anstrengungen mit der Einladung, sich die Säulen deutscher Schönheit anzusehen.

Schweinegrippehysterie

Ich blätterte die dünne Seite um. Draußen dämmerte der Morgen, und ein paar Vögel meldeten sich. Mann, Mann, Mann, murmelte ich, so wie es ständig Niklas und Dave taten, dieser Juda hielt sich wirklich nicht an Mutters Skript. Hatte er tatsächlich ein Date mit der Schwester meiner Urgroßmutter? Da flackerte etwas vor meinen müden Augen auf: das Telefon.

Es war die Sekretärin aus der Nachrichtenredaktion in Tel Aviv, die mich immer Motek oder Mami nannte, was so viel wie »Süßer« bedeutet, während sie die Order des Tages übermittelte. »Der Chef vom Dienst lässt dir sagen, du sollst etwas über die Schweinegrippe machen. Tschü-hüüüs!«, trällerte sie und legte auf. Ich warf das Tagebuch in die Kiste. Das Apartment war inzwischen übersät mit gut erhaltenen alten Fotografien und Ausweisen, die Jutta in der Kiste deponiert hatte. Und nun auch mit den moderneren und olleren Dingen, die es zum Berliner Channel-10-Büro machten. Ein

Resopaltisch, ein Relikt aus DDR-Zeiten, den ich auf einem Flohmarkt gefunden hatte und auf den ich einen alten Laptop stellte; ein mürrischer Techniker im Hauptquartier des Senders in Tel Aviv hatte es mir eingerichtet.

Ich zog mich an, nahm mein Stativ und meine Kamera, klopfte an Daves Tür, weckte ihn und teilte ihm mit, dass ich seine Hilfe brauchte. Er murmelte etwas, was sich anhörte wie: »Okay, du Arsch.«

Kurz darauf begaben wir uns zum Mauerpark.

Meine glänzende rote Trainingshose flatterte im Wind, der durch den Mauerpark fegte. Mein Oberkörper war in einen nachtschwarzen Blazer gewandet. Das Designerstück sollte Selbstvertrauen und Autorität verströmen, wenn ich später am Abend in zahlreichen israelischen Wohnzimmern auf dem Fernsehbildschirm erscheinen und über die Schweinegrippehysterie berichten würde, ein Lieblingsthema meines Redakteurs.

Ich umklammerte ein Mikrofon mit dem Logo »Channel 10« in hebräischer Schrift – »Kanal 10«. Neben der mit Graffiti überfrachteten Mauer auf dem Hügel im Park blickte ich in meine winzige Kamera. Der Sucher war auf mich gerichtet und erlaubte mir, einen Blick auf den Rahmen zu erhaschen, den ich sorgfältig konstruiert hatte. Die Kamera stand auf einem wackeligen Plastikstativ, das zusammenzubrechen drohte unter der Last meiner Ausrüstung, die etwa so viel wog und so groß war wie eine Zigarettenschachtel.

Ich drückte den Aufnahmeknopf und eilte auf meine Position, die ich unwissentlich mitten in einem Bierflaschenfriedhof gewählt hatte. Ich reckte den Hals, um auf dem winzigen Monitor zu erkennen, ob meine leuchtende Trainingshose auch ja nicht im Bild war.

Die windgepeitschte Ebene und der künstliche Hügel zwischen Brunnenstraße und Schönhauser Allee, ein ehemaliger Todesstreifen, beherbergen so ziemlich jede rührende Schrulle, die sich der Mensch ausdenken kann: eine Kolonie Ururenkel der Mauerhasen, die neben der Graffitimauer wohnt – so nenne ich diesen Mauerabschnitt, der jeden Tag von Kapuzenpullis tragenden Künstlern neu dekoriert wird; einen Rentner, der sich an einem bitterkalten Tag sonnt; und ein hübsches Mädchen, das Drachen steigen lässt und dabei auf einer Beinprothese aus Titan balanciert. Alles wunderbare und vielleicht merkwürdige Erscheinungen. Aber ich nehme an, dass ein Israeli, der auf Hebräisch in den Wind spricht – normalerweise stand ja niemand hinter der Kamera, da Dave sich nur sehr sporadisch als Stativträger einsetzen ließ –, einen ganz eigenen Anblick bot.

Es war scheußliches Wetter. Selbst die angeblich tödlichen Schweinegrippeviren, über die ich berichten wollte, schienen geflohen zu sein. Doch ich setzte die aufmerksame, aber gelassene Miene auf, die mir für einen Bericht vor der Kamera angemessen erschien, und tat so, als sei der peitschende Eisregen nichts als ein sanftes Nieseln. Dann war ich endlich bereit, meinen Bericht über den verhängnisvollen Mangel – oder Überschuss, ich weiß es nicht mehr – an Impfstoffen zu beginnen.

»Bist du verrückt?« Ich hörte Daves Stimme, seltsam verstärkt durch den heulenden Wind. Mit der Aussicht auf zwei Flaschen Augustinerbräu hatte ich mir seine Bereitschaft erkauft, ein paar Minuten lang hinter meinem Stativ auszuharren. So konnte ich endlich den Schweinegrippebericht aufzeichnen, komplett mit Titelseite der *Bild* und lockerem, unerschrockenem Gesichtsausdruck. Wenn er mich »verrückt« nannte, war das nicht böse gemeint. Er trug seinen Tweedanzug, einen Schal aus Kunstseide und seine Sherlock-Holmes-Mütze, von der er sagte, sie habe gleich zwei Vorzüge: »Sie verwirrt die Deutschen und bedeckt mein zunehmend haarloses Haupt. Ein sicheres Zeichen für das Schwinden des Sex-Appeals eines Musikers.« Er lüftete die Mütze und grinste schief. Sein flauschiges kleines Bärtchen verlieh seinem Gesicht eine fröhliche Grimmigkeit. »Ich habe als Jugendlicher einen faustischen Pakt geschlossen: Drogen jetzt, Desillusionierung später. Jetzt ein Teufelskerl, Haarausfall später. Aber ich habe meinen Teil des Paktes nicht eingehalten. Jetzt hab ich alles gleichzeitig! Okay, mach weiter, mach dein Ding«, nickte er mir zu.

Ich hielt eine *Bild*-Zeitung in der Hand. Auf der Titelseite prangte ein brünettes Schwein anstelle der blondierten Dame, die gerne eines Tages *Wetten dass…?* moderieren würde. Eigentlich wollte ich die Titelseite in die Kamera halten, was ganz bestimmt meine Nachrichtenredakteure hypnotisieren würde. Doch jetzt war mir eher danach, Dave die Zeitung um die Ohren zu hauen dafür, dass er mit seiner Frage eine halbe Stunde sorgfältigster Vorbereitung zunichte gemacht hatte.

Zugegeben, an seiner Frage war was dran. War ich verrückt?

»Vielleicht«, sagte ich. »Bist du es?«

»Vielleicht bin ich ein totaler Trottel, aber im Gegensatz zu dir habe ich keine Fans, die kein Wort von dem verstehen, was ich sage.« Grinsend wies er auf das obere Ende des Mauerparkhügels. Neben der Mauer standen ein paar Kinder mit ihren Fahrrädern.

Sie sahen aus wie Kids aus dem Brunnenviertel, vielleicht, weil ihre stone-washed Jeans nichts mit Nostalgie oder Mode zu tun hatten. Anders als ihre gut situierten Zeitgenossen von der anderen Seite des Mauerparks, deren Eltern ihr Geld für grungige Flanellhemden rausschmissen, trugen diese Fahrradkinder die Original-Neunziger-Couture gezwungenermaßen. Ihre taillenhohen Jeans waren oft genug aus der Mode gekommen und wieder in sie hineingeraten – so oft, wie sie in der Waschmaschine waren –, dass jedes Fünkchen Ironie herausgewaschen war.

Jetzt, da Dave es sagte, wurde mir klar, dass sie kichernd auf mich zeigten. Dann fiel mir wieder ein, dass ich die Kids schon ein paarmal gesehen hatte. Irgendwie fanden sie jedes Mal ihren Weg hierher, wenn ich das Ostberliner Studio von Channel 10 auf dem mit Scherben und Pommestüten gesprenkelten Hügel aufbaute.

Als ich mit der Aufnahme fertig war und nach Hause wollte, kündigte Dave an, dass er zur Pappelallee wollte, um die Früchte des Stechapfels zu ernten. »Das ist wohl eine der potentesten Pflanzen in Berlin. Ziemlich erstaunlich!«

Ich wusste, dass es verklemmt klingen würde, aber ich fragte: »Was meinst du mit ›potent‹?«

»Na, gefährlich und erschreckend, ein verdammt schräger Trip, das meine ich. Manche Leute sind dafür im Krankenhaus oder im Knast gelandet, oder beides. Google das mal, du wirst dich wundern, was diese Pflanze Übles auslösen kann! Ich werd vielleicht ein paar persönliche Impressionen auf Facebook posten.«

Ich zog es vor, nach Hause zu gehen, die Filmdaten auf den Nachrichtenserver zu laden und ein Schläfchen zu machen. Ich träumte irgendetwas Wildes von einer Reise nach Jerusalem und meiner Mutter, die meinte, ich solle meine Fingernägel schneiden, und einem Berg, auf den ich rannte. Ich erwachte schweißgebadet und machte mir ein Augustinerbier auf. »Diese Mönche verstanden es zu leben«, hörte ich mich selbst sagen.

Dann bekam ich eine SMS von Karen: »Liebling, ich vermisse dich so, und du siehst so tapfer aus da oben auf dem Hügel. Ich liebe dich. Wer sind die Kinder, die da im Hintergrund lachen, und was soll die Trainingshose? Ist das ein modisches Statement?«

Eigentlich hätte ich nach Erhalt dieser Nachricht panisch erwartet, mir nun alle Chancen auf einen künftigen Posten als Nachrichtensprecher verbaut zu haben. Doch zwei Dinge lenkten mich von Karens SMS ab.

Das erste war eine Mail von meinem Chefredakteur: »Du machst das großartig. Ich beneide dich fast, wie du da neben dem Reichstag und allem stehst. Besorg dir Filmmaterial von Knut und Nazis. Und sag mir, wo du das rote Teil her hast. Ich will eins für meine Frau kaufen.«

Und das zweite war die große schwarze Kiste mitten in meinem kahlen Wohnzimmer.

Polnische Ritterlichkeit

Ich blieb wohl besser wach, für den Fall, dass Dave es mit seinem Trip übertrieb. Zurück also zu Ingrid und Juda, die immer noch vor der Litfaßsäule standen und überlegten, ob sie zusammen losziehen sollten.

»Ich zögerte immer noch, mit dem Mädchen auszugehen. Sie wirkte einfach ein bisschen zu aufgeregt«, erzählte das

Tagebuch. »Aber Ingrid wusste, was zu tun war: ans Herz meiner polnischen Ritterlichkeit zu rühren. Sie kicherte: ›Weißt du, zu dem Beinewettbewerb sind meine neunzehnjährige Schwester und ich gekommen, weil wir vor sechs Wochen das Anwesen unserer reichen Eltern in Danzig verlassen haben und hierher gezogen sind. Wir dachten dummerweise, dass wir schlauer sind als alle anderen, besonders als unser desinteressierter Vater und unsere Mutter. Ich glaube, ihr Zustand ist das, was man neurotisch nennt. Jedenfalls ist sie ständig in irgendwelchen Sanatorien zur Heilung.‹ Sie zog eine Grimasse. ›Wir hatten uns vorgestellt, wir könnten unseren Eltern erzählen, wir hätten hier angemessene Galane an der Hand, weil das ihre Hauptsorge ist: dass wir gute Partien machen. Wir dachten, mit dieser Ausrede könnten wir Monat für Monat Geld erwarten. Aber weißt du, was passiert ist? Als wir ins Postamt gingen, um unser Geld abzuholen, bekamen wir nur ein Telegramm mit dem Inhalt: ›EUER UNBESONNENES VERHALTEN VERANLASSTE UNS, DIE UNTERSTÜTZUNG AUSZUSETZEN STOP SOLLTET IHR VERNUNFT ZEIGEN UND NACH DANZIG ZURÜCKKEHREN WÜRDE DAS DIE SITUATION ÄNDERN STOP EURE ELTERN.‹«

»Das tut mir leid«, murmelte Juda. »Aber was hat das mit den Beinen deiner Schwester zu tun?«

»Alles«, ließ sie ihn lächelnd wissen.

»Wir nahmen den Kampf auf. Wir begannen, Kuchen, Pasteten und Törtchen zu backen und sie an Cafés und Revuehallen zu verkaufen. Wir dachten, dass es in all den Schenken und Lokalen voller Spieler und Freier genug Kunden geben sollte. Aber unsere Rhabarber-Mandel-Torten und Nougat-Marzipan-Quiches waren zu gut, zu teuer. Angesichts der Inflation und der schlechten Stimmung waren unsere Köstlichkeiten weniger gefragt als Gebäck aus Kartoffelmehl und geraspeltem Kohl und Kaffee mit Rote-Beete-Pulver. Dazu kamen die ständige Entwertung des Geldes und unzuverlässige Schuldner. Bald waren wir am Ende. Unsere letzten tausend Mark gaben wir einfach für exquisite Pralinen aus.«

Dem angehenden Ingenieur blieb fasziniert der Mund offen stehen.

Ingrid fuhr fort: »Der Preis für den Beinewettbewerb wird in US-Dollar ausgezahlt. Es ist unsere letzte Chance, an genug Geld zu kommen, um Kerzen, Sekt, Servietten und Besteck zu kaufen, sodass wir in unserem hübschen Apartment für Unterhaltung sorgen können.«

»Und eure Miete und Heizkosten im Winter zahlen könnt«, ergänzte Juda.

»Du klingst genau wie meine Schwester. Puuh …«

Sie pustete eine widerspenstige Haarsträhne aus ihrer Stirn. Die Strähne schwebte kurz in der Luft und landete exakt an derselben Stelle wieder. »Ich hatte die Idee aus einem Film. Meine Freunde – nur platonische, versteht sich – sagen, ich habe Showtalent.«

Sie kniff ihm in die Nase.

Es war also abgemacht. Ingrid würde Juda um Punkt acht Uhr abholen, und sie würden ihrer Schwester Else zugucken, wie sie ihre Beine zur Schau stellte.

So viel also zum traditionellen Werben, dachte ich und schlief auf dem braunen Sofa ein.

Neunzig Jahre, nachdem mein Großvater auf der Migrationswelle von Ost nach West geritten war und ihre Höhen und Tiefen in seinem Tagebuch festgehalten hatte, war ich mit der Zuwanderung im 21. Jahrhundert beschäftigt. Die Vorstellung, ich sei einzigartig in meiner Begeisterung für Berlin, stellte sich schnell als völlig verfehlt heraus. Während ich noch die letzten Tage meiner Mutter begleitete und meine ersten Schritte in der Beziehung zu Karen machte, wurde eine Luftbrücke zwischen Tel Aviv und Berlin gebaut. Ganze Flugzeugladungen voller Regisseure und Drehbuchautoren wurden eingeflogen, die Haare sorgfältig verwirrt, die israelischen Pässe begleitet von kürzlich ausgestellten Dokumenten von Mitgliedsstaaten der EU, die es ihnen gestatteten, auf die Suche nach ihrer Identität und Sozialleistungen zu gehen, nicht nur in Deutschland, sondern auch in Polen, Litauen und Slowenien.

Neben den zerzausten Künstlern kamen gegelte Goldsucher im Immobiliengeschäft und Stipendienjäger aller Couleur, darunter Musiker, Maler, Videokünstler und Journalisten, von denen ich einer war.

Ich war also einer von vielen, kämpfte darum, mich aus den Ketten des israelischen Wirgefühls zu lösen, nur um mir dieselben in den überall aus dem Boden schießenden israelischen Hummusrestaurants wieder anlegen zu lassen. Eine klare Unterscheidung gab es jedoch zwischen den Neuankömmlingen: Die Kreativen gingen in den Osten, die mit dem Geld in den Westen. Es war, als hätten Videokünstler Order erhalten, Friedrichshain zu besetzen und die Immobilienmakler einen Marschbefehl nach Charlottenburg.

Dazwischen arbeitete die Stadt eifrig daran, ihre Lücken zu schließen und ihre Narben zu verschönern – mit überdimensionalen, schwerfälligen »Projekten« wie Mediaspree oder Potsdamer Platz. Letzterer ist so verwirrend konstruiert, dass man fast erwartet, den alten Mann aus Wim Wenders' Film *Der Himmel über Berlin* anzutreffen, der sich fragt, was aus den Omnibussen mit den Pferden geworden ist. Falls die Engel einmal ihren Weg in den Himmel über dem Berlin des 21. Jahrhunderts finden, sollten sie den Potsdamer Platz meiden.

Eines Tages verlief ich mich dort. Verloren und den Tränen nah, wie so oft in den ersten Monaten hier, als ich ständig trauerte und hinter der Wolkendecke nie den Sonnenuntergang sehen konnte, musste ich jemanden nach dem Weg fragen.

Wie es der Zufall will, waren die ersten Leute, die ich fragte, israelische Bankangestellte auf einer organisierten Tour. Meine Retter waren sich alle vollkommen einig, dass die Ben-Gurion-Straße nördlich der Yitzhak-Rabin-Straße liegt und diese wiederum westlich des Holocaust-Mahnmals. Das half mir aber nicht weiter, und wäre da nicht dieser nette Typ in Lederhosen gewesen, der mich bei der Hand nahm und bis zum S-Bahnhof Potsdamer Platz führte, würde ich noch heute ziellos zwischen Cinemaxx und Cinestar herumirren.

Beim Joggen war ich fast nie über den Tiergarten hinausgekommen, den ich als grüne Bastion gegen die Westlichkeit empfand. Ich hegte fast so etwas wie Abneigung gegen ihn, ohne recht zu wissen warum, trotz seiner zentralen Lage, seiner herrlichen großen Bäume und hübschen kleinen Teiche, behaglichen Wege und kleinen Wiesen, von denen manche durch Schilder als »Krokuswiese« und andere als »Liegewiese« ausgewiesen waren.

Im kultivierteren, geordneteren Westen gibt es jede Menge blondes Haar – blondiertes, gesträhntes, ausgeblichenes und sogar natürliches. Das Geld ist keine Modeerscheinung, es ist alt und echt. Es gibt Buchläden mit Namen wie Hugendubel in der Nähe des Kurfürstendamms. »Ich gehe zu Hugendubel am Kurfürstendamm« klingt in meinen Ohren wie eine sehr beruhigende Verzögerung. Eine tief gehende Lethargie, fast schon archäologisch.

Dort, im Westen, wollte ich also der verlorenen alten Familienenergie nachspüren. Dort, wo Else, Ingrid und Juda gelebt hatten. Auf den Fotos in der Kiste und auf den Bildern, die meine Mutter in Jerusalem im Flur aufgehängt hatte, war der Westen die leuchtende und die einzige Seite von Berlin. Allerdings konnte ich mich kaum aufraffen, dorthin zu fahren, wo die U-Bahn-Stationen im Orange-Braun der Sechziger gekachelt sind. Es fühlte sich irgendwie zu hohl an, da unten, wenn es auch original 20.-Jahrhundert-Design war, keine Frage.

Ich war unterwegs in diesem schrägen Westberlin, um in der Schöneberger Hauptstraße zunächst bei einem Libanesen, ein Tipp von Omer, neue Batterien für meine Kamera zu kaufen. Denn der israelische Premierminister wurde erwartet. Ich sollte mich nur nicht durch Handeln als Israeli outen. In der U-Bahn lachten Mädels mit neonblauen Kontaktlinsen über einen Typen im hellorangefarbenen Blazer mit hochgezogenem Revers und noch dünner gezupften Augenbrauen, als sie sie selbst trugen. Als der Zug anfuhr, entpuppte sich die Bowie-Replik als Fahrkartenkontrolleur. Er winkte der zerknitterten Monatskarte in meiner klebrigen Hand und stieß ein wohlgeformtes, aber nicht so wohlgemeintes »Danke« aus.

Später im Bundestag fand ich bei allem Respekt für die Glaskuppel vor allem den unförmigen Bundesadler beeindruckend, der dort aufgehängt ist. Er erinnerte mich an ein gestopftes Hähnchen. Ich war dort am nächsten Tag mit meiner Kamera, als der israelische Premier seinen deutschen Gastgeber traf und mit ihm vor die Kameras trat. Kurz nachdem sie beide mit ihren Sicherheitsbekundungen für Israel fertig waren, erhielt ich einen zornigen Anruf meines Chefredakteurs, der mich fragte, warum ich den Premierminister gebeten hätte, sich zu drehen, damit ich seine »bessere Seite« filmen könne. Sein Sprecher war nicht gerade begeistert von meiner Dreistigkeit und mein Chef auch nicht, obwohl er lachen musste, als ich erklärte, ich wollte der Welt nur die weniger teuflische Seite des Lächelns unseres führenden Politikers zeigen.

Drittes Kapitel

Auf dem Eis

Mehr Winter

Was Grünes

Die Pflanze war dunkelgrün, und ihre Blätter glänzten hartnäckig, obwohl sie unter der durchgebrannten Glühbirne stand, die ich seit Monaten nicht ausgewechselt hatte. Omer meinte, dass diese Extraportion Düsterkeit von der »kahlen Nacktheit« der Wände ablenkte. Karen hatte den Zwanzig-Kilo-Topf mit ihren dünnen Armen vom Palmenhaus-Café an der Schönhauser Allee bis in meine Wohnung getragen, zwei Stockwerke hoch, während ich auf meinen Storchenbeinen 5,3 Kilometer nach Osten joggte, in den Volkspark Friedrichshain, wo sich nackte Bäume an den Hügeln aus Kriegstrümmern festklammerten und die Froschstatuen verfroren am Märchenbrunnen kauerten. Dann kehrte ich zurück zu meiner Liebsten, die gerade in der Stadt war.

»Du brauchst was Grünes«, sagte sie und erklärte mir damit, warum sie ihren ersten Tag in Berlin zu einer Via dolorosa gemacht hatte. An ihren zarten Handgelenken waren immer noch wie Stigmata die roten Stellen zu sehen, wo sich der schwere Topf gegen ihre Haut gepresst hatte.

»Die ist wunderschön.« Man musste ordentlich blinzeln, um die Pflanze überhaupt zu sehen, obwohl sie zwei Meter von uns entfernt stand. Karens arme Hände jedoch glühten.

»Dieses sperrige Ding bei minus fünf Grad zwei Stockwerke hochzuschleppen … Du spinnst ein bisschen.«

Ihr Gesicht leuchtete auf. »Die netten Hippies, die mir die Pflanze verkauft haben, haben gesagt, sie überlebt sogar im Schatten. Du musst sie nur ab und zu gießen.« Ihre grünen Augen funkelten.

Wir zerrten den schweren Terrakottatopf über den Dielenboden auf der Suche nach der hellsten Ecke in meiner nach Norden ausgerichteten Hinterhauswohnung. Ich verspürte Dankbarkeit und Verwunderung angesichts Karens Bereitschaft, mir ein Zuhause zu schaffen, das ich doch, wenn es nach ihr ginge, so bald wie möglich wieder verlassen sollte, um zurück zu ihr nach Tel Aviv zu kommen.

Als wir gerade den richtigen Platz gefunden hatten, klopfte es an der Tür. Besser gesagt, jemand hämmerte gegen die Tür. Ich machte auf. Draußen standen Alexej, der Glasharfenspieler mit dem Pferdeschwanz, und die ukrainische Klavierlehrerin, meine Nachbarn.

Die Klavierlehrerin sah richtig wütend aus. »Was ist los hier?«, kreischte sie.

Angesichts meiner verständnislosen Miene meinte Alexej erklärend: »Wir haben ein Lärm gehört, und es gab dieses Einbrecherproblem zuletzt …«

»Was ist denn los? Was wollen die Leute von dir?« Karen tauchte hinter mir auf.

»Ich glaube, sie dachten, jemand demoliert unsere Wohnung, weil wir so einen Radau gemacht haben.« Ich wandte mich wieder meinen Nachbarn zu und lächelte: »Kein Stress, alles klar.« Sie verzogen sich.

Karen kauerte neben ihrem Koffer und zog einen Chalva-Mandel-Schoko-Kuchen hervor. An ihrem Daumen klebten ein paar Krümel. »Nicht beißen!« Sie hob ihren schokoladigen Finger und lief lachend ins andere Zimmer.

Später, als wir auf dem braunen Sofa kuschelten, fielen mir erneut die Druckstellen an ihren Armen und Handgelenken auf. Ich wusste, dass Karen leicht anämisch war, das hatte sie mir in Tel Aviv selbst gesagt. Sie ging ins Fitnessstudio und jeden Morgen zum Yoga, arbeitete zwölf Stunden täglich und war zu jedermann lieb und nett, auch zu den – aus meiner Sicht – widerwärtigsten männlichen Kollegen im Sender.

Und sie fand dabei noch die Zeit und Energie, ihre Haut so zu pflegen, dass sie immer duftete und einen zarten Schimmer hatte. Doch wenn man sie auch nur leicht berührte, bekam sie einen blauen Fleck. Den Gedanken, dass meine hungrige Umarmung an ihrem lädierten Zustand nicht ganz unschuldig sein mochte, verdrängte ich gleich wieder. Davon abgesehen hatte ich den Eindruck, sie hatte es durchaus darauf angelegt, auf die Umarmung, meine ich.

»Sag mal, sind deine ›paar Monate in Berlin‹ nicht langsam vorbei?«, fragte Karen plötzlich mit ungewöhnlich heiserer Stimme und wies auf den Presseausweis auf dem Küchentisch.

Der vom Bundespresseamt ausgestellte Ausweis mit meinem Foto und einem professionell aussehenden Hologramm war am Morgen mit der Post gekommen. Er war zwölf Monate gültig.

»Ach, das ist doch nur ein Dokument … zur Sicherheit, falls ich aus irgendeinem Grund etwas länger bleiben muss, also … ein bisschen länger«, murmelte ich.

Karen schluckte und streckte ihre Arme nach mir aus. »Na ja, ich weiß, wie du am besten deinen Platz in der Welt findest.«

»Komm, lass uns auf den Weihnachtsmarkt gehen!« Ich sprang geschäftig auf und stieß mir den großen Zeh an der schwarzen Kiste.

Auf dem Weg nach draußen griff ich noch meinen Rucksack und das Stativ. »Für den Fall, dass jemand den Channel-10-Chef erreichen will.«

Dann humpelte ich zur Tür hinaus.

Zuneigung auf israelische Art

Als wir aus dem Haus traten, stießen wir auf zwei besorgniserregende Elemente: Das erste war ein handgeschriebener Zettel mit einem cartoonartigen Halunken drauf, der vor Einbrechern in unserer Straße warnte. Jemand habe versucht, in unser Haus einzubrechen. »Aufpassen! Panzerknacker!« Unterschrieben hatte die sauertöpfische Klavierlehrerin. Das zweite Element war das Wetter.

Es war ein matschiger Dezembertag. Der Himmel war voller bleierner Wolken; alles, auch Karen und ich, wurde schier erdrückt von ihnen. Es war dunkel und kalt, die Menschen erkannte man nur an den Dampfwölkchen, die sie ausstießen.

Karen zitterte, und ich versuchte, sie vor dem Wind zu schützen, indem ich den Arm um sie legte. Mit dem anderen Arm hielt ich das Stativ auf meiner Schulter im Gleichgewicht, doch das schaffte ich nur ein paar Sekunden lang, dann musste ich Karen loslassen.

Ich trug einen weißen Wollpullover von der Art, wie ihn rehäugige Models anhaben, wenn sie in vorweihnachtlichen Werbespots auf Sat.1 mit beiden Händen einen dampfenden

Becher Kakao halten. Ich hatte ihn panikartig bei den ersten Anzeichen des Winters gekauft. Jetzt schwitzte ich darin wie ein Idiot. Nur meine Füße waren eiskalt.

»Wo gehen wir hin?«, wollte Karen wissen.

»Zum Weihnachtsmarkt unter dem Fernsehturm. Dort soll es Elektroelche geben, die ›Es schneit‹ mit Nenas Stimme singen.«

Als wir am Alexanderplatz aus der U-Bahn kamen, fanden wir zwar keinen singenden Elch, aber dafür rutschten wir zwischen nach Zimt und Öl und Grillfleisch riechenden Buden auf dem Glatteis herum. Einen Glühwein und eine halbe Feuerzangenbowle später, die laut Karen wie Frostschutzmittel schmeckten und eine ähnliche Wirkung hatten, standen wir am Brunnen, die Gesichter von den flackernden Lichtern rundum erhellt, und spürten endlich unsere Füße wieder. Insbesondere der Schmerz in meinem Zeh war wie ein Willkommen-zurück-Gruß.

Hinter uns war eine kleine Bühne, auf der drei Clowns eine Art Kabarett aufführten. Das Ganze nannte sich »eine Show für die ganze Familie«. Einer der Clowns war als Zirkusdirektor verkleidet, der zweite wirbelte frenetisch um ihn herum, und der dritte trug ein Kostüm, das auf der einen Seite Matrose, auf der anderen Engel war. Indem er sich nach links oder rechts drehte, wechselte er die Identität. Die ersten beiden hatten nackte Oberkörper und riefen etwas, das sich anhörte wie »ohne oben« oder »oben ohne«. Sie schubsten einander, waren beleidigt und vertrugen sich wieder, klatschten in die Hände und umarmten sich heftig. Die Menge brüllte vor Lachen und war, glaube ich, bezaubert und begeistert, genau wie es das Plakat neben der Bühne versprach. Einer der nach Osten ausgerichteten Stände bot

Promikalender feil. Die Feuchtigkeit drang durch die Zellophanhüllen, wölbte die dauergebräunten Gesichter und zerdrückte schneeweißes Lächeln. Michelle Hunziker wuchs ein Buckel, Justin Bieber ein Schmerbauch. Nur Dieter Bohlen war nicht aus der Kontrolle gebläht. Über allem hing die Kugel des Fernsehturms.

»Ist das nicht hinreißend?«, rief ich aus, und Karen nippte an ihrem Glühwein und blickte mich mit einem kleinen Lächeln an.

»Ja, sehr. Bring mich nach Hause«, flüsterte sie, »deck mich zu. Alles andere ist mir egal.«

Wir küssten uns. Ihre Lippen schmeckten nach Zimt, meine nach Bratwurst, Bockwurst, Flammkuchen und Pommes.

Aber ich wollte nicht gehen. Noch nicht.

Wie sollte ich ihr erklären, welche Wirkung das vorweihnachtliche Berlin auf mich hatte, ohne zu klingen, als hätte ich eine Überdosis Glühwein intus? Ich wollte in diesen Pool eintauchen und spüren, wie ich immer leichter werde, je tiefer ich tauche. Und ganz unten am Grund liegt der Höhepunkt: wo der Tiefenrausch so stark ist, dass man nie wieder raus möchte, umgeben von Millionen glänzender Würste und singender Elche. Karen versuchte, mich aus diesem verkehrten Becken herauszuziehen. Wie konnte ich ihr das übelnehmen?

Doch dann griff ein allmächtiger Herr ein und beamte mich an die Oberfläche zurück. Mein Handy klingelte. Das Alexa-Einkaufszentrum-Zeichen spiegelte sich so deutlich auf dem Bildschirm, dass ich den Namen des Anrufers nicht erkennen konnte. Ich hatte die Angewohnheit, alle paar Minuten auf mein Handy zu gucken und dazwischen immer wieder in der Tasche danach zu tasten, weil ich für jede Entwicklung bereit sein wollte. Wenn beispielsweise ein Tsunami die Schweizer Küste treffen würde, müsste ich sofort darüber berichten können. So musste ich zu Karen nur ein einziges Wort sagen, als ich endlich die Nummer auf dem Bildschirm entziffert hatte: Arbeit.

»*Motek.*« Die Stimme am Telefon drückte Zuneigung aus, auf israelische Art, was bedeutete, dass ich mich auf eine sehr unangenehme Mission gefasst machen konnte. »Hier ist Shiri aus der Nachrichtenabteilung. Wie geht's, *Motek*?«

»Hey, hey, hey!«, sagte ich ein bisschen zu jovial und versuchte dabei fieberhaft, mich daran zu erinnern, wer Shiri war. War sie eine Produzentin oder eine Nachrichtensprecherin oder eine Redakteurin oder alles in einem? Ich gewann ein paar Sekunden Zeit mit der nicht wirklich ernst gemeinten Frage: »Wie geht es dir, mein Schatz?«

»Schätzchen, es geht mir fantastisch, wirklich absolut fantastisch.« Dann kam Shiri sofort zur Sache: »Wir wären sehr sehr glücklich, wenn du für uns einen Rabbiner finden könntest. Aber jemanden, der vor der Kamera ein Gebet vortragen kann, ohne zu zucken oder zu weinen oder zu schreien. Es ist Chanukka, und der Chefredakteur will die glückliche Diaspora und alles zeigen. Oh, und besorg dir ein paar Kinder, die Lieder singen. Aber red bloß nicht über die Schoah in deinem Bericht, auch wenn du das sonst gern machst.« Ich konnte förmlich hören, wie sie mir zuzwinkerte. »Ach, und fast hätte ich es vergessen: Das Ganze muss in einer Stunde auf Sendung gehen. Aber es darf nichts kosten, okay? Schick es per Internet oder Twitter oder irgendwas. Wir haben kein Satellitenbudget.«

»Kein Problem«, sagte ich und legte auf. Ich öffnete meinen Rucksack. Leer. »Verdammt, ich hab die Kamera und das Mikrofon wohl zu Hause gelassen.« Schweißperlen, die nach Glühwein rochen, rannen auf der Innenseite meines flauschigen Wollpullis herab, gefroren aber nicht. Karen hatte recht mit dem Frostschutzmittel. »Ich hab nichts weiter dabei außer diesem dämlichen Stativ und einem gebrochenen Zehennagel.«

»Und mich. Und jetzt sag ich dir, wie du das Problem löst. Lass uns erst mal den Inhalt klären, dann kümmern wir uns um die Ausrüstung.«

Karen steckte sich in aller Seelenruhe eine Zigarette an.

Sie sagte: »Nichts leichter als ein Beitrag über das Lichterzünden an Chanukka. Du musst nur anfangen, *Banu Chosech Legaresh* zu singen, dann singen alle sofort mit. Aus lauter Verlegenheit natürlich, aber das ist ja egal.«

»Ja, aber wo finde ich in Berlin jemanden, der auf Hebräisch ein altes jüdisches Lied über die Vertreibung der Finsternis singen kann?«

Karens Augen glühten rot im Licht des rubinroten Karussells, neben dem wir standen und das von einem unglücklichen Türken mit angeklebtem langen weißen Vollbart betrieben wurde. Sie grinste: »Ruf doch Chabad an, die machen immer was an Chanukka«, sagte sie. Sie hatte recht. Diese Gruppe ultraorthodoxer Juden, von denen manche glaubten, ihr verstorbener Rabbi sei der Messias, verstand sich bestens darauf, ein erfolgreiches Event zu inszenieren. Sie waren bekannt dafür, dass sie in Bangkok koschere Pizza auftreiben, ein jüdisches Singen in Lima organisieren oder ein Benefizkonzert in Montreal auf die Beine stellen konnten. Wenn diese Leute israelische Rucksackreisende dazu bringen konnten, Tefillin und Tallit zu tragen, dann konnten sie wahrscheinlich auch ein Wunder vollbringen, das mir für heute meinen guten Draht zu dem freundlichen Smartphone-Geist aus der Nachrichtenredaktion retten würde.

Rabbi Greenberg

Ich rief Rabbi Greenberg an. Er war ein zarter junger Mann mit blauen Augen, rotem Bart und schwarzem Hut. Ihm eilte der Ruf voraus, zu jeder Showeinlage bereit zu sein, solange er am Ende sagen konnte: »Chabad Berlin ist ein Vorposten des blühenden jüdischen Lebens in diesem Land.« Die Chabad-Leute hatten alles: die religiöse Leidenschaft, den Drang zur Selbstdarstellung und die HD-Kameras.

»Mein lieber Freund«, sagte der Rabbiner, der mich bis vor zwei Minuten noch nicht gekannt hatte, »du brauchst also ein paar nette Hadlakat Nerot, um eine Reportage zu machen bei *televizia haisrelelit*? Kein Stress! *Bli lachaz!* Sei gesund!« Er mischte Englisch, Jiddisch, Deutsch und Hebräisch, als wären es Zutaten für ein Hausmittel.

»Okay, ich kenne einen, der kennt den Typen, dem das olympische Eisstadion in Wilmersdorf gehört. Der hilft uns. Warum? Weil er nett ist. Wir brauchen also eine große Chanukkia, die wir mitten aufs Eis stellen. Nein, wart mal, wir brauchen eine Chanukkia aus Eis!« Der Rabbi war Feuer und Flamme. »Aber das sollte kein Problem sein, die bekommen wir von dem libanesischen Eishändler, den ich kenne. Der hilft uns. Warum? Er mag uns, weil wir nicht Schweinefleisch essen wie die Ungläubigen. Kaum zu glauben, was?«

Ich glaubte es von ganzem Herzen und sagte »aha«, um nur ja seinen Monolog nicht zu unterbrechen.

»Die Pfannkuchen macht meine Frau, und mein Kollege Rabbi Tochter bringt die Politiker. Warum? Weil er weiß, wie man mit Deutschen Witze macht. So was wie: ›Wir werden nie wieder zulassen, dass ihr Hand an unsere Töchter legt. Aber dieser Tochter dürft ihr die Hand geben.‹ Das ist lustig. Warum? Weil es wahr ist! Okay, wir treffen uns in einer Stunde im Eisstadion in Wilmersdorf. Ich bringe ein paar Kinder mit. Warum? Weil sie sich gut auf dem Bildschirm machen.«

»Ähm, danke.« Es war mir ein bisschen peinlich, dass ich mich so leicht verkaufte, nur um den Rabbi auf Eis zu bekommen, und zugleich war ich dankbar für Karens und des Rabbis Einfallsreichtum.

Greenberg fügte noch hinzu: »Junger Mann, vergiss nicht, dass wir das für dich tun. Warum? Weil alle Israelis füreinander einstehen. Happy Chanukka!«

»Happy Chanukka! Meine Freundin kommt auch, ja?«, antwortete ich und fragte mich, ob sich die Medienberichte über Rabbis, die Druck ausüben, damit Frauen nicht vor männlichen Rekruten singen dürfen, im Wilmersdorfer Stadion bestätigen würden.

»Natürlich kommt sie. Das wird doch ein Familienereignis!« Ich konnte fast hören, wie er die Hände in die Luft warf. »Aber sag nicht ›Freundin‹, sag ›meine zukünftige Frau‹! Gerade hier in Deutschland, mit all der Geschichte hier und so weiter.« Sein Wiehern endete in einem Seufzen. »Mach dir nichts daraus. *Aish Ha'Tora*, das Feuer der Thora, macht alles wieder gut.«

»Also, cool, danke!« Ich legte auf.

Wir trafen uns an den Drehkreuzen des Stadions mit dem Menschen, den Greenberg dazu auserkoren hatte, Kamera und Laptop zu stellen: ein ehemaliger israelischer Immobilienmakler und Hobbyfilmer. Er hieß Ohad Turbowitsch und war, wie auf seiner Visitenkarte stand, Geschäftsführer, Gründer und Vorsitzender von OTI, was für »Ohad Turbowitsch International« stand. Seine kinematografischen Fähigkeiten hatten Kultstatus erlangt, seit er seine selbst produzierten Videos auf die Webseite von OTI hochgeladen hatte. In den Videos steht er vor Kapitalanlagen – es sind immer Kapitalanlagen, niemals Gebäude – und vermarktet Großwohnsiedlungen im Märkischen Viertel, Plattenbauten in Hellersdorf und Hochhäuser am Frankfurter Tor »wie die in dem berühmten Film *Das Leben der Anderen*«. Er streut großzügig Sternenstaub über einsame urbane Landschaften, und irgendwie muss man ihn dafür einfach bewundern. Ohad gurgelt gern gelegentlich einen schwarzen Kaffee im Literaturhaus an der Fasanenstraße, in der Gegend, in der bedeutende jüdische Schriftsteller ihre Zeit verbrachten, ehe sie nach Palästina gingen. Heute Abend allerdings sind Ohads weniger literarische Neigungen nützlich.

Drei vierschrötige Glatzköpfe nahmen von ihm Anweisungen entgegen, stellten sich auf Schlittschuhe und positionierten sich an strategisch günstigen Stellen des Eisstadions. »Security«, flüsterte er und fuhr sich durch sein welliges Haar, das mit irgendeinem schmierigen Zeug bearbeitet war. »Sie arbeiten für eine israelische Immobilienfirma. Sie sind für die Zwangsräumungen zuständig«, zwinkerte er. »Meine Ex ist ihre Anwältin.«

Durch die Kamera wirkten Rabbi Greenberg und Rabbi Tochter wie bärtige Pinguine, die in ihren schwarz-weißen

Anzügen und polierten Schuhen hin und her rutschten. Sie fütterten die Leute mit Sufganiyot, den Einheimischen auch als »Pfannkuchen« bekannt, und brachten sogar Karen dazu, einen davon zu essen und anmutig zu erklären: »Ich bin eine Berlinerin.«

»Danach wird der Bürgermeister von Wilmersdorf für uns ein paar Strophen eines Liedes zum Chanukkafest singen«, kündigte Tochter an und schloss seine Patschhand um die des Politikers, womit er eine Bürgermeister-Mikrofonverbindung herstellte, die vier Strophen und Jahrhunderte der Verfolgung überspannte.

Es war eine Hymne auf öffentliche Hinrichtungen, vergifteten Wein und Massenertränkungen, die Gott berechtigterweise über böse nichtjüdische Feinde kommen ließ. Doch vor allem pries das Lied ein Wunder, das den gläubigen Judäern ermöglichte, an acht aufeinanderfolgenden Abenden ihre Chanukkias anzuzünden, obwohl nur noch geweihtes Öl für einen Abend da war. Außerdem verjagten sie die syrisch-griechischen Eindringlinge und bestraften deren einheimische Verbündete. Diese grausamen Details erfuhr ich erst auf der hebräischen Wikipedia. Im deutschen Eintrag steht nichts über die geheimen Verse, die dem Rotbärtigen, womöglich Barbarossa, und seinen Nachkommen den Tod wünschen.

Als er seinen Vortrag beendete, trug der Bürgermeister ein derart starres Lächeln auf den Lippen, dass ich fürchtete, es würde für immer in sein Gesicht gemeißelt bleiben.

Die Rabbis zündeten die zwei Meter hohe Chanukkia aus Eis in der Mitte des Stadions an – mittels eigens angeschleppter Benzinkanister – und sangen ihre Gebete mit solcher Inbrunst, dass ich mich nicht gewundert hätte, wenn die Kanzlerin aus dem Eis gesprungen und dem übermütigen Duo ein Atom-U-Boot als Weihnachtsgeschenk angeboten hätte, nur damit sie aufhören zu singen.

Es war, als habe ein Zauberer eine schwere Brokatdecke von einer durchsichtigen Kiste gehoben und ein jüdisches »Disney on Ice« in all seinem Glanz und Elend enthüllt. Es war zutiefst peinlich und zugleich äußerst erhebend, der Initiator dieses Schauspiels zu sein. Besser gesagt, der Freund der Initiatorin. Karen war mein Schneewittchen und Greenberg eine Art Gandalf, der sogar einen Laptop mit einem Surfstick hervorzauberte, damit ich mein kitschiges Filmmaterial vor Ort hochladen und versenden konnte. Denn die Zuschauer in Israel sollten meinen, bei allem live dabei zu sein.

Ich bin der Räuber

Als wir später ins Haus traten und ich im Dämmerlicht des Treppenhauses mit eisigen Fingern versuchte, den Briefkasten zu öffnen, sah ich auf dem Boden einen Zettel leuchten – ein weiteres Opfer der »Bitte keine Werbung«-Einstellung meiner Hausgenossen. Es war eine Einladung zu einer Sonderaufführung von *M – Eine Stadt sucht einen Mörder* im Kino Babylon, mit einem modernen Soundtrack. Und in diesem Augenblick fiel bei mir der Groschen, und etwas Kälteres als meine Finger packte mich an der Kehle. »Ist alles okay? Du schwitzt ja!«, hörte ich Karen sagen.

Es gab keinen Zweifel: *Ich* war der Einbrecher, nach dem die Nachbarn suchten. Zwei Tage zuvor hatte ich, ganz in Gedanken versunken (in einem Café war ich dem Niedergang der Familie Buddenbrook gefolgt) und ziemlich müde, in der Dunkelheit des Treppenhauses versucht, die Tür meiner Nachbarin zu öffnen. Ich hatte mich im Stockwerk vertan, denn überall sind die Türen vom gleichen schmutzigen Weiß, und überall blättert die Farbe ab. Ein Kind, vermutlich der kleine Pioniersky, hatte von drinnen etwas gefragt, worauf ich mich eiligst davonmachte und es eins höher noch mal probierte. Danach hatte ich nicht mehr an den Zwischenfall gedacht. Ich war also der Prototyp eines Einbrechers. Ich war der Panzerknacker.

Ich ging mit Karens Chalvakuchen nach unten. »Es tut mir leid«, beichtete ich, als die Klavierlehrerin mich mit einem gleichgültigen Blick bedachte. »Ich war es, der versucht hat gewesen, in Ihre Wohnung einzukommen. Es war ein Fehler, und ich entschuldigeng mich.« Ich wusste, dass mein Deutsch daneben war, aber es war immerhin ein Versuch einer vertrauensbildenden Maßnahme.

Sie sagte nichts und nahm mir den Kuchen ab. »Was meinst du?« Sie verschwendete keine Zeit mit Nettigkeiten wie »wie bitte« oder dergleichen.

»Ich bin den Räuber«, erklärte ich mich kleinlaut schuldig.

»Ich bin *der* Räuber«, verbesserte sie mich, riss den Zettel, der die Nachbarn vor mir warnen sollte, von der Wand und knallte die Tür zu.

Ich stolperte wieder nach oben und streifte im Flur die Turnschuhe von meinen müden Füßen. Karen schlief schon, königlich auf dem roten Ostalgiesessel ruhend, den ich unter einem Haufen Lederkoffer in einem Trödelladen an der Brunnenstraße gefunden hatte.

Mein Telefon vibrierte: »Tolle Arbeit mit den Rabbis.« Eine SMS meines Chefredakteurs. Das sanfte Licht des Bildschirms erleuchtete Karens Gesicht. »Die Bilder waren fantastisch, vor allem der verrückte Kerl, der irgendwas vom blühenden jüdischen Leben schreit. Leider konnten wir den Beitrag nicht senden, weil es ein Zugunglück gab und es nicht der Moment für Unterhaltsames war. P.S.: Was hattest du da für einen tollen flauschigen weißen Wollpullover an!? So einen sollte ich meiner Nichte kaufen!« Am Ende seiner Nachricht grinste ein Smiley.

Ich schlug Judas Tagebuch auf.

Geschöpfe des Ostens

Ingrid mochte Juda auf den ersten Blick; das schloss er jedenfalls aus der Art, wie sie ihn ansah. Er war ganz hübsch verkleidet, in seiner aschfarbenen Jacke, der dazu passenden Hose und dem akkuraten Scheitel, aber immer noch erkennbar als Mitglied einer Minderheit, und noch dazu einer sehr bunten: der Ostjuden. Sie fand es spannend, dass er für etwas sehr Altes und zugleich sehr Neues stand.

Sie erzählte ihm, dass sie und ihre Schwester Else ebenfalls Geschöpfe des Ostens seien, doch von ganz anderer Art. Sie waren west-östlich – Töchter der westpreußischen Familie von Wiebe, geboren und aufgewachsen auf einem Gut bei Danzig, das sich seit Generationen im Besitz der Familie befand. Der Boden war fruchtbar, alles wuchs und gedieh. Er war sich seiner Vergangenheit, Gegenwart und Zukunft absolut gewiss, und diese Gewissheit prägte auch die Menschen, die auf und von ihm lebten.

Nach der ersten Polnischen Teilung und der Annektierung Pommerns schrieb Friedrich der Große: »Um jedoch weniger Eifersucht zu erregen, sage ich jedem, dass ich bei meiner Durchreise nur Sand, Kiefern, Heideland und Juden gesehen habe.« Die Wiebe-Schwestern verlebten ihre Kindheit um 1900 in jenem Teil Pommerns, der später der Polnische Korridor genannt werden würde und in dem es tatsächlich jede Menge Koffer schwenkender Kaufleute und Händler mit Pferdewagen gab, doch sie hatten niemals auch nur mit einem Juden gesprochen. Sie wuchsen in dem Glauben auf, diese Leute verbrächten ihr Leben eingehüllt in Schläfenlocken und Lumpen. In diesem Glauben wurden sie noch bestärkt, als eines der Kinderfräulein ihnen von einem Ort voller Bettler, Hausierer, Kunsthandwerker und Hexer erzählte, der Judengasse genannt wurde. Da aber Danzig bis ins späte 19. Jahrhundert hinein das »Privilegium de non tolerandis Judaeis« (Privileg zur Nichtduldung der Juden) hatte, war die Chance, einen dieser sagenumwobenen und Furcht einflößenden »Betteljuden« anzutreffen, ohnehin verschwindend gering.

Die Wiebe-Schwestern waren in vielerlei Hinsicht sehr unterschiedlich, wie sie Juda später gestanden, jede auf ihre ganz eigene Art – Else mit sparsamen Worten, aber großer Liebe zum Detail, Ingrid lebensfroher, weniger präzise und dafür glücklicher. Schon als kleines Mädchen war Else zurückhaltender, konzentrierter und zielgerichteter als ihre zwei Jahre jüngere Schwester. Ingrid hingegen glaubte, ein bezauberndes Lächeln und eine Umarmung könnten fast alle Hindernisse dieser Welt bezwingen. Und wenn alles nichts half, so blieb immer noch der Schrank ihrer Mutter. Sie liebte es, sanft über die Kleider aus Taft und Seide zu streichen, und manchmal öffnete sie das teure Parfümkästchen aus poliertem Holz, in dem ihre Mutter ein Flakon

Augusta Viktoria Veilchen von Dralle aufbewahrte, Ingrids Lieblingsduft. Ingrid konnte stundenlang an der blumigen Essenz schnuppern und war sich dabei sicher, dass niemand bemerken würde, wie das kostbare Parfüm allmählich weniger wurde. Ihre Mutter hatte das Kästchen seit 1894 nicht geöffnet. Schon als kleines Mädchen wünschte sich Ingrid manchmal, sie würde erwischt und sogar bestraft werden, doch das geschah nie.

Wenn sie unter den ungerührten Augen der häufig wechselnden Kinderfrauen spielten, war ihr Vater meist geschäftlich unterwegs oder auf der Jagd, während ihre Mutter sich in einem Kurbad pflegen ließ. Sie gewöhnten sich bald daran, sich nur auf sich selbst und einander zu verlassen.

Schon als kleines Kind dachte sich Else allerlei Fragestellungen und Rätsel aus, weil sie Herausforderung suchte. Sie nahm mechanische Spielzeuge auseinander, die sie dann wieder zusammenbaute, und montierte Schlösser an Musikdosen, die sie wieder aufbrach. Ingrid zog währenddessen glücklich Holzenten auf Rädern hinter sich her und dachte sich Spiele mit Stoffpuppen aus. Else löcherte die jeweils zuständige Kinderfrau gern mit Fragen zu Natur, Mathematik und Wissenschaft. Ihr liebstes Kinderlied ging so:

Maikäfer, flieg!
Der Vater ist im Krieg,
Die Mutter ist in Pommerland,
Pommerland ist abgebrannt.
Maikäfer, flieg!

Ingrid lauschte schweigend, wenn sich ihre Schwester wieder und wieder den grausamen Vers vorsingen ließ, grübelte ein paar Sekunden mit traurigem Gesichtsausdruck und trug dann ihre eigene Version vor:

Maikäfer, renn!
Der Vater ist in Wien,
Die Mutter ist im Wunderland,
Wunderland ist knapp zur Hand.
Maikäfer, renn!

Niemand gratulierte der kleinen Schwester je zu ihrer Kreativität und ihrem Optimismus.

Trotz ihrer grundverschiedenen Temperamente waren die Mädchen sich in vielerlei Hinsicht sehr ähnlich, vor allem äußerlich. Sie hatten beide blaue Augen, blass und durchscheinend – und voller Tränen, wenn der Wind an kalten Wintertagen über den Großen Seesteg in Zoppot pfiff, von dem aus sie beobachteten, wie das Eis auf der Ostsee wuchs und alles auf seinem Weg verschluckte, selbst die kleinen Eisdielen auf der Seebrücke. Sie hatten blondes, dünnes, glattes Haar und weiße Haut. Und schlanke, lange Beine, gerade Rücken und eine aufrechte Haltung.

Auf einem der Fotos, das aus der Kiste zum Vorschein kam, sah ich sie in Berlin, kurz nachdem sie von zu Hause weggegangen waren und noch in dem Irrglauben, ihre Eltern würden ihnen schon aus der Patsche helfen, wenn etwas mit ihrem Torten- und Pastetengeschäft schieflaufen würde. Auf dem Foto haben sie sich vor Hamanns Laden *Bittere Schokoladen* aufgebaut. Die siebzehnjährige Ingrid unschuldsvoll, mit kirschroten Lippen, ungeschickt aufgedrehten Haaren und einem glücklichen Ausdruck unter der dicken Puderschicht im Gesicht. Eine junge Frau, die dabei war, sich vom Provinzmädel in eine Großstadtgarçonne zu verwandeln. Das Gesicht der neunzehnjährigen Else ist ungeschminkt, ernst und strahlt eine Begeisterung aus, die sich auf anderen Fotos nie wieder fand. Im Hintergrund sind zwei Frauen zu sehen, wahrscheinlich Kundinnen des Chocolatiers. Die eine trägt einen modischen Kurzhaarschnitt unter ihrem Kapotthütchen mit grellbunter Schleife, was ihre Bereitschaft signalisiert, Bekanntschaften zu machen; die andere deutet mit ihrem schlichten Wollhut über einem strengen Dutt an, dass sie bereits verheiratet ist. Beide haben die Augen zusammengekniffen, aber die Brauen hochgezogen, eine Mischung aus Skepsis und Neugier.

An das Foto geheftet war ein Notizzettel, auf dem in einer akkuraten Männerhandschrift geschrieben stand: »Für Ingrid und Else. Ich habe schon viele Kunden meine Pralinen genießen sehen. Aber noch nie hat eine Schwester die andere von Mund zu Mund kosten lassen und dabei alle Zutaten aufgezählt. Das war ein wahres Schauspiel der Hingabe an Schokolade. Mit herzlichen Grüßen, Erich Hamann, Chocolatierexperte seit 1912, Kurfürstenstraße, Berlin.«

Ich holte mir ein Stück Sarotti-Schokolade aus der Küche und aß es mit geschlossenen Augen. Dabei stellte ich mir Ingrid vor, die mit dem letzten Wiebe'schen Geldschein ein halbes Dutzend der besten Pralinen erstand – erlesene Kreationen aus Pistazien, Mandeln und Nougat; eine mit einem Kakaoanteil von neunundneunzig Prozent – und das verbleibende Geld, einen praktisch wertlosen Fünfzigmarkschein, als Trinkgeld zurückließ. Der Chocolatierkünstler steckte ihn in eine Blechdose, in der Spenden für Kriegsveteranen gesammelt wurden.

Nachdem Herr Hamann das Foto von ihnen geschossen hatte, mussten sie einen Spaziergang um den Potsdamer Platz gemacht und das Schild an der Fassade des Wertheim-Kaufhauses gesehen haben mit dem Aufruf, an dem Beinewettbewerb auf der Bühne der Scala teilzunehmen. Frauen »allen Alters und jeder Beinlänge« waren aufgerufen, sich zu bewerben. Der erste Preis war in US-Dollar angegeben, fast schon skandalös in Zeiten des Klassenkampfs und der um sich greifenden Armut. Hundert US-Dollar.

Ich ließ meine Augen geschlossen und sah die beiden vor dem großen Plakat stehen.

Und wir haben gerade unser Geld für Pralinen rausgeworfen, dachte Else.

»Los, lass uns die Wertheim-Dollars holen«, sagte Ingrid.

»Was Sie alles mit uns vorhaben!«

Zehn Abende später trafen sich Ingrid und Juda vor dem Studentenwohnheim. Amüsiert stellte sie fest, dass er extra seinen Anzug gebügelt und seine Schuhe poliert hatte, obwohl der Anlass doch nur ein Abend billiger Unterhaltung war.

Als sie den riesigen Hauptsaal der Scala betraten, wurde Juda von Freude und Erschöpfung überwältigt. Die Ereignisse der letzten Tage – der Abschied von seiner Familie, die anstrengende Zugfahrt, die Ankunft inmitten der Lichter und schwarz-rot-weißen Fahnen – forderten ihren Tribut. Und jetzt das hier! Ein dunkler Saal, Hunderte Stühle und Tische mit schweren roten Samttischdecken, und diese Menschen – einfach unglaublich! Sie wirkten wie Gestalten aus einem Albtraum, den er vor langer Zeit in Tschenstochau geträumt hatte: Eine endlose Reihe blonder Madonnen und dunkelhaariger Liliths strömte auf geflügelten Wagen aus dem Jasna Góra. Die Prozession wurde von einem Tambourmajor angeführt, einer Frau mit dem Bart seines Vaters und der krummen Nase von Jakob Frank.

Und hier, in dem riesigen Theater mit seinen purpurroten Brokattapeten und gewaltigen cremefarbenen Säulen und strahlenden Kronleuchtern, sah er echte Traumgestalten: Flapper. Junge Frauen mit knabenhaften Haarschnitten und geschminkten Gesichtern rauchten selbstbewusst dünne Mentholzigaretten. Manche der Damen trugen Reitstiefel und andere sogar Hosen. Eine hatte gemalte Augenbrauen, die so dünn waren, dass sie sich aus ihrem Gesicht herauszuwinden schienen.

Ingrid war längst nicht so aufgeregt wie ihr Rendezvous, doch sie ließ sich unmissverständlich anmerken, dass sie alles andere als begeistert war, am Nebentisch eine ältlich wirkende Dame zu sehen, die das gleiche bernsteinfarbene Taftkleid trug. Und dass Juda das nicht einmal bemerkte. Doch dann wischte sie mit einem Lachen das Malheur beiseite. Sie hatte einen der frechsten Bubiköpfe im ganzen Westen und war überhaupt sehr keck.

Juda starrte sie bewundernd an. Über der hell erleuchteten Bühne schwebte ein Zeppelin im Raum. An regulären Abenden war er mit einer Gruppe bärtiger Tiller Girls bemannt, die ihre Beine so hoch in die Luft warfen, dass sie fast ihr falsches Haar berührten. Oder akrobatische Clowns vollführten mehr Salti als jeder olympische Champion. Und wenn die Verwaltung es sich leisten konnte, wurde Enrico Rastelli engagiert, der größte Artist der Welt, der mit fünf

Lederbällen jonglieren und sich dabei die Schuhe zubinden konnte. Selbst Kritiker sprachen ihm ein gewisses Genie zu.

»Ich war regelrecht eifersüchtig«, schrieb Juda in sein Tagebuch.

Doch am Abend der Beine musste selbst der berühmteste Jongleur aller Zeiten den Oberschenkeln, Unterschenkeln, Knien und Knöcheln weichen. Ingrid und ihr eigentümlicher Galan kämpften sich durch die Menge zu ihrem Tisch. Alle blickten erwartungsvoll auf den schmalen Spalt unter dem roten Vorhang. Als sich der schwere Vorhang schließlich hob, gab er den Blick frei auf die Wettbewerberinnen. Aus dunklen Korsetts ragten lange, bleiche Beine, die Hälse und Gesichter erhoben sich über steifen Krägen. Von ihrem Tisch aus, schwindelerregend nah an der Bühne (»Der Oberkellner kennt mich schon, wir können sogar anschreiben lassen«, hatte Ingrid triumphierend erklärt), warf Juda den Damen auf der Bühne scheue Blicke zu, die jedoch gänzlich unerwidert blieben.

Ingrid wies auf das Mädchen mit der Nummer 18 am Oberschenkel und reichte Juda ein Glas Whisky – ein Getränk, von dem er bisher nur gelesen hatte. Sie prostete ihm zu und kippte ihr Glas auf einen Zug herunter. Er tat es ihr gleich in der Erwartung, das Getränk sei so schwach wie der saure Sabbatwein, den Generationen in Tschenstochau heruntergespült hatten. Dem war aber keineswegs so, und er hustete und spuckte und bekam einen Schluckauf und wedelte derart mit den Armen, dass das Sektglas eines anderen, eleganteren Mannes umfiel und dessen Inhalt sich über seinen Ärmel und Ingrids Schoß ergoss.

Sie lachte mitleidig. »Du Ärmster. Ich werde dir beibringen, wie man in Berlin lebt«, sagte sie und half ihm, den Sekt von seiner Anzugjacke zu wischen. Er war sich sicher, dass alle, auch die Frauen auf der Bühne, ihn anstarrten. Aber niemand interessierte sich für ihn.

Ingrid gab ihm einen flüchtigen Kuss, der halb auf seiner nassen Wange und halb auf seinen verschämten Lippen landete. Er richtete sich auf, murmelte verschämt etwas und lehnte sich wieder zurück, den Arm über die Stuhllehne gelegt, die lässige Eleganz, die ihn umgab, imitierend. Ingrid glitt auf den Stuhl neben ihm. Er bemerkte, wie sich das Licht in ihrem blonden Haar brach. Doch es gelang ihm nicht, seine förmliche Höflichkeit und die quälende Gehemmtheit abzulegen.

»Der Whisky hatte eine merkwürdige Wirkung«, schrieb er in sein Tagebuch, »mein Gesicht wurde warm und weich, aber irgendeine Feder in mir blieb angespannt.« Er schwor, sich niemals wieder lächerlich zu machen und immer des Titels würdig zu sein, den er eines Tages vielleicht erlangen würde.

Die Menge jubelte und buhte und jubelte, und die Wettbewerberinnen marschierten immer wieder im Kreis. Juda hörte sich selbst murmeln: »Ach, krasawiza* Meidale Schikse«, und Ingrid kicherte und lehnte sich an ihn. Er bedeckte beschämt seinen Mund mit der Hand. Aber er musste innerlich zugeben, dass diese Etikette der alten Schule manchmal ziemlich hinderlich war.

Die Organisatoren des Schönheitswettbewerbs wussten nur zu gut, dass ihr Publikum, das hauptsächlich aus Studenten, ehemaligen Soldaten und, schlimmer noch, Dichtern und Schriftstellern bestand, nicht gerne viel Geld für

* Göttliche.

Getränke ausgab. Also zogen sie den Wettbewerb nach Möglichkeit in die Länge und ließen die anfangs fünfzig Mädchen in der Vorrunde zu den Klängen von *Das ist die Berliner Luft* im Kreis marschieren. Im Viertelfinale mussten fünfundzwanzig Mädchen zum neuesten Hit von Mischa Spoliansky tanzen und lächeln. Im Halbfinale saßen zehn Mädchen nacheinander auf einem lächerlich hohen Hocker und beschrieben die Vorzüge ihrer Oberschenkel. Der Hocker war geborgt vom Hundetrainer des bulgarischen Zirkus, der auf dem Exerzierplatz neben der Scala logierte. Die schnurrbärtige Karikatur eines Mannes bekam als Lohn eine Flasche Haselnussschnaps und einen Logenplatz, den er mit einem affigen Pudel teilte.

Dann kam das große Finale oder die »Venusrunde«, in der nur noch fünf glückliche, bezaubernde Damen stolzieren, stehen bleiben, posieren, sich umdrehen, federnd weitergehen, posieren und lächeln mussten, begleitet vom Jubeln und Gejohle der meist männlichen Zuschauer, die anfangs so zurückhaltend gewesen waren. Nun, gegen Ende des Wettbewerbs, waren sie schwer geworden wie ein Sektkühler, gefüllt mit traurig geschmolzenem Eis und einer auf den Kopf gestellten leeren Flasche.

Die wilden Klänge des Orchesters, das *Du, wann bist du bei mir* spielte, konnten den Tumult nicht übertönen.

Es war so heiß und feucht im Saal, dass Judas Anzug inzwischen aussah wie ein nasser Lumpen. Es roch nach Schweiß, süßem Pfirsich und dem billigen Schnaps, den Ingrid angesichts ihrer eigenen schwindenden und Judas ohnehin sehr begrenzten finanziellen Mittel anstelle des teureren Whiskys bestellte. Sie bemerkte, wie seine braunen Augen ihre Scheu verloren und neugierig, ja fast aufdringlich wurden. Sie maßen Glieder und Gelenke, schätzten Elastizität und Stärke und berechneten das Verhältnis zwischen Bewegungsspanne und Muskellänge.

Das alles tangierte Else nicht weiter. Sie bestand mit Leichtigkeit, fast schon gelangweilt, die ersten Runden. Das lag natürlich an ihren äußerst wohlgeformten Beinen, doch es war vor allem ihr Charakter, der das Publikum für sie einnahm. Sie war eine himmlische Erscheinung, doch kühl und distanziert, mehr Freya als Venus. Den Leuten gefiel das.

Else war sich von Anfang an sicher, dass nur ein schwarzes Mädchen namens Joe ihr gefährlich werden könnte. Joe war größer und kurviger als Else und daher ansprechender für die Sinne, auf die es bei einem solchen Ereignis ankommt. Und so heimste tatsächlich sie schließlich die Dollars ein. Meine künftige Urgroßmutter gewann den zweiten Preis und den aufmunternden Zuruf »Du bist eine echte Deutsche und die nicht!«, dessen Urheber sofort ausgebuht und anschließend hinausgeworfen wurde. Der zweite Preis bestand aus der Wahl zwischen einem Drei-Gänge-Menü für zwei oder einem Zwei-Gänge-Menü für drei im Hotel Excelsior. (Später drangen Gerüchte zu Else durch, ihre Konkurrentin, die im Übrigen eigentlich noch viel zu jung war, um an dem Wettbewerb teilnehmen zu dürfen, habe in Paris in einem Bananenröckchen und mit Federboa als Showgirl Furore gemacht.)

»Freut mich, mein Fräulein.« Juda zog den Hut vor der Schwester seiner Begleiterin, als sie sich zu ihm und Ingrid an den Tisch setzte. Nur ihre rosigen Wangen erzählten noch von dem spannungsvollen Auftritt, den sie gerade hinter sich hatte. Er goss ihr ein Glas Wasser ein, doch auf eine leichte Kopfbewegung ihrerseits hin ersetzte er das Wasser sofort mit Schnaps, eine galante Geste, die eines aufstrebenden Polen würdig war, der sein ritterliches Benehmen viele Male im Kopf durchgespielt hatte, ehe er es in die Tat umsetzte. Er schlug vor, Else solle mit Ingrid und ihm ausgehen. Er hatte sich schon eine Route zurechtgelegt: Zuerst würden sie im Tiergarten einen Milchcafé zu sich nehmen, dann die Tauentzienstraße entlangschlendern und anschließend ein Tanzlokal besuchen oder ins Kino gehen oder was die Damen sonst wünschten. Er wurde rot. Und dann heirate ich dich, schoss es ihm durch den Kopf, und er genoss den Gedanken.

»Was Sie alles mit uns vorhaben! Man könnte meinen, Sie wollten nicht nur ausgehen, sondern sich gleich verloben!« Else durchschaute ihn schnell. Sie markierte die Kühle, doch sie verstand, wie Männer funktionieren. »Möchten Sie der Welt ein paar blonde, jüdisch-teutonische Ritter schenken?«

Er tat schockiert, war aber amüsiert, denn eigentlich wollte er genau das, und das wussten sie beide.

»Es tut mir sehr leid«, antwortete er, und es ließ ihn unbekümmert, wie aufmerksam Ingrid dem Gespräch folgte. »Das Fräulein könnte eine Jungfrau Maria sein, wenn sie nur wollte. Wissen Sie, in dem Kloster in meiner Heimatstadt in Polen hängt ein sehr berühmtes Gemälde der Muttergottes. Die Menschen, deren Glauben nicht der meiner Ahnen ist, krabbeln auf allen vieren zu ihr. Aber meine Leute verkaufen die Souvenirs.« Else lachte nicht, aber jetzt rührte sich irgendetwas in ihr.

»Sie wollen mich doch nicht in eine Attraktion für katholische Pilger mit schlechtem Geschmack verwandeln?«, entgegnete sie. »Ich bin Lutheranerin.«

Mit diesem kalten Guss kühlte sie seinen Überschwang etwas ab, aber nicht ganz, wie sie hoffte. Er sagte nichts und stellte sie sich als Gnadenbild vor.

Ingrid schien eher belustigt als verärgert darüber zu sein, wie schnell sich ihr Verehrer zu ihrer Schwester hingezogen fühlte. Sie wollte vor allem unterhalten werden, und dafür zahlte sie jeden Preis, selbst wenn sie der Schwester den Vortritt lassen musste. Außerdem befand sie, dass, bei aller Exotik, dieser seltsame Zugvogel aus dem Osten doch etwas zu merkwürdig und ernst war für ihren Geschmack. »Abgemacht«, zwitscherte sie und küsste Juda und Else auf die Wangen. »Wir gehen als glückliches Trio und nehmen die Zweitplatzierte mit auf ein kleines Abenteuer.« Dann gingen die drei ins Excelsior und genossen dort das gewonnene Zwei-Gänge-Menü. Ingrid bestellte eine Flasche Champagner, deren Preis nicht einmal ansatzweise vom Gewinn ihrer Schwester gedeckt wurde. Sie gestattete Juda, galant dafür zu zahlen, und trank das meiste davon selbst.

Karen schlief, und ich hätte mich am liebsten neben sie gelegt. Aber es gab so viel zu lesen. Ich hätte wohl besser das Tagebuch eine Weile beiseitelegen und durchatmen sollen. Doch das tat ich nicht. Die nächste Seite war undatiert. Gleich zu Anfang des ersten Absatzes veränderte sich Judas Handschrift dramatisch. Sie war nicht mehr so sorgfältig und sparsam wie bisher. Die Wörter tanzten über die Seite und hielten sich nicht mehr an die Linien. Striche und Punkte lösten sich voneinander. Was aber Judas sorgfältige Handschrift so aufgewühlt hatte, wollte ich lieber gar nicht wissen. Ich war natürlich neugierig, sehr sogar, aber Unordnung ist ein schlechtes Vorzeichen.

Auf der folgenden Tagebuchseite kehrte wieder Ordnung

ein. Sie war auch wieder datiert, allerdings fast drei Jahre später. Vielleicht war Juda zu sehr mit seinem Studium beschäftigt gewesen, oder er hatte Dringenderes zu tun, als sein Leben niederzuschreiben. Möglicherweise ging er jeden Abend einkaufen, komme, was wolle, weil die Milliarden, die er mit Mathenachhilfestunden für die kleinen Geschwister seiner Mitstudenten verdiente – seine wichtigste Einnahmequelle – durch die Inflation am nächsten Tag wertlos sein würden. Wie dem auch sei, die folgende Seite begann mit den Worten: »Als all dies geschah, waren Else und ich schon seit einigen Monaten verheiratet, und meine Frau war mit unserem ersten Kind schwanger.«

Ich hätte mich dafür entscheiden können, das »all dies« nicht zu entziffern, jedenfalls nicht sofort. Es wäre vielleicht besser für mich gewesen, mich nicht in diese bruchstückhaften Einträge zu vertiefen. Ich tat es trotzdem.

Blut, Kuvertüre

Drei Jahre nach dem Abend in der Scala, auf dem Heimweg von einem anderen Abend im selben Theater, ging Ingrid an einer Tramhaltestelle am Wittenbergplatz vorbei, vor der leuchtenden Fassade des KaDeWe.

Als es passierte, hatte sie sich gerade vorgenommen, Juda nach seiner Meinung zur neuesten Schaufensterdekoration zu fragen, einem rotierenden Kreis aus Hunderten Glühbirnen. Die Schaufenster waren voller Flitter, Jacketts und Haushaltsgeräte, Hüte und Strümpfe und Spielsachen und Felle und Kaviar. Ingrids Blick blieb an den leuchtenden Buchstaben KaDeWe hängen. Sie ließ alles um sie herum unscharf werden, ein kleines Spiel, das sie liebte, seit sie einmal entdeckt hatte, dass sie ihre Pupillen bewusst weiten und zusammenziehen konnte.

Ingrid war ungewöhnlich nüchtern. Sie war erkältet und hatte an diesem Abend einfach nicht so viel trinken können, wie sie wollte. Außerdem waren ihre verarmten Verehrer, von gescheiterten Börsenmaklern über kriegsneurotische Husaren in Attila-Uniformrock, gegen Kriegsende ziemlich knauserig. Die toxikologische Untersuchung ergab später, weder Champagner noch Schnaps seien schuld daran gewesen, dass sie auf einer Eisplatte ausrutschte und auf den Bürgersteig fiel.

Ihr Absatz brach ab, sie verknickte sich den Knöchel, taumelte, schaffte es mit rudernden Armen und Beinen, ein paar Sekunden lang das Gleichgewicht zu halten, und schlug schließlich hin. Die Lichter des Kaufhauses blitzten über ihre Netzhaut und blieben dort als leuchtende Punkte. Ehe er ihr zu Hilfe eilte, sah ein Passant, wie sie mit dem Kopf gegen den Bordstein schlug, auf die Straße geriet und dort liegen blieb, mit dem Rücken auf den Schienen.

Sie beobachtete, wie die Schneeflocken durch die Stromleitungen über sie wirbelten und auf ihr Gesicht fielen, die Konturen zart puderten und ihren roten Lippenstift und ihre geschminkten Augen mit einer matten Patina versahen. Ihr sorgfältig gelegtes platinblondes Haar löste sich sanft auf.

Der Mann, der sie fand, beschrieb die Szene der Polizei und gestand verlegen: »Sie war so wunderschön und ruhig, dass ich einen Moment lang glaubte, das alles sei nur ein schlechter Scherz.«

Was er nicht sehen konnte, waren die Fetzen von Kindheitserinnerungen, die ihr kamen, Erinnerungen an einen

Tag Anfang Mai, als Else und sie auf dem Großen Seesteg in Zoppot standen und zusahen, wie der Frost, der gewaltsam mitten im Frühling über Pommern hergefallen war, die Planken bedeckte. Es war so kalt, dass die Schürzen der Mädchen ganz steif wurden. An den Seiten des Aussichtstürmchens waren Käfer im Eis gefangen, eine ebenso grausame wie schöne Begleiterscheinung der zyklischen Unberechenbarkeit des Wetters.

»Sie murmelte etwas von ›Wunderland, knapp zur Hand‹, sagte der Mann später zu den Beamten, die dies an Juda weitergaben. »Ich dachte, sie weint.«

Ich nahm an, die Tränen waren der kalten Winterluft geschuldet, die die Bindehaut reizte. So ging es mir jedenfalls beim Joggen.

Es war sechs Uhr morgens und noch dunkel. Karen rief im Schlaf meinen Namen. Nur noch ein paar Seiten, dann bin ich bei dir. Sie drehte sich wieder um.

Zunächst erkannte der Passant nicht, was da dunkel über Ingrids Wange rann. Doch dann sah er, dass es Blut war. Das Rinnsal aus einer Wunde an ihrer Schläfe wurde schnell braun und klebte an ihrem Halstuch, das sie locker um die Schultern gelegt hatte. Als der Krankenwagen sie in die Charité brachte, hatte es aufgehört zu bluten. Kurz vor Mitternacht, als der junge Arzt den Kopf über ihrem Körper schüttelte und die Schwester bat, die nötigen Formulare zu holen, waren Ingrids Augen schon nicht mehr feucht. Der Krankenschwester fiel auf, und das erzählte sie Juda später, wie schnell Ingrids Körper erkaltete. »Seltsam, als schenke sie der Luft ihre Wärme.«

Als das Telefon am Steinplatz klingelte, wurde Juda aufgefordert, in die Charité zu kommen und den Leichnam eines

Fräuleins Ingrid von Wiebe zu identifizieren. Die schwangere Else verlangte eine Zigarette von Juda. Als er ihr die Schachtel reichte, merkte er, wie sehr seine Hand zitterte. Ihre Finger hingegen waren ganz ruhig, und sie schaffte es auf Anhieb, ihre Zigarette anzuzünden.

Im Leichenschauhaus begrüßte sie der diensthabende Leichendiener mit einem verdächtig aufgeräumten »Mein herzliches Beileid«. Der Grund wurde mit dem nächsten Satz klar: »Wenn der Herr und die Dame so freundlich wären, nach rechts zu blicken … Sehen Sie den geschlossenen Kühlschrank?« Er wies auf eine verchromte Schublade. »Er hat als Einziger eine unabhängige Energieversorgung.«

Juda hob die Augenbrauen, als der Leichendiener sich gegen die gekachelte Wand lehnte und mit einem fast schon clownesken Ausdruck sagte: »Den neuesten Gerüchten zufolge liegt darin seit drei Jahren die Leiche einer Frau, die eine große Rolle beim Spartakusaufstand gespielt hat. Oder Teile davon. Manche sagen, sie soll vor der Öffentlichkeit versteckt werden, weil sie in so schrecklichem Zustand ist. Ich sage, das ist alles rote Agitation und Propaganda. Aber der leitende Pathologe gibt nichts zu.« Nachdem er fertig damit war, sich wichtig zu machen, wandte er sich der weitaus weniger spannenden Frage der Identifizierung Ingrid von Wiebes zu.

Else beugte sich über den Körper ihrer Schwester. Nur ihr Gesicht lugte unter einem weißen Laken hervor. Sie beugte sich noch weiter vor und betrachtete Ingrids Lippen, so genau sie konnte, ohne sie zu berühren. Die Augenbrauen des Leichendieners hoben sich und senkten sich ganz schnell wieder, als sie Judas Blick begegneten.

Alle anderen im Raum bemerkten, wie Ingrids Lippen fahler wurden und sie ihnen von drüben zulächelte.

Judas Hände zitterten. Elses Gesicht war ausdruckslos, der dumpfe Schmerz in ihrem Inneren war unerreichbar, erst recht für die Munterkeit des Leichendieners. Er sagte: »Na ja, das Leben im Kühlschrank ist sehr friedlich, das kann ich Madame versichern.« Er überreichte ihnen ein Halstuch mit einer braunroten Kruste.

»Sie hätten es bei Zimmertemperatur aufbewahren sollen, als es noch feucht war«, sagte Else. »Jetzt ist es zu spät, es aufzutauen. Die Kuvertüre ist ruiniert.«

Der Leichendiener hatte Trauer schon die stärksten Schultern beugen sehen. Aber Blut mit einem Kuchenüberzug gleichzusetzen war neu für ihn. Er reichte ihnen das Halstuch und einen Stapel Formulare. »Manchmal geschehen Gerinnung und Homöostase zu spät, tut mir sehr, sehr leid. Bitte unterschreiben Sie hier, hier, hier und hier.«

Als sie aus dem Keller des Krankenhauses kamen, zog schon die Morgendämmerung herauf.

Juda kritzelte später in sein Tagebuch: »In den wenigen Stunden oder Minuten Schlaf, die ich vor der Beerdigung fand, träumte ich von einer großen weißen Tür. Das war Else. Aber die Angeln, der Türgriff, das Schloss, selbst der Staub darunter, das war Ingrid. Die Tür wurde hinter mir ganz fest geschlossen, und dann war da nichts mehr. Nur eine glatte, blasse braune Wand. Ich streichelte und liebkoste und schlug sie, aber da war nichts. Als ich erwachte, weinte Else. Sie wollte das Halstuch ihrer Schwester eine Weile tragen. Ich ließ sie, unter der Bedingung, dass sie es später wegwerfen würde. Ich sagte ihr, es sei sinnlos, der Vergangenheit nachzuhängen.«

Viertes Kapitel

Fliegen

Frühling

Goldbären und Brotchips

Die kirschfarbenen Bretter, aus denen Kabine 14 bestand, schluckten alles. Das Licht der Energiesparlampen, das Leuchten des Computerbildschirms, den Rauch der grünen American Spirits, den Sound von Tarkans Şımarık – alles nahmen die müden Spanplatten klaglos in sich auf.

In dem Internetcafé in der Kopenhagener Straße wurde Tarkans Megahit in seinen zahlreichen Versionen rauf und runter gespielt, und dieser kalte Freitagabend Anfang März machte da keine Ausnahme. Den Gesichtern der Stammkunden nach zu urteilen – eine Namibierin, die in Kabine 8 chattete, ein japanischer Emo, der sich in Kabine 3 um seine virtuelle Pokémon-Farm kümmerte, und ich – nahmen alle den Endlosloop nur noch als weißes Rauschen wahr. Kein Wunder, waren wir ihm doch schon seit fast einem Monat gemeinsam ausgesetzt.

Şımarık, das als Intro für eine Nachrichtensendung von Channel 10 diente, bedeutet »indiskret«. Das entnahm ich einem Zettel, den mir der freundliche Türke überreichte, dem das Internetcafé gehörte. Ansonsten beschränkte sich die Kommunikation des Späti-Betreibers auf »Alles klar, Chef?«. Mehr war auch nicht nötig – ich zahlte, er gewährte mir Zugang zum Internet.

»1 Euro = Stunde« stand auf dem handgeschriebenen Schild über ihm, und er gab mir immer denselben Sperrholzverschlag. Es war irgendwie beruhigend, Kabine 14 und »Alles klar, Chef?«. Ich brachte ihn sogar dazu – mehr durch Gesten als durch Worte –, Tarkan leiser zu drehen, wenn ich Voice-over-Texte aufnehmen musste. Das Internetcafé diente nämlich seit vier Wochen als Ostberlinstudio von Channel 10, nachdem mein vom Sender gestellter Laptop den Geist aufgegeben hatte. Nun nahm ich hier Berichte auf, lud Dateien hoch und recherchierte meine Storys – unser Sondergesandter in Kabine 14.

Mit der Zeit wurde der Vorgang zum Ritual. Der Japaner pausierte mit seinen Pokémons und zündete sich eine American Spirit an, die Namibierin unterbrach ihren Chat – und alle hörten feierlich zu, wie ich Texte auf Hebräisch verlas, in denen ich mit etwas zu volltönender Stimme von der Eurokrise berichtete oder von der Inhaftierung eines schwedischen, estnischen, französischen oder italienischen Fritzl, die alle im Verdacht standen, das österreichische Original zu kopieren.

Einmal hatte ich »Fritzl« mit »Brezel« verwechselt, woraufhin der Späti-Betreiber wohlmeinend erklärte: »Bei uns gibt es leider keine Brezeln, sondern nur Brotchips« und mir eine Auswahl mit Knoblauch-, Zwiebel- und Sesamgeschmack in meine Kabine brachte. Nach einer Weile hatte er gelernt, Fritzl mit dem israelischen Journalistenausdruck »Miflezet Enoshit« – menschliches Monster – zu bezeichnen, den ich wiederholt gebraucht hatte. So gab es kein Durcheinander mehr von gesamteuropäischen Sittenstrolchen und deutschen Chips.

Ich wusste seine Unterstützung natürlich sehr zu schätzen, und es gefiel mir auch, immer dieselben Nachbarn zu haben. Doch nach jeder Aufnahmesession verfluchte ich aus ganzem Herzen die Ungerechtigkeit, einen Arbeitsplatz zu haben, der wie ein Aschenbecher stank und wo der Titel des einzigen Songs, der gespielt wurde, »Indiskret« bedeutete.

Eines Abends war ich besonders genervt. Meine Beine schmerzten, wie sie es nur nach einer Stunde Laufen auf Glatteis tun. Selbst jetzt, da der Frühling kam, schaffte es die Stadt nicht, die Gehwege von der dicken Schicht aus braunem Eis zu befreien und von dem schwarzem Rollsplitt, der seit dem ersten Schnee vor vier Monaten regelmäßig überall verstreut worden war. Und nun protestierten meine Knöchel, Knie und Oberschenkel vehement dagegen, dass ich sie mit diesen schlechten Wegen traktierte, nur weil das Stadion in der Cantianstraße im Winter geschlossen war.

Ich hing also in dem Bürostuhl, auf dessen Rückenlehne ein kleiner Aufkleber mit der Nummer 14 prangte. Der Mechanismus zum Verstellen der Rückenlehne war kaputt, sodass nur zwei Positionen möglich waren: ganz aufrecht oder fast liegend. Da mir allein schon die Vorstellung, aufzuspringen und auf die Toilette zu gehen oder mir einen neuen Club-Mate zu holen, Schmerzen bereitete, beschloss ich, mich nicht zu rühren.

Ich konnte meine Gedanken nicht von dem lähmenden Schmerz ablenken, auch nicht mit Berechnungen auf Google Maps, wie weit ich heute gelaufen war. Eigentlich mochte ich solche Berechnungen. Sie gaben mir die Hoffnung und Kraft, meinen Körper zum Weitermachen zu bewegen. In letzter Zeit spielte ich nämlich mit dem Gedanken, mich zum Berlin-Marathon anzumelden.

»Vierzig und irgendwas Kilometer ist so ein unerreichbares, unvorstellbares Ziel«, schrieb ich Karen nach Tel Aviv, als ich sah, dass sie bei Gmail eingeloggt war. »Aber ich glaube, ich will es probieren.« Ich futterte Haribo-Goldbären und Sesamchips. Karens Bildschirm-Ich, ein blinkender Cursor und Zeilen im Chatkästchen, erzählte mir von ihrer Woche, davon, wie während einer Sendung über einen Bergsteigerwettbewerb in einem Einkaufszentrum der Teleprompter den Dienst versagt hatte, genau die Art Fernsehkatastrophen, mit denen sie so anmutig fertig wurde und ich nicht.

Das kleine Chatfenster funkelte. »Könnte es sein, dass dir deine Chefs etwas damit sagen wollen, dass sie den kaputten Laptop nicht ersetzen? Du solltest darüber nachdenken.« Ich schrieb zurück: »ARRRGGHH! Als ob das eine Rolle spielt! Den Scheißkerlen ist doch alles egal. Selbst die Aussicht auf ein Exklusivinterview mit Opossum Heidi rührt sie nicht!«

»Das zeugt von der Ahnungslosigkeit dieser Idioten, wenn sie eine Geschichte über ein schielendes Beuteltier für nicht sexy genug halten.«

»Apropos, hattest du schon mal welchen?«

»Was ›welchen‹?«

»Sexchat, so was wie ›Meine Hand liegt auf deinem steifen Nacken‹, ›Meine Lippen spüren das Pulsieren in deinem Ohrläppchen‹ und so was.« Enter. Ich tippe noch eine weitere Zeile: »Aber im Ernst, würdest du dich vor einer Webcam ausziehen?« Wieder Enter.

Der blinkende Cursor hing lange, lange im Chatfenster, und ich begann mich zu fragen, ob meine afrikanische Kollegin, die mich quer durch den Raum anlächelte, merkte, dass ich ein bisschen aufgeregt war.

Dann kam Karens Antwort: »Ich will dich ausziehen, wenn ich abends schlafen gehe. Und ja – ich würde sehr, sehr gerne deine Hände auf mir spüren. Aber deine echten Hände. Wenn du irgendwann das Tagebuch deines Urgroßvaters fertig gelesen hast, kannst du ja zurückkommen. Bis dahin wünsch ich dir Freitagabend-viel-Spaß, du grummeliger, wunderbarer Mann!«

»Zu Befehl! Ich liebe dich!« Ich sandte meinen Abschiedsgruß ab und fühlte mich ein bisschen besser. Dann schickte ich meinem Chefredakteur eine SMS. Es war immer leichter, wenn auch wahrscheinlich weniger effizient als ein Anruf. »Ich bin völlig gelähmt und ineffizient und berichte seit einem Monat live aus einem stinkenden Kiosk. So kann ich nicht arbeiten! WTF!«

Drei Stunden später rief er mich an: »Mann, die Mühlen der Finanzbürokratie mahlen langsam. Bleib einfach dran und halte durch, ja? Ach, und: gute Arbeit, die Story über die belgische Natascha Kampusch.«

»Ich glaube, es ging um einen spanischen Fritzl, aber danke«, murmelte ich.

»Ja, ja, und ehe ich es vergesse: Morgen soll angeblich eine richtig fette Story explodieren. Irgendwas über die Veröffentlichung von Depeschen.«

»Woher weißt du das?«

»Hab ich im Internet gelesen.« Ich hörte, wie er sich eine Zigarette anzündete. »Red doch mal mit deinen Quellen beim *Spiegel*, vielleicht haben die was für dich.« Und damit legte er auf, noch bevor ich »Klar, kein Problem« sagen konnte, was meine Art war, »Vergiss es!« zu sagen.

Ich hatte keine Quellen beim *Spiegel* oder sonst wo in den höheren Rängen der deutschen Medienwelt. Das Einzige, was mir einfiel, war ein Präventivschlag gegen einen sonst wohl qualvollen Samstag: feiern gehen.

Ich rief Omer an.

Weißer Aschenbecher zu vermieten

»Warst du schon mal im *Riff Raff*? Was sagst du dazu, heute in einen legendären Sexklub zu gehen?«

»Ich sage immer ›Warum nicht?‹ zu legendären Dingen. Berüchtigt ist auch gut.« Omer schien nicht weiter beeindruckt von diesem in meinen Augen so gewagten Plan. »Nur eines: Ich werde keinen meiner öffentlichen oder intimen Bereiche *waxen*, egal, wie sehr die Deutschen darauf stehen.« Als ich nichts darauf erwiderte, fügte er hinzu: »Ich hab gehört, dass sich manche Männer ganz und gar rasieren. Am ganzen Körper!« Er senkte die Stimme, ganz à la Anchorman. »Der neueste Trend Berlins: Die rasieren sich überall. Ein Reporter ließ sich die Ei…«

»Okay, okay,« unterbrach ich ihn, »aber im *Riff Raff* muss man sich kreativ verkleiden.«

»Ich verkleide mich als deutscher Offizier der Luftwaffe, wenn du mich zur Wohnung des israelischen Choreografen begleitest, die ich mir ansehen wollte. Der Typ, der sie untervermietet, war am Telefon ziemlich nervig. Verlangte eine völlig utopische Miete und quatschte dauernd über Identität und Gedenken und solchen Mist.«

Ich seufzte. Omer brauchte ein neues Zuhause. Er hatte in seiner jetzigen Wohnung einen Vorhang heruntergerissen, als er gerade mit seiner Freundin redete, wie er behauptete. Er wohnte zur Untermiete bei einer deutschen Journalistin, die nach Tel Aviv gegangen war, um ihren ersten Roman in der Sonne zu schreiben. Inzwischen war er im ganzen Haus dafür bekannt, ohne Unterwäsche Blumenkohl zu essen. Er hatte das Klo mit einer von Max Brod signierten Ausgabe von Kafkas *Prozess* von 1935 verstopft. Omer musste das unschätzbar wertvolle Buch wieder herausfischen, um einen Beitrag über die Sturheit des Bundesarchivs zu schreiben, das sich weigerte, seinem israelischen Pendant das Exemplar zur Aufbewahrung zu überlassen.

Wir vereinbarten, uns in einer Stunde vor der Wohnung in der Brunnenstraße zu treffen. Auf dem Weg wollte ich noch in einem Armeeladen vorbeischauen, wo man Uniformen, Messer, Gasmasken und Peitschen kaufen konnte.

Omer und ich standen eine gute Stunde später in seiner potenziellen neuen Wohnung. Ich hielt eine Plastiktüte voller Luftwaffen- und Polizeiuniformen in der Hand, die ich in dem Armeeladen erstanden hatte in der Hoffnung, sie würden uns über die Schwelle des *Riff Raff* und an der wählerischen Türsteherin vorbeitragen. Aber zuerst mussten wir uns die Wohnung an der Brunnenstraße ansehen. Sie lag genau gegenüber dem Weinbergspark, hatte einen weißen Dielenboden und verströmte einen Geruch, als hätte jemand tausend Zigarettenstummel in die Wände gesteckt. »Die Vermieter heißt GmbH, keine Sorge«, sagte der Typ, der den weißen Aschenbecher untervermietete. »Wie ist der Name?« Omer, dessen Deutsch viel besser war als meines, war verwirrt.

»Ge Em Be Ha! Kennst du die nicht? So heißt die Firma, der die Wohnung gehört.« Der Typ hieß Roee de Jong. »Das bedeutet, dass man hier sicher vor einem Rausschmiss ist, weil das Gesetz die Mieter schützt.« Er stieß einen selbstgefälligen Seufzer aus, kratzte sich an seinem stylischen Bärtchen und an seinem kahlen Kopf und führte uns herum. »Wisst ihr übrigens, dass ich ein erfolgreicher Choreograf bin? Ich bekomme so viele Stipendien, dass ich es selbst kaum glauben kann. Und ich habe meine eigene Tanzkompanie.« Ein anderer Israeli mit fettigem schwarzem Haar, anscheinend sein Freund, saß rauchend auf einem ehemals weißen Sofa und trank schwarzen Tee. Er nickte zustimmend zu allem, was de Jong sagte. »Nein, mal im Ernst: Versteht ihr, was das für eine Leistung ist?«

Am liebsten hätte ich so was geantwortet wie: Du meinst bestimmt, dass du illegal eine ausbeuterisch hohe Miete für einen Müllhaufen verlangst, du Shylock! Doch stattdessen murmelte ich kleinlaut: »Das ist echt schön.« Und Omer kicherte nervös.

»Das liegt nur daran, dass ich auf diese ganzen klischeebeladenen Empfindlichkeiten und PC-Slogans pfeife. In meiner letzten Arbeit wälzten sich meine Tänzer in Bikinis und Shorts auf einem Sandstrand auf der Bühne. Im Hintergrund zeigten wir fröhliche Babys, die mit Leberkäse Pingpong spielten. Ich nenne es ›Hof‹, was Strand auf Hebräisch heißt und Vorplatz im Deu…«

»Ja, Mann!« Der Kaffee trinkende Typ versuchte, dem Choreografen High Five zu geben. »Und die fast nackten Körper bedeuten Massengrab und das alles.«

Roee zog seine Hand mitten in der Bewegung zurück. »Bist du total bescheuert?«, beschimpfte er seinen Freund. »Es geht um einen Tag am Strand. Mensch gegen Natur gegen Mensch in Natur.«

Er wandte sich Omer zu. »Du kannst sie für sechshundert im Monat haben, kalt.«

Omer beschloss, die Wohnung zu nehmen. Wir fragten nach der Toilette, woraufhin Roee und sein Kumpel wissende Blicke austauschten. Wir zogen unsere Kostüme an. Ich verkleidete mich als DDR-Volksmarine-U-Boot-Besatzungsmitglied und Omer als Unteroffizier der Luftwaffe.

»Bist du sicher, dass du das Ding mieten willst für diesen Preis und bei dem Geruch?«, flüsterte ich.

»Im schlimmsten Fall haue ich einfach ab.«

»Nicht, ohne dass ich diesen Moment für die Nachwelt festgehalten hätte«, wieherte der Choreograf und machte die Toilettentür auf, in der andern Hand die Kamera.

Wir verbargen unsere Gesichter hinter den Militärkäppis, und er grummelte, entschied sich jedoch für ein unverfängliches Porträt.

Wir gingen auf die Straße und winkten ein Taxi heran.

Riff Raff

Im Taxi rang ich Omer den Schwur ab, niemandem je davon zu erzählen, und zeigte ihm einen Ausschnitt aus einer alten israelischen Zeitung. Darin wurde das *Riff Raff* beschrieben als »Sextempel Nummer 1 in Berlin, voller verschlungener Körper und verdrehter Köpfe, die einander unersättlich ›Fockin‹, fockin‹!« ins Ohr flüstern – und dann noch viel mehr als das vorführen«.

Nun, das alles war schmerzlich wahr. Nur galt es nicht für mich.

Überall rekelten sich nackte Körper auf schwarzen Kunstledersofas, hingen an eisernen Schaukeln, bildeten Kreise um kleine Holzbühnen, wo ineinander verschlungene Silhouetten zu sehen waren, und erforschten die Grenzen der Biegsamkeit auf einer Kreuzung aus Schaukel- und Gynäkologenstuhl.

Die Wände waren bedeckt mit etwas, das der Barkeeper »Goa-inspiriertes Graffiti« nannte und in meinen Augen wie Kritzeleien eines geilen Fünfjährigen aussah: hockende Göttinnen mit enormen Brüsten und tanzende Elefanten mit überlangen Doppelrüsseln. Die Dekorateure des *Diana* sollten sich daran ein Beispiel nehmen.

Eine Figur in einem Spitzenbody schlang ihre Arme und Beine immer wieder um eine Stange, bis es schon beim Zuschauen wehtat; eine Nonne in Vinyl trank Beck's und lächelte mich schüchtern an; ein grauhaariger Opa mit gewaltigem Schnurrbart, aber ohne Kleider, ging von Gast zu Gast und bot seinen Penis, der aus einem Büschel grauer Kraushaare hervorlugte, zum Daranziehen an. Nur ein junges Pärchen, das ein bisschen wie Bruder und Schwester aussah – der Mann trug Unterwäsche von Emporio Armani und das Mädchen dazu passende schwarze Wäsche von La Perla – tat ihm den Gefallen.

Ich entdeckte Omer. Er war eifrig dabei, einem eifrigen Mädchen einen Wodka-Red-Bull nach dem anderen auszugeben. Später erzählte er mir, sie sei nur bereit gewesen, mit ihm zu sprechen, wenn er sein deutsches Luftwaffenhemd auszöge und ihr von seinen Erfahrungen bei der israelischen Luftwaffe erzählte. Natürlich tat er das alles nur zu gern, obwohl er genauso wenig in der israelischen oder sonst einer Armee gedient hatte.

Die Luft war schwül und drückend dank eines monströsen Heizsystems, das die Gäste dazu zwingen sollte, alle Kleider und Hemmungen abzulegen. Es war mir peinlich, mein Uniformhemd auszuziehen und meine lockige Brust zu zeigen, und wie zu erwarten, wurde ich auch von allen ignoriert, mit Ausnahme eines lächelnden Polen in einem winzigen weißen Schlüpfer. Er hieß Marcin, und auf seiner durchtrainierten, gelaserten Brust war nicht ein Haar zu sehen. »Ich kann dir einen guten Waxingsalon empfehlen, wenn du willst.« Ich sagte darauf nichts und versuchte, meine unfrisierte Brust mit der Hand zu verbergen. Er fragte: »Willst du eine Chappypill mit uns nehmen?«

»Äh, eine was?«

»Chappy. Macht dich glücklich. Froh. Komm mit in den kleinen Darkroom, ja?«

»Sag mal, warum bist du eigentlich hier?«

Marcin lachte ein bisschen zu jovial. »Wegen der kulturellen Erfahrung natürlich. Nein, im Ernst. Ich arbeite in München und fliege jeden Samstagabend nach Berlin, feiere ordentlich und fliege am nächsten Tag zurück. Im Flugzeug fliege ich auch wegen der Pille.«

Marcin verteilte freigebig seine magische Pille, ohne Verpflichtungen und ohne Garantie. Später meinte ich, seine Brust auf einem Haufen nackter Männer zu entdecken. Ein paar von ihnen schwangen etwas, was aussah wie lange Gummistöcke, andere schon nicht mehr.

Als ich unter der Wirkung der Chappypill auf der Tanzfläche herumhüpfte, rannte ich fast ein Mädchen über den Haufen. Deren halb geschlossene blaue Augen und spitze Nase waren von glattem, platinblondem Haar eingerahmt. Sie sah aus wie ein kleiner, blonder Falke. Ich nahm die Rolle des Gejagten ein und markierte so etwas wie eine Tanzbewegung, die aber eher nach hüpfendem Kaninchen aussah. Der goldgefiederte Raubvogel zauste meine Brust mit seinen weißen, langen, kühlen Klauen und lachte. Jedes Mal, wenn ich seine spielerische Geste erwidern wollte, gab er ein kleines »Oooh« von sich und manövrierte mich mit einem Fingernagel zurück in sichere Entfernung.

Dann zwickte mich der Vogel in die rechte Seite, zog fest an meinen Brusthaaren, und es fühlte sich an, als hätte sie ein ganzes Büschel ausgerissen. Dieselbe Prozedur wiederholte sie auf der linken Seite. Eine herzförmige rote Stelle zeigte mir, wo sie mir aus unerklärlichen Gründen meinen Bewuchs geraubt hatte. Es fühlte sich irgendwie sexy an, vielleicht einfach nur, weil es die einzige einschneidende Erfahrung dieser Nacht war. Das Letzte, woran ich mich erinnern konnte, war Marcin auf einem ledernen Schemel, der versuchte, eine Frau mittleren Alters aus den vielen Ketten und Handschellen zu befreien, die sie trug. Sie sah einer Kassiererin bei Schlecker in der Schönhauser Allee erschreckend ähnlich. Diese Woche wurde bekannt, dass der Laden bald schließt. Vielleicht war es ihre Abschiedsparty.

Das war vor zwölf Stunden. Hatte ich wirklich in einem von Popeye inspirierten DDR-Kostüm auf der Tanzfläche gestanden und das Herz auf meiner Brust untersucht?

Die tanzenden Anarchisten

Ein dröhnender Klang bohrte sich in die eine Schläfe, ein durchdringendes Scheppern in die andere. Ich öffnete meine Augen. Omer schnarchte auf dem Boden, und mein Smartphone klingelte mit manischer Begeisterung. Es war Samstagnachmittag, und die Welt vor den Fenstern schien bitterkalt und zugleich strahlend sonnig.

Ich wisperte ein »Hallo« in mein Telefon. Irgendwie schaffte es ein Haar, auf meiner ausgedörrten Zunge zu kleben. »Hal-lo?«, murmelte ich noch einmal und hoffte, meinen unbekannten Gesprächspartner davon überzeugen zu können, dass ich zu keinem wie auch immer gearteten Job bereit war. Es knackte in der Leitung, und dann antwortete jemand auf meine schwache Begrüßung: »In vann hour. You must be here in vann hour, because vi are getting undressed zen. So you solst and musst come to ze *Fröhliche Bäckerei* in Friedrichshain. We vill get undressed wiz or wizout you.*«

»Was?«, stammelte ich und merkte, dass sogar einsilbige Wörter sofort meinen israelischen Akzent und meine fehlende Coolness verrieten. »Ich meine … wie bitte?«

Die Aussicht auf eine Dosis Nacktheit inmitten von Mehrkornbrötchen und Sonnenblumenbrot war nicht gerade berückend, zumal ich mir ziemlich sicher war, dass es nicht das erste öffentliche Ausziehen des Wochenendes sein würde.

Mein mysteriöser Gesprächspartner fuhr fort: »Wir sind die tanzenden Anarchisten. Du musst in die *Fröhliche Bäckerei* in der Rigaer Straße in Friedrichshain kommen, weil wir bald tanzen. Ich bin Marco, Vorsitzender des Internationalen Hedonistischen Aktionskomitees, Ostberliner Flügel, Niederlassung Friedrichshain. Du willst uns filmen, stimmt's?«

O ja, das wollte ich wirklich. Ich schickte einen Suchtrupp in die vernebelten Areale meines Bewusstseins und fand, was ich suchte: Ein paar Monate zuvor hatte ich auf einem Videoportal einen kurzen Film über diese lokale Aktivistengruppe

* In einer Stunde. Du musst in einer Stunde hier sein, weil wir uns dann ausziehen. Du sollst und musst also in die *Fröhliche Bäckerei* in Friedrichshain kommen. Wir ziehen uns aus, mit dir oder ohne dich.

gesehen. Sie spürten Immobilienmakler auf, die Wohnungen zu Preisen vermieteten, die über dem offiziellen Mietspiegel lagen. So verdrängten sie die alteingesessenen Mieter durch neue, wohlhabendere Mieter. Die hedonistischen Anarchisten präsentierten sich als potenzielle Mieter, stürmten mitten in einer Besichtigung die Wohnung, zogen sich aus, tanzten Techno und verschreckten so die bürgerlichen Kunden, wodurch sie stolz ihren Kiez vor dem Angriff des Geldes und der Gier retteten. So argumentierten sie, jedenfalls soweit ich es verstand.

Ich zumindest wollte unbedingt bei einer solchen Aktion dabei sein. Die Mischung »Nacktheit – Berliner – Geld« war eine sichere Sache, die sowohl meine knurrigen Redakteure als auch die zappenden Zuschauer – diese Reaktionäre, die sich immer noch dazu aufrafften, ihre iPads und Laptops zugunsten primitiver TV-Fernbedienungen zu vernachlässigen – bezaubern würde. Und sie würde einmal mehr beweisen, wie ich als Reporter unbeirrbar nach journalistischen Höchstleistungen strebte, selbst wenn es um rosafarbene, hüpfende Gliedmaßen ging.

Ja, ich wollte die Schlacht um Berlin dokumentieren, auch wenn ich mir nicht sicher war, auf welcher Seite ich stehen sollte – auf der des angesagten Verliererteams, das mit Flair und ohne Kleider sanierte Wohnungen mit Parkettboden stürmte, oder auf der der Gewinner, ausgestattet mit Anzügen von COS und den Euros, die ich dank meines Monatsgehalts aus Tel Aviv importierte.

»Ich bin gleich da«, versprach ich.

»Freude, Lust, Genuss und ein selbstbestimmtes Leben in Freiheit für alle Menschen!«, erklärte er, und mit diesem Schlachtruf legte er auf.

Omer öffnete die Augen einen Spaltbreit. »Sprichst du von Immobilien *und* Nacktheit? Ich bin raus! Es ist vorbei! Viel Spaß!« Er konnte meinen falschen Bass sogar im Halbschlaf nachahmen.

Ich betrat die *Fröhliche Bäckerei* und merkte schnell, dass die ganze Sache eine Art »Honigfalle« war. »Hallo! Ich bin Marco. Willst du die Affen- oder die Katzenmaske aufsetzen? Das ist ganz nützlich, wenn deine Chefs im Fernsehen eine Geschichte über unsere Aktion sehen und du nicht gefeuert werden willst, weil du dich als nackter, tanzender Anarchist gibst«, sagte der hellhaarige, bärtige Typ liebenswürdig und ohne den Anflug von Ironie in der Stimme.

»Ich arbeite doch selbst fürs Fernsehen! Ich will die ganze Sache filmen und dann eine Geschichte daraus machen. Ich will doch nicht nackt sein!«

»Aber darum geht es doch gerade: den echten Berliner Vibe erleben, oder?«, rief Marco aus. »Es geht darum, zu kämpfen und Spaß dabei zu haben, darum, ein echter Linker zu sein, ohne zu nerven, dem aggressiven Kapitalismus den Finger zu zeigen, ohne gewalttätig zu sein.« Er trank mit einem rosa Strohhalm eine große Tasse Kakao mit Sahne. »Okay, alle ziehen sich heutzutage auf Demos aus, so wie die Piraten, die in Tegel oben ohne gegen die Nacktscanner demonstriert haben, oder die PETA-Aktivisten, die sich im KaDeWe gegen die Misshandlung von Hummern ausgezogen haben. Aber wir, wir sind *Nackt, aber sexy*!«

Marco gestikulierte, ich solle die Kamera anschalten, und dann begann er mit einem Vortrag. »Wir sehen Hedonismus nicht als Motor einer dumpfen, materialistischen Spaßgesellschaft, sondern als Chance zur Überwindung des Bestehenden. Wir sind überzeugt davon, dass Politik und

Aktion Spaß machen können. Wo die Hierarchie beginnt, hört der Spaß auf. Wo der Spaß aufhört, beginnt die Hierarchie«, brach es aus ihm heraus, und dann wies er mich an, mich zu beeilen, da sein Assistent Nick schon die Affen- und Katzenmasken verteile. »Und du musst auch eine aufsetzen!«

Nick war dunkelhaarig, untersetzt und klassischer frisiert als die anderen der Truppe, und er strahlte vor guter Laune. Marco und er waren umringt von einem Rudel sensationshungriger Journalisten, die aufgeregt ihre Croissants und Kameras schwenkten, und zwei Dutzend hedonistischer Anarchisten in abgeschnittenen, bauchfreien T-Shirts, blauen Haremshosen mit Leopardenmuster und abgetragenen Kapuzenpullis. Sie alle hatten diese komischen japanischen Masken mit rosafarbenen, silbernen, goldenen und weißen Gesichtern von Affen und Kätzchen. Sie marschierten los auf die Rigaer Straße.

Ich fühlte mich stetig besser. Vielleicht war es die Kombination aus Glückspille und eisiger Märzluft. Oder vielleicht einfach die Tatsache, dass hier, ganz anders als letzte Nacht, Menschen zusammengekommen waren, die durch und durch positiv, glücklich und optimistisch waren, trotz ihres etwas wirren Angriffs gegen, na ja, uns bürgerliche Ausländer der Mittelschicht, die der Auslöser für die zunehmende Gentrifizierung waren. Die anarchistische Immobiliengruppe war jedenfalls sehr viel netter zur Welt als die nächtlichen Lustmolche, wenn auch nicht weniger high. Ihre Nasen waren nicht geschwollen, doch ihre Pupillen waren geweitet.

Das Zielobjekt, ein Treppenhaus und eine leere Wohnung, würde sicherlich nicht geheizt sein. Im Gegenteil: Es waren minus vier Grad, ein sonniger Märztag. Frühling in Berlin.

»Los geht's, Kumpel!«, rief Marco. »Du gehst mit Nick. Er ist gut mit Journalisten.« Nick war tatsächlich sehr gut in dem, was er tat, nämlich darin, mit seiner seltsamen Heiterkeit anzustecken. »Wir machen uns nackig! Und du berichtest darüber! Wenn du schnell genug rennst, ist alles gut!«

»Das ist doch alles legal, oder?«

»Streng genommen nicht, aber moralisch auf jeden Fall.« Es war unmöglich, ihn von seinen Überzeugungen abzubringen, schon gar nicht unter seiner ganz speziellen leuchtenden grünen Kaninchenmaske.

»Weißt du, es ist viel besser, das hier zu machen und dafür verfolgt zu werden, als zu Hause zu sitzen«, schaltete sich eine höchst energische junge Äffin ein. Sie hieß Sandra und hatte hübsche Knöchel, wie ich beim Filmen feststellte. Ich hatte den Anarchisten nämlich versprochen, ihre Gesichter – selbst die tierischen – würden nicht zu sehen sein. »Wenn wir jetzt nicht kämpfen, leben wir am Ende alle auf einem riesigen Kollwitzplatz voller schicker Kinderwagen und sportlicher Mütter, die Yoga und Bio und weiße Asics lieben.« Sie trug natürlich schwarze Converse. »Außerdem ist Tanzen eine viel gesündere Art, das Zeug von letzter Nacht auszuschwitzen, als bis nach Neukölln zu rennen. Wenn wir hier fertig sind, kann ich in Ruhe meinen *Tatort* gucken, auch wenn wir keine Chance haben zu gewinnen.«

Sag das doch noch mal für die Kamera. Da braute sich zweifellos eine nette Geschichte zusammen.

Die feinfühlige Äffin ging aufs Englische über: »Forget occupy Wall Street. We occupy die Straße!«

Mir gefiel der Ton von Sandras Manifest, vor allem aus ihrem Primatenmund.

»Und übrigens«, ließ sie mich wissen, als ich die Kamera herunternahm, »wir haben nichts mit FKK zu tun. Viele ausländische Journalisten kriegen da einen falschen Eindruck.«

»Klar, nur kein Stress.« Das Telefon klingelte.

Es war Shiri. Shiri aus der Nachrichtenabteilung. »Wo bist du, Motek?«

Ich sah sie vor mir, wie sie über ihren Schreibtisch hinweg versuchte, mich zu motivieren.

»Wo bist du, Motek?« Ihre Stimme klang sehr, sehr gestresst.

»Hallo!« Marcins Chappypill hüpfte immer noch durch mein Gehirn. »Wir ziehen uns gleich aus und tanzen bei Temperaturen unter dem Gefrierpunkt.«

»Mami, sehr witzig, aber du musst zur Pressekonferenz von Anonymedia. Sie findet in einer Stunde statt.«

»Was ist das?« Mein Ohr brannte in der eisigen Luft. Dann fiel es mir wieder ein. Es ging um diese Depeschen. »Ist die nicht in London?«, wandte ich ein.

»Na und?« Shiri war nicht so leicht aus der Fassung zu bringen.

»Shiri, ich liebe solche Aktionen, das weißt du, ich bin der Erste, der spontan in ein anderes Land fliegt, um über etwas Spannendes zu berichten. Aber es muss machbar sein. Zwei Flugstunden innerhalb einer Stunde sind nicht machbar.«

Meine pseudofreundliche Stimme verlor jeden Anschein von Selbstkontrolle – sie schraubte sich erst zum Falsett hoch und kollabierte dann in einem Gegluckse.

Einen Moment herrschte Stille. Dann murmelte sie etwas, und im Hintergrund hörte ich die Stimme des Chefredakteurs.

»Der Chefredakteur verfolgt die Sache mit größtem Interesse.«

»Das ist nicht zu schaffen.« Ich ließ jede Höflichkeit fahren. »London liegt praktisch auf einem anderen Kontinent.«

»Du gehst also nicht zu der Pressekonferenz?«

»Nein.«

»Sie liegt dem Chefredakteur aber sehr am Herzen.«

»Schön für ihn«, sagte ich und bereute meinen Zynismus sofort. Aber irgendwie genoss ich ihn auch.

»Okay, tschüs«, sagte sie mit hohl klingender Stimme.

Ich drückte »Anruf beenden« und stellte plötzlich erschrocken fest, dass ich kaum Anrufe beantwortet, SMS nicht gelesen und alle WhatsApp und Viber-Anfragen ignoriert hatte. In den letzten vierundzwanzig Stunden war mein Telefon auf Stumm geschaltet gewesen.

Nun knallte die letzte Nachricht auf den Bildschirm: »Beweg deinen Arsch zum *Spiegel*-Hauptquartier in Hamburg! Die veröffentlichen in diesem Moment eine Depesche des deutschen Auswärtigen Amtes, in der behauptet wird, in der EU würden Stimmen laut, die dem israelischen Premierminister unterstellen, unter gewissen Umständen nicht immer und vollständig die Wahrheit über angebliche illegale Vorposten gesagt zu haben. Das ist gewaltiger Zündstoff!«

Ich schrieb mit vorgetäuschter Selbstsicherheit zurück: »Apropos Zündstoff, ich hab da was Besseres: nackte Anarchisten, die Wohnungen stürmen. Ich drehe gerade eine Jahrhundertstory.«

»Bist du vollkommen übergeschnappt? Fahr sofort nach Hamburg!«

»Die Büros sind samstags geschlossen, Chef, und es ist sowieso zu spät.« Ich versuchte, zugleich pragmatisch und servil zu sein.

»Dann stell dich vor die Berliner Niederlassung und film da.«

Chefredakteur schreibt gerade, vermeldete der kleine Bildschirm.

»Und nenn mich nicht ›Chef‹! Ich hasse Schleimereien.«

Chefredakteur schreibt gerade, insistierte der kleine Bildschirm.

»Und vergiss nicht, wer der Chef des Senders ist!«

Chefredakteur schreibt gerade …

»Ich bin es. Ich bin der Boss.«

»Okay, einhundert Prozent«, antwortete ich und dachte dabei an meinen kaputten Laptop. Ich stieß ein »verdammte Scheiße« aus anstelle meines üblichen *Kis Achtak* (noch so ein arabisches Nationalheiligtum, das wir Israelis ohne zu fragen übernommen haben).

Wir näherten uns der Höhle des Löwen, wo der böse Immobilienmakler lauerte. Nick wies Sandra an, ihre Maske abzunehmen, und sie klingelten gemeinsam. Jetzt wirkten sie wie ein nettes junges Pärchen, das gerade aus dem Bergmannkiez gekommen ist. Weit und breit war kein Anarchist zu sehen. Ich ging nervös vor der Haustür auf und ab, unschlüssig, ob ich meine Hose ausziehen und nackt vor der Kamera tanzen sollte – eine Aktion, die sicherlich Millionen Kommentare auf YouTube nach sich ziehen würde – oder ob ich sie lieber anbehalten und weiter der unscheinbare Korrespondent bleiben sollte, der ich war.

Es funktionierte. Sie waren drin. Und zwei Minuten später ging alles ganz schnell. Nick und Sandra und ihre Genossen waren im Hausflur, begleitet von einer freiwilligen Truppe Reporter und von mir. Erst als wir uns alle keuchend die Treppe hinaufkämpften, merkte ich, dass ich an vorderster Front war. Hinter mir folgte eine Masse farbenfroher, ununterscheidbarer, fast schon monströser Gesichter. Sie schwebten über nackten menschlichen Körpern, die die Treppe hinaufstürmten, zwei Stufen auf einmal nehmend.

Als wir in die Wohnung eindrangen, deren Tür praktischerweise offen stand, schob sich der ganze Expeditionstrupp ins Badezimmer. Ich spähte hinein, meine Kamera wie angewachsen an meiner Hand. Frierend und schwitzend zugleich erhaschte ich durch den Sucher einen Blick auf nackte Körper, auf denen Slogans standen wie »Immoschwein? Nein danke!« oder »Reich, aber schrecklich« und »Fighten gegen Geldgier!«. Anscheinend war »fighten« jetzt ein deutsches Verb, so wie »downloaden«. Alle schnappten nach Luft, und dann marschierten die nackten Körper aus dem Bad in den Flur, wo ich stand. Ich hörte ein dröhnendes Geräusch, und der Parkettboden knarzte.

Jutta Pelikan

Knarzendes Parkett. Genau wie damals, als ich das erste Mal ein deutsches Wohnzimmer betrat. Das war, als ich meine berüchtigte Großmutter das erste und letzte Mal besuchte, 1991 in Münster. Der Geruch gebohnerten Holzes und echter Vanille waren mir fremd. Meine Nase saugte diese Düfte gierig ein und wurde noch ein bisschen spitzer, als Jutta in der Küche sagte: »Sie sieht gar nicht jüdisch aus.«

»Ich helf dir mit den schweren Töpfen«, sagte ich im Gegenzug – mein erster Versuch, ein normales Gespräch zu führen mit meiner deutschen Großmutter, Jutta Pelikan, wie sie von meiner Mutter, ihrer Tochter, immer distanziert genannt wurde. Ich war siebzehn, zornig, so dünn, dass es schon fast komisch war, und trug ein rot-blau kariertes Hemd und eine sehr rechteckige Brille.

In der Küche in Münster brachte mich schon allein die Nähe meiner Großmutter durcheinander. Sie war also die Frau, die von ihrer eigenen Tochter niemals »Mutter« oder »Mama« genannt worden war. Ich wusste nur, dass sie Ende der Fünfzigerjahre aus Israel weggegangen war und meine Mutter und ihre Schwester verlassen hatte, als sie noch ganz klein waren. Ihr Vater, ein Ungar aus Transsylvanien (»Definitiv kein Rumäne«, versicherte Mom stets), war damals plötzlich auf sich gestellt und musste sich allein um sie kümmern. In einem Mietwagen auf der Autobahn unterwegs nach Münster hatte meine Mutter mir einen Crashkurs über ihre Kindheit gegeben: »Ich hatte nur meinen Vater und seine verrückte neue Frau, die eine Holocaust-Überlebende war. Sie versteckte immer Erdnüsse in ihren Schuhen und behandelte uns schrecklich.« Es klang, als mache sie sogar dafür ihre Mutter verantwortlich.

Ich war verwirrt.

»Stell dich nicht dumm«, versetzte meine Mutter meinem jugendlichen Gemüt einen Schlag. »Die melancholischen und hyperaktiven Anfälle meiner leiblichen Mutter, ihr Heulen, ihr Schluchzen, ihr Schweigen und ihr beständiges Betrügen ihrer Familie – auch *mich* hat sie betrogen –, all das hat meinen Vater dazu bewogen, sich für eine vernünftige Lösung zu entscheiden: Er suchte sich eine Verrückte. Seine neue Frau hatte den Verstand verloren, als sie während des Krieges drei Jahre in einem Schrank verbracht hat und danach nie wieder anders konnte, als Essen in einem Paar schwarzer Schuhe zu verstecken. Aber ihre einmalige Erdnussmacke tat weniger weh als das Verhalten von Jutta.«

Mom hatte aufs Gaspedal gedrückt und einen Lkw überholt.

»Du brauchst aber keine Angst vor ihr zu haben. Ich bin ja dabei«, hatte sie hinzugefügt, während sie, weiterhin Vollgas gebend, mit quietschenden Reifen auf die rechte Spur zurückfuhr. Ich machte mir ein bisschen Sorgen, als meine Mutter auf einmal fröhlich fragte: »Wusstest du, dass wir all diese wunderbaren Autobahnen Hitler zu verdanken haben?«

Sie hatte ihr Make-up im Rückspiegel überprüft und war endlich etwas langsamer gefahren.

Wie sich herausstellte, war meine Großmutter gar nicht so teuflisch. Sie lud uns zum Mittagessen in ein sehr schönes, traditionelles deutsches Restaurant ein, wo sie mir die zauberhafte Welt des heißen Apfelstrudels mit Vanillesoße eröffnete. Ich schloss sie nicht gerade ins Herz, aber ich fand sie auf jeden Fall harmlos. Sie ließ mich sogar am Calvados nippen, was für mich damals ein großer Sprung nach vorn war. Bis dahin hatten sich meine Erfahrungen mit Alkohol auf pappsüßen koscheren Wein beschränkt. Juttas Gesicht war mir sehr vertraut von den alten Familienbildern, die neben unserem Esstisch hingen und unter denen stand: »Lützowstraße, 1929« oder »Berlin-Charlottenburg, 1927«. Vor allem aber glich meine Großmutter nicht nur sich selbst, sondern auch meiner Mutter. Sie hätten fast Zwillinge sein können.

An jenem Abend 1991, als ich nach dem Abendessen in Juttas Küche stand, verspürte ich jedenfalls den Drang, ihr mit den schweren Töpfen zu helfen.

»Ja, hilf mir ruhig, aber sei vorsichtig.«

Als ich einen der Töpfe in den Küchenschrank stellte, machte er ein scharrendes Geräusch, als er auf etwas Zartes traf, etwas aus Porzellan. Ich sprang zurück, und der Topf krachte zu Boden. Das Parkett stöhnte vor Schmerz.

»Nein!«, kreischte eine Stimme. »Nicht so! Was machst du denn? Mach es richtig, oder lass es sein!« Jutta war außer sich, ihre Stimme schrill. Meine Mutter stand da, die Hände vor dem Mund. Dann rannte Jutta ins Wohnzimmer, baute sich vor dem sepiafarbenen Porträt einer alten Dame mit cremefarbenem Haar und fast durchsichtigen Augen auf und zischte: »Ich hasse dich! Ich hasse dich!« Das Zischen schwoll zu einem Johlen: »Ich hasse dich, hasse dich, hasse dich! Hexe!« Dann ging sie in ihr Zimmer.

Ich kann mich nicht mehr genau erinnern, was danach geschah. Aber ich bat meine Mutter, mit mir in einem Zimmer zu schlafen, für alle Fälle. Irgendetwas in Juttas Augen war mir nicht geheuer. Meine Mutter pflegte in den folgenden Jahren immer wieder zu schildern, wie ich Angst gehabt hatte vor meiner deutschen Großmutter, und sie schien jedes Wort zu genießen. Sie hatte recht. Der Klang scheppernder Töpfe und knarzender Dielen ging mir auch nach zwanzig Jahren noch durch und durch, sogar mitten auf einer Hedonistenparty.

Die Demo war zur Party geworden. Dröhnende Musik aus einem Basslautsprecher war die Hauptursache für das Chaos. Alle hüpften. Alles wirkte sehr mechanisch, sehr zackig auf mich. Dann sah ich ein Leuchten, ein flackerndes Licht. Es war das iPhone des Immobilienmaklers oder dessen Widerschein auf seinem rosafarbenen Hemd. Er wedelte mit seinem schicken Telefon vor meinem Gesicht herum. Wie phallisch, dachte ich gerade, als ein Schwall »Raus! Raus, raus, raus, du Arschloch, du!« über mich hereinbrach. Er brüllte mich an, mich und alle anderen Anwesenden. »Ich rufe die Polizei!« Er wusste, dass sein verschreckter Kunde nun wohl kein Interesse mehr an dieser Wohnung in so guter Lage für 11,50 Euro pro Quadratmeter hatte. »Verdammter Scheiß!«, verfeinerte das Maklermonster seine Botschaft.

»Hey, Mann, warum bist du keine Entspannung?«, versuchte ich mit meinem furchtbaren Deutsch Nicks lässige Selbstsicherheit zu imitieren. Nick trottete hinter dem wütenden Makler her, ohne auch nur zu versuchen, seine Eier vor der Kamera oder der eisigen Luft in der ungeheizten Wohnung zu verbergen. Ich erklärte dem Makler: »Ich nur mache mein Job, okay?«

»Was ist das für ein Akzent, Arschloch?«, antwortete der Makler böse, »bist du Italiener? Italiener aus Italien? Deutsch sprechen oder *vaffanculo*!«

Die Lage entspannte sich, und ich war nun ganz zufrieden. Ich, ein Italiener aus Italien, wer hätte das für möglich gehalten! Kein Albaner oder Ukrainer oder Roma, nicht mal Israeli. Ich war nackt und kosmopolitisch geworden. Als ich die heulenden Sirenen der Polizei hörte, kam ich wieder zu mir und merkte, dass ich vollständig angezogen war. Wir rannten alle lachend die Treppe hinunter und auf die Straße hinaus, möglichst schnell weg vom Ort des Geschehens.

Als die Sonne unterging, stand ich vor dem Späti in der Gleimstraße. Meine Brust brannte an den beiden lichten Stellen, die das kleine Raubvogelmädchen gerissen hatte. Ich postierte mich neben dem Zeitungsständer, im dem ein Exemplar mit dem Enthüllungsbericht über die angebliche Widersprüchlichkeit des israelischen Premierministers steckte, und Worte über die verhängnisvolle Depesche sprudelten über meine Lippen in die Kamera. Kabine 14 wartete geduldig.

Ich zitterte vor Kälte und vor Glück. Vielleicht musste ich einfach einen Tag lang ein anarchistischer Hedonist sein.

Mazel Tov!

Wieder zu Hause, nach einer heißen Dusche, die meine schmerzenden Beine daran erinnerte, dass ihr Bedürfnis nach Ruhe noch lange nicht erfüllt war, und einer Tafel Edelbitter-Orange, der einzigen verfügbaren Schmerztablette, war ich bereit, Juda Hellbergs Tagebuch erneut aufzuschlagen. Auf den Seiten nach Ingrids Tod beschrieb er die Zeit davor. Seinen – ihren – Frühling.

»Jener Sonntag im April 1922«, schrieb Hellberg, »an dem wir heiraten sollten, war der erste warme Tag des Jahres. Die Sonne schien so großzügig auf die Synagoge in der Fasanenstraße, dass sich sogar auf den stoppeligen Gesichtern der Landstreicher, die auf der Bank vor dem Gotteshaus schnarchten, ein paar Lichtflecke zeigten. Die Zeremonie selbst bedeutete mir nicht viel, aber man konnte alles in allem an einen schönen Tag, ein schönes Wochenende und eine annehmbare Zukunft glauben.«

Hellberg, der sich dem Ende seines Studiums näherte und auf bestem Wege zum diplomierten Ingenieur war, hatte den Ältestenrat ohne Weiteres davon überzeugen können, eine liberale Zeremonie abzuhalten, mit einem Chor, in dem sogar Frauen mitsingen durften. »In unserem Haus wohnt sowohl ein göttlicher als auch ein aufgeklärter Geist«, rühmte sich einer der Gemeindeältesten von Charlottenburg. »Das ist Berlin, das ist der Westen.« Hellberg willigte ein.

Aber Juda Hellberg kam verstohlen und ohne es zu wollen immer wieder in den Genuss des Ostens. Im Vorfeld seiner Hochzeit hielt er sich gelegentlich in den Gassen des Scheunenviertels auf, wo Neuankömmlinge auf Jiddisch feilschten, auf Polnisch palaverten und auf Russisch politisch debattierten – und in jeder Sprache um ein Visum für Amerika baten. Er lauschte dort gern den bärtigen Männern und ihren Diskussionen über alles, was zwischen Bessarabien über die Bukowina bis Brooklyn eine Rolle spielte konnte.

Er liebte die überladenen Schaufensterdekorationen, vor allem die zierlichen Frauenköpfe aus Kunststoff. Sie steckten auf dünnen Stangen und trugen kleine Kapotthüte mit orientalischen Mustern. Aus einer Laune heraus hatte Juda Else zwei dieser Hütchen gekauft, einen schwarzen und einen weißen. Sie hatte zwar nicht den dazu passenden Bubikopf, da sie ihr Haar lieber im guten alten Pompadourstil trug. Doch ihm zu Gefallen setzte sie am Tag der Hochzeit den weißen Hut zu einem knöchellangen Kleid aus Batist und Spitze auf. Seidenblumen, die sie selbst genäht hatte, erblühten an der Taille des Kleides, und eine lange Perlenkette schmückte ihr Dekolleté. Lederschuhe mit flachem Absatz und einem durchbrochenen Blumenmuster vervollständigten ihre blühende Erscheinung.

Sie war wunderschön, aber nicht so schön wie ihre Schwester, die das Gotteshaus in einem beigefarbenen Spitzenkleid mit passendem Jäckchen von Jacques Doucet betrat, das ihre Mutter ein Vermögen gekostet hatte. Ihr drapierter Ausschnitt und die roten Blumen an ihrer Hüfte entlockten dem Schammes einen Schrei, wie ihn der alte Synagogendiener nicht mehr ausgestoßen hatte, seit der Kronleuchter in der Kuppel der Synagoge aufgehängt worden war.

Die Kuppel der Synagoge ragte so hoch auf wie das Selbstbewusstsein ihrer Besucher, weit höher als die gedrungenen angrenzenden Gebäude.

Einer der Stammgäste des Gotteshauses, ein spendabler Spekulant, der den Bräutigam in seiner Steyr-Limousine zur Hochzeit gefahren hatte, erklärte, inwiefern die Synagoge den Unterschied »zwischen uns Berlinern und den Ostjuden« zeige. »Die Polen und die Russen können ja nichts für ihre lange Geschichte der Leiden. Aber all diese seltsamen Vorstellungen vom Zionismus, oder wie auch immer sie es nennen, und diese grimmigen Gesichter und der schlechte Geschmack und der Lärm und der Geruch … Wir bauen ein goldenes Zeitalter auf, keine Zwiebel-Knoblauch-Ära!« Er streichelte seine Jarmulke und setzte sie dann wieder auf.

Juda nickte in scheinbarer Zustimmung. Seine Eltern waren »leider aufgrund der schwierigen finanziellen Umstände des Familienunternehmens nicht in der Lage, zur

Hochzeit nach Berlin zu reisen«, wie seine Mutter geschrieben hatte. Er tat es seinen beiden Brüdern gleich, die ebenfalls mit einer Nichtjüdin verheiratet waren, und vervollständigte damit jetzt wieder das Hellberg-Trio.

Die Familie von Wiebe war nicht nur durch Ingrid vertreten. Anwesend war außerdem die Mutter der Braut, eine zerbrechlich wirkende, ernste Dame. »Ihr liebt euch, ihr heiratet – mehr habe ich dazu nicht zu sagen«, bemerkte sie.

Sie hatte den neuesten Klatsch aus dem Kurbad mitgebracht und ein Säckchen voller Markstücke aus Gold, die dreißig Jahre zuvor geprägt worden waren. Else behauptete, dass jedes exakt 7,1685 Gramm wiege, notierte Juda in seinem Tagebuch. Und: Sie war sehr darauf bedacht, alles mit Zahlen zu belegen, was mit der Hochzeit zusammenhing.

Aber er würde sich nicht von Details aufhalten lassen. Juda stieg unaufhaltsam auf, und seine Karriere sollte ihn – und Else – weit über die Synagoge hinaus befördern. Landen sollten sie in der Schillerstraße 115 in Charlottenburg, wo die neue Wohnung lag, die Juda und Else gerade bezogen hatten. Sie schliefen in einem Bett, wie Else ihrer Mutter erzählt hatte, doch intim war es zwischen ihnen noch nicht geworden, da Juda »es« nicht vor der Ehe tun wollte. Sie hatte das Gefühl, er interessiere sich ohnehin mehr für den gewaltigen Telefunken EV-1297-Hochfrequenzverstärker, den ihre Mutter ihnen geschenkt hatte.

»Sie nennen das Radio«, sagte die Schwiegermutter in spe.

»In der Tat«, sagte ihr zukünftiger Schwiegersohn, »so einen hatten sie auch in dem AEG-Büro, wo ich mich um eine Stelle beworben habe.«

»Mit Erfolg?«, erkundigte sich Elses Mutter.

»Wie zu erwarten.« Er frönte bereits seiner stetig wachsenden kühlen Überheblichkeit. »Es ist ein großartiges Gerät. Danke, Madame.«

Sie bot ihm ihre Wange, aber er küsste ihre Hand, ganz alte Schule. Die ausgezehrte preußische Dame lachte.

Außerdem gab sie ihr ein gerahmtes Stickbild mit Töpfen und Pfannen und Blumen und dicken Babys. Frau von Wiebe hatte es während eines Kuraufenthalts selbst angefertigt:

Beklage nicht den Morgen, der Müh und Arbeit gibt,
Es ist so schön zu sorgen für Menschen, die man liebt.

Das war nicht das einzige wunderbare Vorzeichen. Einer von Judas Professoren, ein langjähriger Bekannter von Walther Rathenau, hatte den großen Mann um seinen Segen gebeten. Der ehemalige Vorsitzende der AEG und derzeitige Reichsaußenminister schrieb ihnen knapp »Herzlichen Glückwunsch!« auf einem Briefbogen, der den Namen der Firma und des Ministeriums trug. Hellberg legte das inoffizielle Dokument zwischen die Seiten seines Tagebuchs.

Als der fromme Spekulant von dieser Verbindung hörte, verschaffte er dem jungen Paar eine Audienz bei einer weiteren Koryphäe – Rabbi Leo Baeck, dem hochverehrten Vertreter des deutschen liberalen Judentums. Der Rabbiner ermahnte sie, falls sie in einer Synagoge heiraten wollten, müsse Else konvertieren. Eine andere Möglichkeit sei die standesamtliche Trauung, die ja auch völlig angemessen sei, selbst wenn sie dabei auf eine Welt der Schönheit und Universalität verzichten würden. Und dann sei da natürlich auch noch das Thema Kinder.

Juda räusperte sich, doch Else beschloss, ihm den Ärger zu ersparen, und sagte schlicht: »Dann soll es wohl das Judentum sein.« Und so geschah es. Eines Abends kam Else in ihr neues Zuhause zurück und erklärte nüchtern: »Ich bin eine von euch.« Juda war klug genug, nicht nachzufragen, ob sie tatsächlich in eine Mikwe gegangen oder die jüdischen Gebete gelernt hatte. »Solange du dein *Oj vej* jeden Abend vor dem Schlafengehen sagst, wird alles gut sein.« Sie wollte – oder konnte – seinen Scherz nicht verstehen.

Ich fragte mich, wie es sich für sie anfühlen mochte, wie sie da im Tempel unter dem Traubaldachin, der Chuppa, stand und das Geräusch des zerbrechenden Glases unter dem Fuß ihres Ehegatten hörte. Sie hob eine Ecke ihres Schleiers. Der Kantor sagte: »Mazel Tov!« in einer Sprache, die sie nicht verstand und die ihrem Bräutigam nie etwas bedeutet hatte. Als alle um sie herum klatschten und jubelten, musste Else an einen Zettel denken, den er ihr damals nach dem Zwei-Gänge-Menü für drei gegeben hatte. Darauf stand: »Ich bin eine Motte und du ein Glühfaden mit zwanzigtausend Watt. Ich bin eine blinde Kreatur, und du bist mein Leuchtturm. Und ich kann dich – uns – zum Glühen bringen.«

»Die Motte wurde vom Licht angezogen«, hörte sie sich plötzlich voller böser Vorahnungen flüstern, »doch das Licht verbrannte sie.« Sie bedeckte ihre Lippen mit der Hand, als hätte sie sich bei ihrer Kindheitssünde ertappt, mit offenem Mund zu essen. Nur Juda hatte sie gehört.

»Mir geht's genauso!«, sagte ich zu laut und fragte mich, ob ich zu den Verrückten gehören werde, die auf der Straße laut mit sich selbst reden. Aber nein, nein, ich bin schon okay. Zurück zum Tagebuch.

Auf dem Hochzeitsfest erholte sie sich. Hier, im Foyer des Theaters des Westens an der Kantstraße, war sie auf weniger heiligem Boden. Sie behielt ihr Hochzeitskleid an. Im Schutz des knöchellangen Kleides fühlte sie sich sicher.

Ingrid dagegen schlüpfte in ein frisches, keckes Abendkleid, das sie, vom Sekt angeregt, als »inspiriert von moderner französischer Poesie und abstrakter russischer Malerei« beschrieb. »Ich trage *Sonia* von Sonia Delaunay!« Die kleine Schwester wedelte mit ihrer Zigarettenspitze, als sei sie ein Zauberstab, der sie in die Avantgardedesignerin selbst verwandeln könnte. »Sonia wagte, Träume aus purpur-gelben Trapezen, die von grünen Halbmonden verschluckt werden, in ein Kleid zu übersetzen. ›Wie ein trauriges Gedicht, auf Sonnenlicht gedruckt.‹ Kostbar!« Sie ließ sich das Zitat auf der Zunge zergehen, konnte sich aber nicht erinnern, von wem es war. Ihr Kleid brachte ihr die bewundernden Blicke eines Posaunisten ein, der sich aber ganz offensichtlich mehr für das bunte Muster als für die Dame selbst interessierte.

Als der Sekt erste Wirkung auf die Gäste zeitigte, erschienen ein paar ungeladene Eintänzer. Einige Augenbrauen gingen so weit in die Höhe, dass sie aus den Gesichtern der Fabrikanten und Bankdirektoren zu fliegen drohten. Doch die Tänzer durften bleiben, so entschied es Ingrid mit Elses Zustimmung, und entführten die Ehefrauen zum Tango, während sich ihre Männer am Büfett gütlich taten. Erst als die meisten graubärtigen männlichen Gäste gegangen waren, sprang Ingrid auf einen Stuhl, stieß ihr Glas mit einem silbernen Messer an und rief: »Ich würde gern einen Toast ausbringen. Auf Unrechtmäßigkeit und Wahnsinn!«

Juda gab keinen Ton von sich. Else und auch die anderen Gäste kicherten.

»In Berlin dürfen wir Gott sei Dank immerhin ein bisschen wahnsinnig sein!« Ingrid verschüttete Sekt auf ihr Kleid. »Lasst uns den *Shim-Me-Sha-Wabble* tanzen!« Sie sprang auf den Boden und bewegte die Schultern vor und zurück, während die Band den Shimmy spielte.

»Es war eine gründlich misslungene Vorstellung«, notierte Juda, »auch wenn mich das Zusehen amüsierte. Allerdings hatte ich mir schon vorher fest vorgenommen, bei keinem Tanz mitzumachen, der etwas mit schüttelnden oder kreisenden Bewegungen zu tun hat.«

So mussten die Schwestern miteinander tanzen.

Unter den Festgästen waren einige, die Monate später als Trauernde sowohl bei Ingrids als auch bei Rathenaus Beisetzung anwesend sein würden.

Judas Kopf war erfüllt von koscherem Wein und Sekt, sein Mund von Schokoladenkuchen. Das Rezept war ein wohlgehütetes Familiengeheimnis der Wiebes, das über Generationen von Mutter zu Tochter weitergereicht worden war. Doch Else hatte es ohne weitere Skrupel dem Pâtissier des Cafés übergeben.

Die frisch vermählte Frau Juda Hellberg stand plötzlich vor ihm und küsste ihn zart auf die Lippen. Dann flüsterte sie ihm ins Ohr: »Ich habe dir zwei Dinge zum Geschenk gemacht, die mir sehr kostbar sind: meine Religion und meinen Kuchen. Nun musst du mir etwas geben. Gib mir – nein, uns – deinen Namen.«

Juda schrieb in sein Tagebuch: »Sie war klug genug, darauf hinzuweisen, dass die Günstlingstruppe ehemaliger Freikorpsler und Kapp-Lüttwitz-Putschisten, Stahlhelm-Bündler und deren Sturm-Kumpel aus München mit ihren braunen Hemden, Reithosen und Armbinden, über die man immer häufiger in der Zeitung las, uns vielleicht weniger zusetzen würden, wenn sie mir als Joachim begegneten. Ihr Vorschlag war es also, ›das schwach klingende Juda‹ auszutauschen und mir mit dem neuen Namen Sicherheit zu verschaffen, ohne dass es mich viel kosten würde.«

»Außerdem«, argumentierte sie, »der Ursprung des Namens Joachim ist auch biblisch, nicht wahr?«

Er diskutierte dieses Argument mit einigen welterfahrenen Männern im Zooviertel. Der Name sei tatsächlich hebräischen Ursprungs, sagten sie, der Name eines Königs von Juda. Doch sie verschwiegen ihm, dass König Jojakim ein schlecht beratener Herrscher war, unfähig, sich an die sich wandelnde Welt anzupassen. Sein Sohn Jojachin war noch unfähiger und endete im Exil in Babylon. Doch Propheten der Apokalypse waren damals im Neuen Westen immer noch selten.

Juda fragte seine beiden Brüder per Brief um Rat. Der eine war Arzt in London, der andere Apotheker in Bern. Beide hatten, ohne zu zögern, bei der Hochzeit ihre Namen geändert.

Der Bruder in London antwortete kurz und bündig: »Grübel nicht so viel, tu es einfach!« Sein anderer Bruder vertraute ihm an: »Ich lasse gar keine Juden in mein Haus, weil es meine Frau verärgert.«

Er bewahrte beide Briefe in seinem Tagebuch auf, wie ein Verteidiger, der seinen Fall vorbereitet.

Er vereinbarte also einen Termin im Rathaus Charlottenburg und unterzog sich der notwendigen Prozedur zur Namensänderung. Eines ärgerte ihn allerdings: Er würde im Büro der Ingenieurgesellschaft einen neuen Mitgliedsausweis beantragen müssen, obwohl er seinen doch gerade erst erhalten hatte.

Als er nach Hause kam, fand er Else im Speisezimmer. Sie besserte das Stickbild aus, das ihre Mutter ihnen zur Hochzeit geschenkt hatte: Sie ersetzte das »Beklage nicht« durch »Beklage nie«. Neben ihr stand das Telefunken-Radio auf einem runden Holztisch. Das Gerät war stämmig und schwarz, und die gelblich leuchtende Anzeige versprach, elektromagnetische Wellen auch von so entfernten Orten wie Paris und Petrograd in die Schillerstraße zu bringen.

Else hörte eine Musiksendung; gerade lief der letzte Schrei aus Amerika und Polen: *The Jewish Ragtime*. Gala Lititha vom Revue-Theater in Warschau gurrte »Oy vey, ich bin azoi farklemt!«. Else sah von ihrer Handarbeit auf und fragte ihren Jiddisch sprechenden Mann leise, was das bedeutet.

»Vollbracht!«, sagte er, ihre Frage ignorierend. Seine Stimme übertönte das Radio. »Es ist vollbracht!«

»Die Namensänderung«, erriet sie.

Er legte seinen Hut auf einen Stuhl, blickte in den Spiegel, strich sich sein pomadisiertes Haar glatt, rückte seine Brille gerade und starrte sie aus seinen granitfarbenen Augen an.

»Joachim?« Sie spürte dem neuen Namen auf der Zunge nach, ließ ihn an Zähne und Lippen stoßen.

Das, was nun geschah, notierte Joachim in seinem Tagebuch, in ordentlicher Handschrift:

Es fühlte sich an, als beobachtete ich mich selbst, als sähe ich dabei zu, wie ein umbenannter Mann seine konvertierte Frau mit beiden Händen packte. Die Person wusste, was er hätte tun sollen, um die Spannung abzubauen, konnte sich aber nicht rühren. Also schlug die Frau halbherzig vor, dass sie ins Schlafzimmer gingen. Völlig entkräftet stand ich einfach nur da. Dann hatte Else eine Idee. Sie gab mir ein Zeichen, ihr zu folgen, und öffnete die schwere Holztür zum Herrenzimmer. Wir fielen auf den gebohnerten Boden. »Und nun?«, fragte der seltsame Mann mit meiner Stimme.

Ich sah ihn vor mir, schäumend vor Wut. Auch der letzte Rest Freundlichkeit, den er so angestrengt in sich gesucht und in ihr gemeinsames Leben gegossen hatte, wurde hinweggespült von einem zähen Fluss. »An der Wurzel meiner Wirbelsäule brannte etwas und schickte eine warme, trockene Hand an die Stelle, die seine Männlichkeit darstellen sollte. Dann griff sie nach dem Ansatz meines Hodensacks. Aber mein Körper fauchte Ablehnung; meine Beine waren taub. Else half mir sanft, und ich nahm all meine Kraft zusammen, packte meine Frau um die Taille und zog sie auf die Beine. Dann deutete sie entschlossen und schweigend auf die schwere Anrichte, wo das Radio stand. Sie war bereit, aber man konnte nicht verlangen, dass sie für immer warten würde, o nein! Ich öffnete meine Hose. Aber da war immer noch keine Kraft, keine Energie. Ich hielt sie fest, versuchte, ihren Rock und ihre Unterwäsche mit einem Ruck von ihr zu reißen. Die Kleidungsstücke waren gut gearbeitet und hielten an ihrem schlanken, aber robust gebauten Körper. Er war stärker als meiner.

An der gegenüberliegenden Wand brannte eine Lampe in Thermometerform. Deutsche Manufaktur. Irgendein einfaches, künstliches Industrieprodukt hat mehr Kraft als der dürre Schlauch zwischen meinen Beinen, der doch von der Natur und dem Allmächtigen höchstselbst gemacht wurde.

Das Telefunken-Radio knisterte süßlich: »Was kann der Sigismund dafür, dass er so schön ist? Der Sigi ist nun mal ein süßer Kavalier!«

Else zog sich aus, lehnte sich an die Anrichte und hob ihren Po. Joachim war überall steif, nur nicht dort, wo er es sein sollte. Er versuchte, sich zwischen den langen Frauenbeinen zurechtzufinden. Vergeblich.

»Doch mit einem Mal tat sich etwas Bizarres in meinem Inneren. Und ich hatte Elses Inneres vor Augen, voller Glühdrähte, Induktionsspulen, Heizungsrohre und Stromabnehmerwagen und Doppelstromabnehmerwagen und das, was durch sie laufen sollte und wie. Und schließlich war ich ein wenig erregt.«

Else leckte an ihren Fingern, legte ihren feuchten Daumen und Zeigefinger um sein schlaffes Glied, zog sanft daran und führte es an die richtige Stelle. Sie bewegte es so lange hin und her, bis er irgendwie in ihr war. »Es fühlte sich gut an, ich stellte sie mir vor, gemacht aus Drähten und Stromkreisen und Dichtungen, gehüllt in zischende Dämpfe und summenden Strom. Es funktionierte! Ich erinnerte mich an eine Definition, die ich an der Universität gehört hatte: ›Geräte, die gebundene lineare Bewegung verschiedener Ladungen zwischen zwei Teilen ermöglichen.‹ Das war der Kick.«

Da er fürchtete, der Effekt würde nicht lange anhalten, bewegte er sich eiligst und drang mit nervösen Zuckungen in seine Frau ein. Aus ihrem Mund entwich ein kleiner Schrei.

Dann waren alle Leidenschaft und alle Dringlichkeit wieder dahin.

»Es war nicht so machtvoll verlaufen, wie ich erhofft hatte, wie ich es erwartet hatte«, notierte er. »Unser – mein – erster Geschlechtsverkehr verlief, ohne dass ich überhaupt sagen könnte, ob ich ejakulierte oder nicht. Wäre dies die Präsentation eines Prototypen, hätten meine Vorgesetzten bei AEG mich wahrscheinlich entlassen«, schrieb er in sein Tagebuch. Das Wort »Zärtlichkeit« kam nicht vor.

Er gestattete Else den Kauf von zwei Dosen Nivea-Creme, um die sie gebeten hatte, damit sie die blauen Flecken behandeln konnte, die er ihr zugefügt hatte. Erstaunt darüber, dass er sie so hart angefasst hatte, stammelte er: »Nun, ja, bitte sehr.«

Später kritzelte er auf einen Zettel die Überschrift eines wissenschaftlichen Artikels: »Anwendungen des Kommunizierende-Röhren-Prinzips auf dem Gebiet der Romanze, die in die Hose gegangen ist«.

Ihm war ein wenig schwindelig, und er ging in die Küche und goss sich ein Glas Wasser aus der Porzellankaraffe mit den Rosen ein. Dann brachte er ihr ein Glas und benetzte reuevoll ihre aufgeplatzten roten Lippen mit Wasser.

»Habe ich das getan?« Er fand selbst, dass es sich zu nüchtern anhörte.

»Es ist schon in Ordnung. Mir geht's gut«, sagte sie. »Du warst nicht wirklich hier.«

Sie saß schweigend auf dem Boden, an die Anrichte gelehnt, und betrachtete ihre Umgebung durch das Wasserglas.

Seine Hand streichelte über ihre blauen Flecken.

»Ich schämte mich, natürlich«, notierte er später, »und da ich noch einen Stapel Einführungsschreiben der AEG zu lesen hatte, hielt ich es für angeraten, in mein Arbeitszimmer zu gehen. Auf dem kurzen Weg dorthin fragte ich mich, ob ich meiner Frau wirklich ein blaues Auge geschlagen hatte. Dann lief ich zu ihr zurück.«

Er weinte. Sie nicht. »Sag es einfach«, murmelte sie, dann lauter: »Sag es!«

Er hob den Kopf und sah aus dem Fenster. Ein Zeppelin mit einem Werbebanner zog vorüber: »Trumpf-Schokolade«.

Er fragte sich, wo wohl der alte Buchhändler aus Tschenstochau inzwischen sein mochte. Wie hieß noch mal der Krimi, den er als junger Bursche so gemocht hatte?

Er öffnete die Anrichte, zog ein braunes Notizbuch heraus und schrieb: »Schokolade ist dicker als Blut: Wie und warum ich von Juda zu Joachim wurde.«

Er wandte sich seiner Frau zu und stellte sich vor: »Joachim Hellberg, Diplomingenieur.«

Hoppe, hoppe, Reiter

Da wären wir also: Mein Urgroßvater begann mit dem Tagebuchschreiben, nachdem er seiner Frau wehgetan hatte und dabei Fantasien von geschlossenen Stromkreisen im Kopf hatte.

An dem Tag war meine Großmutter gezeugt worden.

Jedes Wort von Urgroßvaters Niederschrift, das ich bisher gelesen hatte, war in der Rückschau geschrieben. Es entsprang alles aus einem analytischen und angespannten Geist, während er einen tiefen Identitätswandel durchmachte. War es nun Juda – oder Joachim, der seine Erinnerungen zu Papier brachte?

Ich musste eine weitere Schicht des Tagebuchs freilegen. »Meine Frau wurde sehr schweigsam nach dem Tod ihrer Schwester. Oder vielleicht sollte ich sagen: Sie teilte die Dinge nicht mit mir. Ich meine, sie sprach zwar mit mir – aber es ging um äußere Belange. Sie setzte sich weniger mit ihrer Umgebung auseinander; vielmehr zählte und ordnete sie sie. Und da war noch etwas: Sie trug fast immer den blutigen Schal ihrer Schwester. Aber eines Tages fand ich den Schal im Bett.«

Vor dem letzten Wort in der Zeile war eine tiefe Kerbe eingezeichnet. Und in dieses V-Zeichen war eine Ergänzung eingesetzt, um mehr Klarheit zu erreichen: »Baby…« Der Schal beendete seine Lebensreise in einer Wiege.

Else erzählte Joachim nicht, dass sie ein Kind erwartete, auch nicht, als der berühmte Frauenarzt Dr. Zondek nach der Untersuchung bestätigt hatte, was sie längst wusste. In ihrem Leib spross neues Leben, aber sie wusste nicht, wie sie es Joachim sagen sollte. Worte würden nicht ausreichen, nicht bei ihm.

Stattdessen legte sie eine Puppe in einen Kinderwagen, den sie bei einem verschlagen aussehenden Galizier gekauft hatte, der sich bis zum Savignyplatz gewagt hatte. Der Mann schwor, der Kinderwagen habe einst einer russischen Adelsfamilie gehört und sei somit von höchster Qualität. Der Griff, schwärmte er, sei aus holländischem Chrom, der Sonnenschirm aus ägyptischer Baumwolle und die gummibereiften Räder aus bestem Akazienholz. Else bezahlte mit einem Korb voller Zweihundert-Millionen-Mark-Scheine.

Als Joachim von der Arbeit nach Hause kam, hatte er große Neuigkeiten für seine Frau: Er hatte ein Angebot erhalten, an einem neuen Ausstellungszentrum in der Oranienburger Straße mitzuarbeiten. Die Firma wollte dort ihre ganze innovative Kraft zur Schau stellen. »Neue Versionen alter Designs werden nicht gefeiert.« Sein Chef hatte Joachim in die Rippen gepufft, als er ihm das Angebot unterbreitete. »Wir werden nur absolut neuartige Dinge ausstellen.« Joachim fühlte sich durch und durch neuartig, vor allem, seit er seiner Frau und sich selbst geschworen hatte, sie nie wieder zu verletzen.

An jenem Abend, nach dem Essen und nachdem ihm seine Frau kühl und methodisch zu seinem Durchbruch bei der Arbeit gratuliert hatte, entdeckte er auf seinem täglichen Weg zwischen dem weißen Küchentisch und dem Sessel im Herrenzimmer den Kinderwagen. Deutlich sichtbar stand er unter dem schmutzigen Fenster.

»Was ist das?«, fragte er knapp. Er bekam keine Antwort. Noch einmal: »Was ist das?«

»Mazel Tov«, sagte seine Frau und schaukelte den Kinderwagen und die blonde, blauäugige Puppe darin. Joachim gefiel weder der Kinderwagen noch die Puppe. Doch er protestierte nicht und hoffte darauf, dass Muttermilch süßer sei als die Laune einer Schwangeren. Außerdem waren sie noch immer mitten in einer Art Flitterwochen, und er wollte seine Frau nicht verärgern. Also summte er ein »Herzlichen Glückwunsch« und lächelte bemüht.

Das kleine Mädchen kam auf der Entbindungsstation des neu erbauten jüdischen Krankenhauses in Gesundbrunnen zur Welt. Sie nannten es Jutta, weil Joachim darauf bestand. Er schrieb nicht, ob er sich mit dem Namen auf die biblische Judith bezog, eine geschickte Verführerin, die den assyrischen General Holofernes enthauptete, oder auf den Stamm der Jüten von der Halbinsel Jütland, die wiederum der Legende zufolge auf die Jöten zurückgehen, kriegerische Riesen der altnordischen Mythologie.

Juda Hellberg jedenfalls schrieb seinen Eltern und teilte ihnen die frohe Botschaft mit: »Die Geburt des kleinen Mädchens war leicht. Ihr Haar ist dünn und hell. Ich bin dieser Tage sehr beschäftigt mit der Planung der Produktausstellungen und Sonderlehrschauen für AEG. Ich habe also nicht viel Zeit für Mutter und Kind, doch ich glaube fest an die Kraft meiner Frau.«

Einige Wochen später lag der Umschlag wieder im Briefkasten der Hellbergs, versehen mit dem Vermerk »zurück an den Absender«. Als Grund war angegeben: »Empfänger verweigert die Annahme.«

Else kam nicht in den Genuss von Zufriedenheit. In seinem Tagebuch beschrieb Juda seine Frau als »niedergeschlagen, still, gereizt und müde«. Sie verspürte eine große Leere, die sie und das Baby umschloss. »Ich wusste nicht, ob das nur an etwas lag, das die Ärzte ›postnatales Stimmungstief‹ nannten, oder auch daran, dass sie erst kürzlich ihre Schwester verloren hatte, die wir trotz ihres manchmal leichtsinnigen Verhaltens alle sehr geliebt hatten und deren Gegenwart meiner Frau sehr gutgetan hatte.«

Trotzdem stillte Else ihr Baby konzentriert und gewissenhaft. Als Jutta noch nicht einmal neun Monate alt war, machte sie ihre ersten Gehversuche. Motorisch war sie anderen Babys voraus, gurren, lachen und sprechen konnte sie jedoch erst spät. Und selbst als sie endlich lächelte oder den Kopf schüttelte, »Wawa« und »Papa« sagte, so wirkte es immer aufgesetzt. »In gewisser Weise verhielt sie sich wie eine Puppe. Fast wie eine Marionette.« Was für traurige, verkorkste Vorfahren ich doch hatte, dachte ich, mal sehen, ob sie ihren persönlichen Rekord in Langstreckenreserviertheit brechen. Sonst werde ich es vielleicht tun.

Die Kleine wuchs und gedieh. Sie war zweifellos wunderschön, und zu Joachims Erleichterung sah sie sehr arisch aus mit ihrem blonden Haar, auch wenn ihre Augen leider braun waren. Sie zogen in eine größere Wohnung in der Lützowstraße, eine Gehminute entfernt vom Schöneberger Ufer und dem Landwehrkanal, nicht weit vom Potsdamer Platz. Joachim machte unaufhaltsam Karriere. Er erhielt einen Bonus für seinen erfolgreichen Entwurf eines neuen Schauraums und wurde außerdem auserkoren, seine Firma bei ausgewählten Projekten zu vertreten. »Lichtarchitektur« nannte man sie, erklärte er seiner Frau, die mit dem Finger immer wieder am Griff der Teekanne entlangstrich. Trotz ihrer ständigen Nervosität schien sie erfreut.

»Ich lachte beinahe laut heraus vor Freude, als mir mein Abteilungsleiter, ein Mecklenburger Aristokrat der alten Schule, mitteilte, ich solle den Entwerfern helfen, die Zement-, Stein- und Marmorfassaden der Theater, Kaufhäuser, Kinos und anderer öffentlicher Gebäude in Wasserfälle aus Feuer und Seen aus Licht zu verwandeln.«

Else, die tagtäglich völlig ausgelastet damit war zu stillen, kaputte Türgriffe und Jalousien zu reparieren, Glühbirnen auszuwechseln, Ingwerkekse zu backen und als Chefchocolatier zu fungieren, sah eines Tages eine Werbeanzeige für eine neue Dada-Retrospektive im Marmorsaal im Zoo. Sie brauchte Ablenkung von der Art, die das Bürgertum »stimulierend« und »authentisch« und »wild« fand. Es gelang ihr, Joachim zum Mitkommen zu bewegen, trotz seiner Vorbehalte gegen die Künstler, die in seinen Augen abartiges Gedankengut verbreiteten.

Sie nahmen sogar die stets gleichmütige kleine Jutta mit.

Joachim fand die Kunst ziemlich enervierend, vor allem ein Gemälde, das einen dicken Fabrikanten darstellte, der einem Präsidenten ins Ohr flüstert, während er mit kopflosen Bürokraten verhandelt. Er mochte Männer der Ehre, der Macht und des Fortschritts. Warum musste dieser Grosz einen Esel mit Scheuklappen auf den Tisch stellen?

Dann blieb er abrupt vor einer Skulptur stehen. Sie bestand aus einem schwarzen Torso mit einer Beinprothese aus einem Lampenfuß. Als Vagina diente ein Gipsgebiss. Eine hell leuchtende Glühbirne diente als Kopf. Die Brust war mit einem Revolver, einem Fleischermesser, dem Buchstaben C, der Zahl 27 und dem preußischen Schwarzen Adlerorden bedeckt.

Er überlegte, ob er sich nicht irgendeinen Orden kaufen sollte. Inzwischen gab es sie in vielen Geschäften: Auszeichnungen, Orden, Ehrenabzeichen; Kreuze, Sterne, Schleifen. »Bei Firmenanlässen trägt sie sowieso jeder«, sagte er laut. Jutta hörte aufmerksam zu, aber er bemerkte sie erst, als sie ein leises »Papa« vernehmen ließ. Er hob sie aus dem Kinderwagen, der einst eine stumme Puppe beherbergt hatte. Ingrids Schal lag inzwischen auch dort. Er wischte den Gedanken beiseite, sie könnte sich daran kuscheln.

Unwillkürlich murmelte Else: »Er will sich einen Schwarzen Adler holen? Du willst deine Brust mit einem preußischen Ritterorden zieren? Nenn dich doch gleich Joachim von Hardenberg, wenn du schon dabei bist, und führe eine berittene Kompanie den Ku'damm runter.«

»Hoppe, hoppe, Reiter«, sagte Jutta leise, unsicher, ob ihr Scherz ankommen würde.

Joachim sah seine Tochter mit versteinertem Gesicht an.

»Sieh hinauf!«, sagte er und hielt Jutta so hoch, dass sie die drei runden Kronleuchter an der Decke besser sehen konnte. Jeder von ihnen trug hundertvierundzwanzig Glühbirnen, die in sechs verschiedenen Winkeln auf den Außenringen der Lampen angebracht waren.

»Hier siehst du, wie die Wissenschaft Licht ins Dunkel bringt, mein Kind.« Joachims Stimme brachte sie zurück auf den Schachbrettboden des Marmorsaals. »Das hier ist Licht von Menschenhand, und Papa macht das auch!«

Jutta war fasziniert, doch zugleich fühlte sie sich unwohl auf dem Arm des Mannes, der ihre Mutter manchmal zum Weinen brachte. Seine Stimme war laut und rau. Sein Atem roch überhaupt nicht nach Milch. Das war der einzige Geruch, den sie von einem Erwachsenen erwartete.

Dann wand sich das Mädchen auf dem Arm ihres Vaters und erbrach sich, »fast schon herzhaft«, wie er später niederschrieb. Eine haferschleimartige Masse brach aus dem Mund des Kindes und bedeckte den Mantel und Anzug ihres Vaters mit einem warmen, zähflüssigen, süßlich riechenden Brei.

»Ich hatte den Verdacht, Else habe dem Kind zu viel Schokolade gegeben«, notierte er später angewidert zu dem Vorfall. »Ich wies sie sofort an, sie zu säubern.« Er selbst eilte in die grün gefliesten Räume der Männertoiletten.

Als er von dort zurückkam, seiner Ansicht nach immer noch ziemlich ramponiert, in ihren Augen makellos und langweilig wie zuvor, sah er seine Frau an und sagte: »So etwas darf nie wieder passieren!« Und so schrieb er es auch in sein Tagebuch, das »nie« mehrfach unterstrichen.

Ich wusste, welches Foto ich aus der Kiste ziehen musste.

Ein Fotograf, der sich vor dem Marmorsaal herumtrieb, hatte sie aufgenommen. Hinter ihren zu einem Lächeln verzerrten Gesichtern ist ein Werbeplakat zu sehen. Eine Köchin steht breitbeinig wie ein Wärter da und fordert: »An Zucker sparen, grundverkehrt! Der Körper braucht ihn, Zucker nährt!«

Es war keine geschmolzene Schokolade, die sich bis zum Erbrechen in Juttas Bauch angesammelt hatte. Sondern nahrhaft, nährend und natürlich: die Milch ihrer Mutter.

Die heimliche Taufe

Ich wandte den Blick wieder von dem Tagebuch ab und sah in die Kiste. Sie stand seit fast einem halben Jahr an derselben Stelle. Ich gab ihr einen Tritt. Das Ding rutschte gegen Karens runden Blumentopf, und im Inneren der Kiste fielen Unterlagen durcheinander. Ich öffnete sie. Unter Stapeln von Sparkassenscheckheften lugte ein psychiatrischer Bericht hervor, aus dem Jahr 1982, geschrieben in Münster. Nachdem ich die Kiste das erste Mal geöffnet hatte, hatte ich das Dokument wohlweislich vergessen. Ich zog den Bericht hervor. Ich sah die gestochen klare Schreibmaschinenschrift eines Therapeuten, der meine Großmutter untersucht hatte. Und ihre roten Schmierzettel.

Im Ganzen gab es immer noch zwei Versionen unserer Familiengeschichte. Da war das Tagebuch des Ingenieurs. Und da waren die Schilderungen meiner Mutter, Frau Dr. Goren, Biochemikerin. Ersterer zeichnete ein düsteres Bild der Familie. Die andere beschönigte fast alles, außer einem dunklen Punkt.

Nun war die Version des dunklen Punktes an der Reihe. Was hatte die verrückte Bibliothekarin aus Münster – ursprünglich als Jutta Hellberg bekannt – ihrem Psychiater erzählt?

Ich beschloss, mit den maschinengeschriebenen Seiten anzufangen. Ihre hinzugefügten Kritzeleien konnten erst einmal warten.

Den Aufzeichnungen entnahm ich, dass Juttas Mutter nach dem Vorfall in der Kunstausstellung nicht mehr stillen durfte – was nicht nur für ihre Tochter schwer war. Ihr Mann würde nie erfahren, dass sie so lange gestillt hatte, denn zum einen hatte sie die Stillzeiten auf seine Arbeitszeiten abgestimmt, zum anderen ihrer Tochter den Schwur abgenommen, nie etwas zu sagen. Zuerst hatte sie es in das Ohr ihres Babys geflüstert. Später, als Jutta verstehen konnte, was sie sagte, wiederholte sie immer wieder: »Wir erzählen ihm nichts, das ist unser Geheimnis. Versprochen!« Ein Finger legte sich auf die Lippen. Dann lasen sie gemeinsam Bücher und sagten Gedichte auf. Jutta hatte sich all das tief ins einsame Herz eingebrannt – Fabeln, Reime und feierliche Schwüre.

Dem aufwendigen Gutachten zufolge, das fünfundfünfzig Jahre später im Klinikum der Uni Münster erstellt worden war, hatte das Kleinkind Jutta seinen Eid mit einer Hingabe gehalten, der »einer Nonne würdig war, verstärkt durch Ehrfurcht erregende Geschichten über die Milchgrotte, wo Maria das Jesuskind stillte und ein Tropfen ihrer Milch auf den Stein fiel, der daraufhin weiß wurde«. Und wenn es einmal schwierig wurde, hatte Else immer eine Tafel Schokolade zur Hand, mit der sie jeden Aufstand unterdrückte. Sie nahm ein Stück zwischen ihre Lippen und näherte sich dem

Mund ihrer Tochter. »So hat Tante Ingrid, die jetzt ein Engel mit Flügeln ist, einst Mama gefüttert«, erklärte sie Jutta. »Wie eine Vogelmama, die ihr Vogelbaby füttert, ehe es wegfliegt.«

»Wer fliegt weg?«, fragte Jutta verständnislos.

»Niemand! Mein kleiner Grünschnabel hier fliegt niemals weg!« Der geheime Bund und das heimliche Stillen waren schwierig genug gewesen. Viel schwerer aber war es, das alles aufzugeben. »Für Else Hellberg war es der einzige Weg, die Nähe zu ihrer Tochter aufrechtzuerhalten und damit auch ein Stück von Joachim – und sogar von Juda – unter Kontrolle zu behalten, wenn auch indirekt«, stand in dem psychiatrischen Gutachten.

»Der Protestantismus, die Religion, in die Mama hineingeboren wurde, ist nicht so bedeutsam für uns«, flüsterte sie Jutta im Kinderzimmer ins Ohr. Sie ließ sie noch einmal zu »Hoppe, hoppe, Reiter« auf ihren Knien reiten und gab ihr dann eine letzte Dosis mütterliche Nahrung. »Mama war schon viele Jahre nicht mehr in der Kirche. Und sie ist konvertiert, um Himmels willen!« Else lachte und schaukelte Jutta heftig auf ihrem Schoß. Als das unvermeidliche »Plumps!« kam, ließ sie sie fast grob fallen. »Und diese Nazischurken machen in letzter Zeit zu viel Getöse«, sagte sie zu ihrer Tochter, die nun mit dem Kopf nach unten hing. »Wir wollen doch, dass Mama und Papa gut gelaunt sind. Also werden wir …«

»… Schokolade essen! Hohlfiguren für Kinder! Zu Ostern und Weihnachten! Schokolade macht glücklich und gesund!« Jutta gab sich alle Mühe, die Werbetafel wiederzugeben, die sie auf einem vorbeifahrenden Omnibus gesehen hatte.

»Ja, und noch mehr!« Else bestärkte ihre Tochter in ihrem Glauben an Laktose und Glukose. Ihr war, als spürte sie, wie sich die Luft unangenehm bewegte, als sich Joachim im Wohnzimmer in seinem ledernen Sessel rekelte, ohne etwas von dem Komplott zu ahnen.

Fünfeinhalb Jahrzehnte später grub Jutta diese Ereignisse aus den Tiefen ihres Gedächtnisses hervor. Sie erzählte ihrem Psychiater, wie Else eine ganze Woche lang Flaschen hinter den Kinderbüchern in der Bibliothek versteckt hatte, wo sie wusste, dass Joachim sie sicher nie finden würde.

Jutta beklagte den Verlust ihrer einzigen Trost- und Wärmequelle nicht. Sie wurde nur noch ein bisschen welker als sonst, ihr mattes Selbst noch matter. Warum Mama nun Flaschen füllte anstelle ihres hungrigen Mundes? Das ergab keinen Sinn. Else füllte so viel Muttermilch wie möglich ab und sagte immer wieder zu ihrer Tochter: »Nächsten Sonntag wirst du sehen. Bis dann: kein Wort zu Papa oder deinen Freundinnen im Kindergarten!« Nicht, dass Jutta Freundinnen gehabt hätte. Die Erzieherinnen wussten, dass sie isoliert und einsam war, doch sie erklärten es sich mit ihrem »besonderen Familienhintergrund«.

Eines Sonntagmorgens verließ Joachim wie sonst wochentags das Haus, um einen Mitarbeiter zu treffen und neue Pläne zu besprechen. Damit wollte er die Erfordernisse der Firma, also seine, besser erfüllen.

Else holte die drei Glasflaschen und eine braune Papiertüte hinter den Märchen der Gebrüder Grimm hervor, die Jutta immer so gar nicht gruselig gefunden hatte. Sie mochte Märchen von bösen Hexen und gemästeten Kindern sehr viel lieber als die Kinderreime, die ihre Mutter sie manchmal aufsagen ließ. »Äppelken, Päppelken, Hüppelken, Püppelken«? Was sollte das heißen? Jutta erinnerte sich daran, wie ihre Mutter eine weiße Emailleschüssel mit der Milch füllte, die sie eine Woche lang aus sich herausgedrückt hatte. »Das trinken wir nicht mehr. Aber wir machen was viel Lustigeres und Geheimeres damit als je zuvor. Komm näher!«, wies sie ihre Tochter an. Sie zog ihr das Kleidchen aus und holte aus der braunen Papiertüte ein weißes Gewand mit Spitzen und Bändern und einer weißen Haube. Sie hatte eine Weile suchen müssen, ehe sie eines fand, das groß genug war. Doch schließlich war sie bei einer Frau fündig geworden, die am Landwehrkanal stand mit einem Schild in der Hand. Es beklagte »Unsere Pleite – Ihr Gewinn«. Die Frau hatte nicht lang gehandelt.

Sie nahm Jutta an der Hand, legte wieder den Finger an die Lippen und flüsterte zu sich selbst: »Gibt es einen Gott oder nicht? Wird er mich hierfür bestrafen? Ich weiß es wirklich nicht, aber wer weiß es schon? Möge dies ein Symbol der Regeneration und Erlösung sein.«

Dann drückte sie Juttas Kopf über die Schüssel. Heilige Milch wurde gegossen, erst über ihren Hinterkopf und dann über ihre Stirn und das ganze Gesicht. Schließlich murmelte sie ein paar Verse, die sie aus Erinnerungsfetzen aus der lutheranischen Sonntagsschule zusammensetzte. Und noch einmal: »Erzähl niemandem etwas davon.« Ihr Kind nickte unterwürfig, doch dann drängte eine Frage aus dem milchigen Gesicht: »Was soll ich niemandem erzählen?«

»Von deiner Taufe.«

Im Alter von vier Jahren kam Jutta Hellberg ein zweites Mal zur Welt. Nun war sie eine Christin im Verborgenen.

»Ilan, komm schon! Du musst mitsingen!«

Laras Ruf von der Bühne aus ließ weder Diskussion noch Widerstand zu. Karen und ich waren gerade erst durch die verschlossenen Eisentüren von *Kim's Karaoke*, einer koreanischen Bar am Mehringdamm, hereingelassen worden. Draußen genossen die Menschen den ersten warmen Aprilabend und standen klaglos in der langen Schlange vor Mustafas Gemüsekebab, an deren Ende sie mit einem »Salat komplett mit scharfer Soße« und »Lass es dir schmecken« belohnt wurden.

Drinnen warteten sie dann ebenfalls geduldig, bis sie an der Reihe waren, vor einem Raum voller beschwipster Männer zu singen. Lara und Karen, die mich gerade zum zweiten Mal besuchte, waren die einzigen Frauen, und Niklas war der Einzige, der kein ausgewaschenes Jeanshemd trug. Erst als ich zu Lara auf die Bühne trat und mich bereit machte, einen noch nicht benannten Song zu singen, wurde mir klar, dass ein kleiner Bildschirm mit dem Songtext unsere einzige Unterstützung war. Hinter uns hing eine riesige Videoleinwand. Darauf wurden Alltagsszenen aus Seoul projiziert: Coole koreanische Straßenjungs tanzen in einem Klub mit blonden Faux-Hawks, das Wort *K-Pop* flammt immer wieder in Gelb und Türkis auf. Kesse koreanische Schulmädchen hüpfen auf Schulbänken und winken mit ihren karierten Mikroröcken und lilafarbenem Haar einem verstörten Lehrer zu. Ein koreanischer Junge und ein koreanisches Mädchen verlieben sich auf einem Skateboard und trennen sich vor einem Einkaufszentrum wieder.

Die drei Szenen wechselten alle zwölf Sekunden. Ich zählte mit.

»Was singen wir denn?«, keuchte ich Lara ins Ohr. Dann winkte ich Karen und Niklas zu, die uns aus ihrer roten Kunstlederkabine zulächelten.

»Etwas, was dir ganz bestimmt gefällt«, kicherte sie.

Im Hintergrund war die Szene mit den *K-Pop*-Jungs aus Seoul zu sehen, und ich ging davon aus, dass wir den Hit irgendeiner Boygroup singen würden.

Dann türmte sich auf unserem kleinen Bildschirm eine Liste mit Titeln auf. Erst blieb ein H stehen, dann ein A, und dann schienen vier Optionen auf:

Hard to say I'm sorry (Nummer 2402), Interpret: Chicago
Have I told you lately (Nummer 61609), Interpret: Rod Stewart
Have you ever been in love (Nummer 61155), Interpret: Celine Dion

Doch als ich Lara ansah, wusste ich, dass unser Song noch kommen würde. Es war Nummer 8850.

»Was ist es?«

»Entspann dich.«

Interpret: jüdisch.

Ein kleines Zählwerk erschien: 10 Sekunden, 9, 8 …

»Verdammt, Lara!«, brüllte ich zugleich in ihr Ohr und ins Mikrofon. »Das kann doch nicht wahr sein!«

7, 6, 5, 4 …

Sie strahlte gnadenlos: »Und wie wahr!«

Der Name des Songs: *Hava Nagila*.

Ich hatte einmal einen ehemaligen israelischen Politiker interviewt, der wegen Wahlbetrugs in Rumänien verurteilt worden war. Das Letzte, was er tat, ehe er seine fünfjährige

Haftstrafe antrat, war ein Auftritt in einer rumänischen Fernsehshow mit diesem unsterblichen chassidischen Hit. Wie leid hatte er mir damals getan – nicht wegen der drohenden Haft, sondern weil er seine Hymne als Dank für nicht existierende Sympathie darbot.

Ich jedenfalls war nicht mehr so peinlich berührt gewesen, seit man mich gezwungen hatte, vor einer Menge Jerusalemer Senioren Geige zu spielen. Bei der Gelegenheit hatte ich alle Hoffnungen meiner Mutter zunichtegemacht, dass ihr Sohn eine Karriere als klassischer Musiker anstreben würde.

3, 2, 1 …

»Hör mal, ich hab diesen Kitsch seit dem Kindergarten nicht mehr gesungen.«

»Ich auch nicht. Aber die Juden haben noch nicht genug gelitten.« Sie war gnadenlos.

0 …

Die ersten Zeilen des Liedtextes erschienen schon auf dem kleinen Bildschirm:

Hava nagila, Hava nagila, Hava nagila, venis mechah.

Irgendwie kamen wir durch.

Hava neranena, Hava neranena, Hava neranena, venis mechah.

Dann war es Zeit für den Refrain, und die koreanischen Jungs auf der großen Leinwand flippten total aus, als ich einen kleinen Tanz aufführte, sodass ich der Menge den Rücken zukehren konnte.

Uru, uru achim! Uru achim b'lev sameach.

»Eigentlich heißt es ›muchrachim‹, nicht ›uru achim‹«, flüsterte ich Lara zu und hoffte, meine Stimme würde von den Akkordeons und Klarinetten übertönt.

»Wir müssen glücklich sein!« Und damit war das Lied vorbei, und ich merkte, dass ich die ganze Zeit mit dem rechten Fuß aufgestampft und meine Arme in den Himmel geworfen hatte, so wie eine chassidische Tanztruppe. Die *K-Pop*-Jungs verschwanden von der Leinwand, und wir stiegen von der Bühne. Karen und Niklas jubelten uns großzügig zu, die Männer in den ausgebleichten Jeanshemden sahen weg.

»Das war gar nicht so schlecht, Baby. Ich bin stolz auf dich.« Karen berührte mich an der Schulter.

»Warum probierst du es nicht auch mal, Karen? Wie wär's mit *Das Modell*? Ein Meisterwerk von Kraftwerk, weißt du?«, schlug Niklas vor, und Lara nickte heftig. »Na los!« Er spornte sie an und gab ihr einen Schubs, und sie hätte es fast gemacht. Doch dann schob der Barkeeper zwei Mädels, die es gerade erst durch die schwere Eisentür geschafft hatten, an der Schlange vorbei und schickte sie sofort auf die Bühne. Wahrscheinlich sollte der *Hava Nagila* so schnell wie möglich vergessen werden.

Das Pärchen, das sich auf dem Skateboard verliebt, erschien auf der Leinwand. Der Titel des Songs: *Schöner fremder Mann*. Lara erklärte mir, dass es um einen gut aussehenden Ausländer geht, der eine andere hat und sie dann eines Tages verlässt. Karen schien nicht gerade begeistert.

Für die meisten Anwesenden, die den Vorfall mit dem jüdischen Interpreten überstanden hatten, waren die beiden Mädchen mit ihrem »nur in meinem Traum darf ich glücklich sein« höchst willkommen. Das Publikum verlangte so vehement nach einer Zugabe, dass sie noch einen Song zum Besten gaben, diesmal begleitet von dem Videoclip mit den kessen Schulmädchen. Interpret: Udo Jürgens, Songtitel: *Aber bitte mit Sahne*. Alle hatten einen Heidenspaß: »… und blasen zum Sturm auf das Kuchenbuffet, auf Schwarzwälder Kirsch und auf Sahnebaiser, auf Früchteeis, Ananas, Kirsch und Banane …« – zwanzig Biergläser schossen in die Höhe – »aber bitte mit Sahne …« Die Gläser krachten fröhlich zurück auf dic Tischc.

Wir johlten alle mit. Karen fiel beim zweiten »Aber mit Sahne« mit ein, und Niklas führte mich Schritt für Schritt durch die Angebote des Konditors. Ich lernte bei diesem koreanischen Karaoke mehr Deutsch als in zwei Monaten Integrationskurs und lachte mehr als in den gesamten letzten sechs Monaten.

Der Abend endete damit, dass Niklas mit erstaunlicher Gelenkigkeit etwas aufführte, das wahrscheinlich den Titel *Die Zuckerpuppe aus der Bauchtanztruppe* trug. Und mit einem Anruf auf meinem Handy. Es war mein Chefredakteur. Auch er fing plötzlich mit der Mami-Motek-Masche an.

»Hör zu, Motek, Mami, Chamoud. Gestern wurde ein Israeli in Polen verhaftet, okay?«

»*Suleika, Suleika tanzte auf mich los*«, gurrte Niklas, und der Chefredakteur zischte ins Telefon: »Was ist denn das für ein Lärm? Du lässt es ja mächtig krachen, was?«

»Na ja, das ist so ein Lied über eine Bauchtänzerin aus Marok…«

»Schon gut, schon gut. Jedenfalls besteht der Verdacht, dass er die deutsche Staatsbürgerschaft bekam, weil er behauptete, seine Eltern seien von den Nazis verfolgt worden. Wurden sie aber nicht.«

Da staunt der Vordere Orient …

»Sein deutscher Pass wurde bei einem Mord eingesetzt, den der Mossad in Abu Dhabi beging. Anscheinend haben sie so seine wahre Identität verschleiert.

Da staunt der Hintere Orient…

»Okay, ich soll also sofort nach Polen reisen. Da wurde er doch festgenommen, nehme ich an?«

»Genau. Sieh zu, ob du ihn finden kannst«, fasste mein Chef zusammen.

Und mancher Wüstensohn hat sie schon als Fata Morgana gesehn…

Er formulierte noch einmal neu, was er wollte. »Was du auch tust, wir brauchen auf jeden Fall einen schönen Livebericht vor seinem Gefängnis. Okay, Motek?«, sagte mein Chefredakteur.

»Aber was ist mit dem letzten Nazi in Deutschland?«, wandte ich ein in dem aussichtslosen Versuch, ihn zurückzuhalten. »Der Prozess beginnt übermorgen in München, erinnerst du dich?«

»Du bist echt süß mit deinen Nazis«, sagte mein Chefredakteur nachsichtig. »Aber ein Israeli, der einen Pass gefälscht hat, um als deutscher Tennislehrer durchzugehen und dann einen Palästinenser in der Golfregion zu ermorden, ist viel interessanter als ein Typ aus der Ukraine, dessen wahrscheinlich gefälschter Ausweis beweisen soll, dass er die schwarze Wachmannuniform getragen hat.« Damit war alles geklärt. Und Polen war natürlich ein interessantes Ziel.

»Elfriede, Elfriede!«, rief ich durch den Saal, denn die Zuckerpuppe aus der Bauchtanztruppe kannte ich aus Wuppertal!

Karen und ich ließen Lara und Niklas bei Elfriede und Suleika zurück, konnten aber kein Taxi finden. Also liefen wir eilig an Mustafas Kebab vorbei und die Stufen zur U9 hinunter. Ich hörte, wie sich der Zug aus Alt-Tegel näherte, und nahm immer vier Stufen auf einmal, selbst überrascht davon, wie schnell ich war.

»Tolle Show, Baby«, keuchte Karen, als wir eingestiegen waren.

Ich war in Gedanken schon bei meiner bevorstehenden Mission und rutschte unruhig auf meinem Platz herum. Ich begann die Lampen zu zählen, an denen wir vorüberfuhren. Vom Mehringdamm zum Halleschen Tor waren es einundvierzig. Von der Friedrichstraße zum Oranienburger Tor nur siebzehn.

Als wir die Schönhauser Allee erreichten, rannte ich von der Station nach Hause. Karen rannte mit. Ich glaube, sie lachte, oder zumindest versuchte sie, so auszusehen. Zu Hause rannte ich mit Laptop, Ladegerät, Kabel und Banane in der Hand herum. Aus meiner Hose hingen ein Kopfhörer und ein Zettel, den ich selbst geschrieben, ausgedruckt und als imaginärer Manager unterschrieben hatte und der mich als osteuropäischen Sondergesandten von Channel 10 News auswies, dem alle nötige Unterstützung vonseiten der polnischen Behörden zu leisten sei.

»Ich geh nach Warschau, ich finde einen Spion, here comes Warsaw town«, sang ich zur Melodie eines alten Songs von Nancy Sinatra. Ich nahm Karen kaum mehr wahr. Ganz kurz dachte ich darüber nach, was sie tun würde, während ich weg war. Bummeln gehen oder so.

Ich spürte die aktive Substanz in meinen Adern, die mich immer durchströmt, wenn ich im Aufbruch bin. Ich kam summend an ihr vorbei. »Baby, bei H&M ist großer Schlussverkauf. Da findest du sicher was Schönes.« Ich küsste Karen im Vorbeistürmen auf die Wange und versuchte gleichzeitig, mein Stativ einzupacken und meinem Redakteur eine beruhigende SMS zu schicken, so was wie »Ich bin an der Sache dran«.

Dann wurde alles langsamer. In Karens Augen glitzerte etwas. Sie weinte.

»Ich nehme mir frei, komme für vier Tage her, halte den Musikgeschmack deiner Freunde aus und trinke diesen sauren Rotkäppchen-Sekt, und jetzt fährst du nach Polen? Was ist los mit dir?«

Es ist mein Treibstoff, das ist es. Aber es war keine Zeit für Erklärungen.

»Sei doch nicht so polnisch!«

Ich küsste sie hastig auf die Wange, saugte ein paar Tränen mit meinen trockenen Lippen auf und hörte dabei die feierliche Erklärung meiner Mutter, die meine ganze Kindheit durchzogen hatte: »Die Ostjuden waren nie so kultiviert wie wir Berliner.«

Dann rannte ich aus der Wohnung.

Der furchtlose Sondergesandte

Ich stieg in den Berlin-Warszawa-Express, der den Hauptbahnhof um 6.40 Uhr verließ. Das Reisetempo war gemütlich. Wir überquerten die Oder und dann die polnische Ebene, wo die Windräder seltener und kleiner waren als in Brandenburg. Als wir um 12.15 Uhr Warschau erreichten, vergeudete ich keine Zeit damit, das Gefängnis zu suchen, in dem der israelische Agent in Haft saß. Stattdessen organisierte ich ein Treffen mit einem lokalen Experten, befragte ihn zu den Folgen des Zwischenfalls und nahm ein paar Liveberichte vor dem großen Einkaufszentrum direkt am Hauptbahnhof auf. Als Hintergrund war das Gebäude bedrückend genug.

Dann ging ich in das Einkaufszentrum hinein und ließ mich in der *Warshabi Sushi Lounge* nieder. Auf der Speisekarte prangten Porträts berühmter Persönlichkeiten der Geschichte Polens, die mit Photoshop in Fotos japanischer Gerichte montiert waren. Es gab Köstlichkeiten wie »Mischko-Miso-Suppe« und »Kazimierz-Kamikaze«, einen Cocktail aus japanischem Sake und polnischem Wisniowka-Kirschlikör. Ich bestellte einen. Er schmeckte nach Globalisierung.

Die *Sushi Lounge* hatte WLAN. Das war gut. Ich konnte den vorab aufgenommenen Livebericht (das heißt, er war vorher live, als ich ihn aufgenommen hatte) und das Interview gleich wegschicken. Ich verschlang zwei Sushikombinationen und trank zwei Lech-Biere (das Bier war seit der Kaczyński-Katastrophe in Polen wieder populär geworden). Erst dann war ich bereit, mich um meine Liebste – per E-Mail – zu kümmern. Ich schrieb: »Baby, ich liebe Dich mehr als jede Story über angebliche israelische Spione.« Auf meinem Laptop verfolgte ich, wie die Nachricht gesendet wurde. Die technische Abteilung des Senders hatte mir gerade erst einen neuen Rechner geschickt, der noch älter und klappriger war als der, der mich im Stich gelassen hatte. Aber meine Erschöpfung war verflogen. Heute Abend würde ich mein Mädchen wiedersehen, und alles würde gut sein.

Ich sprang um 16.15 Uhr in den Zug zurück nach Berlin und freute mich über Nachrichten von Shiri, vom zuständigen Redakteur und vom stellvertretenden Chefredakteur, die mir alle zu meiner tollen Arbeit gratulierten. Sie hatten das Interview mit einem polnischen Journalisten gesehen, in dem er Dinge gesagt hatte, die niemand in Israel zu sagen wagte. Wörter wie »Inkompetenz« und »operativer Pfusch« und »geschmacklose Entschuldigungen«. Er brachte etwas Licht in angebliche Aktivitäten des Mossad. Da er aber als ausländische Quelle galt, durften wir seine Aussagen senden. Dass ich ihm half, für alles Worte zu finden, hatte keine Auswirkungen auf die Legalität des Zitats. So hab ich es mir gedacht.

Zum Glück war es mir gelungen, während des Liveberichts das gelbe M an der Fassade mit meiner linken Schulter zu verdecken.

Ich kam gegen Mitternacht nach Hause und rief: »Baby, ich komme aus die Wuste«, aber ich erhielt keine Antwort.

Karen war weg.

Sie hatte mir eine kurze Notiz hinterlassen: »Ich hoffe, Du hast Dein Abenteuer in Polen genossen. Nächstes Mal fragst Du mich vielleicht, ob ich mitkommen möchte, selbst wenn es nur der Höflichkeit halber ist. Oder tu zumindest so, als wärst Du nicht glücklich darüber wegzumüssen. Ich bin heimgefahren, nach Israel, und Du solltest das auch erwägen. Ich liebe Dich, aber Du liebst Deine Arbeit mehr als mich.«

Ich trank zwei Gläser Killepitsch, den sie mir gekauft hatte, und fiel ins Bett. In mir brodelte die Nachwirkung von deutschem Likör, polnischem Wasabi und selbst fabrizierten Gewissensbissen. Aber all das half nicht gegen ein Gefühl der völligen Desillusionierung.

Das Telefon weckte mich um ein Uhr morgens. Ich hatte gerade geträumt, dass Karen und ich zu spät zu einer Party kamen, wo uns Suleika geduldig in einem Tenniskleid erwartete. »Ist das nicht großartig? Alles hier ist mit einer Canon EOS 5D Mark II gefilmt«, sagte ich, »das Bild ist so farbsatt und warm und der Fokus präzise und der Hintergrund unscharf. Wunderschön.«

»Satt, surreal«, artikulierten Karens Lippen. Sie wiegte die schicke Kamera im Schoß. »Sahnig.«

Dann durchfuhr mich ein konvulsives Zittern. Das Telefon.

»Ich brauch dich in acht Stunden in München, okay?« Es war die unschlagbare Shiri: »Kapara, Schätzchen, du hast doch hoffentlich nicht vergessen, dass morgen der Mengele-Prozess beginnt?«

»Was?«, murmelte ich. »Mengele ist doch in einem südamerikanischen Dschungel gestorben, oder?« Ich fragte mich, ob der Mossad den bösen Doktor in irgendeinem bayrischen Biergarten aufgespürt hatte.

»Jetzt stell dich doch nicht so an. Ich mein den anderen Typen, Demjanjuk, den Naziwachmann. Mach dich auf die Socken. Du musst rechtzeitig zur Sendung heute Nachmittag frisch und deutschlandkritisch sein. Und dann ist da noch die Vorabendsendung und die Hauptausgabe am Abend und die Nachtausgabe und der Radiobericht nach Mitternacht.« Dieses Mädel Anfang zwanzig hatte sich schon diesen väterlichen und zugleich genervten Ton angewöhnt, der als professionell gilt.

Die Suche nach Zugverbindungen und Flügen machte schnell klar: Es gab keine. So spät in der Nacht fuhren nicht einmal Busse.

In meiner Verzweiflung rief ich Omer an. Er bezeichnete sich immer stolz als Überlebenskünstler, was in seinen Worten bedeutete: »Wenn es Änderungen im Flugplan gibt, bin ich immer der Erste in der Schlange für ein Ersatzticket. Aber für einen Zug stehe ich niemals an. Ich fahre einfach mit dem Auto.« Diese Philosophie schien mir in diesem Augenblick recht vielversprechend.

Omer war wach – und so ideenreich, gerissen und bekifft wie immer.

»Mann, bin ich verpeilt. Ich hab gerade einen Monsterjoint geraucht.« Eigentlich sagte er das nur, um Zeit zu gewinnen und zu erraten, was ich von ihm wollen könnte. Ich hatte sofort den Verdacht, dass er vor der gleichen Herausforderung stand wie ich. Omer war ein ehrgeiziger Journalist, aber auch ein treuer Freund.

»Ich weiß schon«, sagte er, »du musst wegen der Prozesseröffnung gegen den alten Narren nach München, stimmt's?«

»Ja, kannst du mir einen fliegenden Teppich besorgen, der noch heute Nacht fliegt?«

»O nein, mein Sondergesandter«, sagte er mit seiner tiefen, sarkastischen Nachrichtensprecherstimme, die die unergründlichen Tiefen des Universums des geschriebenen Wortes vermittelte. »Unser furchtloser Sondergesandter wird nicht fliegen, er fährt mit dem Auto, in einer halben Stunde. Nach der Werbepause geht die Reise los.«

»Ist das dein Ernst?«

»Ja.« Omer wurde ernst. Nachdem er Anweisung erhalten hatte, über die Eröffnung des Naziprozesses zu berichten, hatte er sich sofort auf der Mitfahrgelegenheiten-Webseite eingeloggt. Diese einzigartige deutsche Erfindung, die den Freigeist des Trampens in einen gut organisierten Car-Sharing-Service packte, bot uns die Gelegenheit, mit jemandem namens Frank um Punkt zwei Uhr vom Rathaus Steglitz nach München zu fahren. Für zwanzig Euro pro Nase war er bereit, uns nach Bayern mitzunehmen.

Fünfundzwanzig Minuten später und zehn Grad kälter saß ich eng an Omer gekuschelt auf dem Beifahrersitz eines alten Jeeps. Frank, der dicke, weißhaarige Fahrer, glaubte so fest an die heilenden Kräfte von Lufterfrischern, dass er mit einem halben Dutzend Kiefernplatten versuchte, den Dieselgeruch im Wagen zu übertönen. Das Ergebnis war, dass es wie in einer Jagdhütte roch, deren Wände mit Harz und Diesel gestrichen sind. Der Geruch erinnerte mich an meine Militärzeit in Israel, wenn wir in klapprigen Gefährten mit heulenden mediterranen Volksliedern zugedröhnt wurden. Das waren die einzigen feindlichen Handlungen, denen ich in meinen drei Jahren bei der Armee ausgesetzt gewesen war.

Als wir nun in einem ratternden Jeep auf der A9 durch die Nacht fuhren, fühlte es sich wie eine düstere Wiederholung derselben Erfahrung an. Nur dass das Radio Heinos größte Hits ausspuckte (bis zur Ausfahrt Bayreuth) und dann Howard Carpendale (bis ans Ziel).

Sobald er merkte, dass er zwei israelische Journalisten zum Prozess eines mutmaßlichen Nazimörders fuhr, wechselte Frank zwischen Hintergrundgesang zu *Hello again* und einem langen politischen Monolog hin und her. Letzterer bestand vor allem aus den Worten »ich sag einfach«, »Ungerechtigkeit«, »Verfolgung«, »Hexenjagd« und »armer alter Mann«.

»Warum holen sie nicht gleich die römischen Kaiser aus ihren Gräbern und stellen sie vor Gericht, wenn sie schon dabei sind?« Frank jagte den ramponierten Jeep mit hundertfünfzig Stundenkilometern über die Autobahn. »Das wäre genauso sinnvoll, wie diesen alten Mann ins Gefängnis zu schicken.« Alarmiert sah ich zu, wie er beim Fahren eine Bierdose öffnete und Schaum über das ganze Armaturenbrett spritzte.

Ich nickte, als stimmte ich Franks Vergleich zwischen toten Cäsaren und lebenden SS-Männern zu. Omer war die meiste Zeit ruhig, aber sein Gesichtsausdruck – wie immer schwankend zwischen jammervoll und heiter – verriet, dass er der Aussage der Anklagebehörde folgte. Ich hatte ihn im Verdacht, nur aus Bequemlichkeit so zu tun, als sei er bekifft.

Er murmelte zwischenzeitlich mit seiner tiefen Nachrichtensprecherstimme auf Hebräisch: »Bleiben Sie dran, und sehen Sie einen schockierenden Bericht: Unser Sondergesandter hat im Osten einen Spion aufgespürt und ist nun auf dem Weg nach Süden. Unterdessen hat er seine Freundin aus den Augen verloren.«

Ich grinste und merkte, dass ich das nicht mehr getan hatte, seit Suleika in mein Leben getreten war.

Ich geh jetzt besser

Frank ließ uns beim Löwenbräukeller raus, unweit des Landgerichts, wünschte uns Glück bei »Ihrem« Prozess und fuhr in seinem Jeep davon. Er hinterließ eine Mischung aus Franziskanerbräu, Kiefern, ausgelaufenem Diesel, Hochherzigkeit und *Deine Spuren im Sand.*

Vor dem Gericht wimmelte es von Medienleuten, die sich alle für einen Tag im Circus Maximus der Naziprozesse bereitmachten. Auch Menashe Dudiakoff, der Nummer-eins-

Nazijäger der Welt, war da. Er war der beste, der bekannteste und der erfolgreichste in seinem Geschäft. Er war auch der einzige in seinem Geschäft. Die Zahl hochrangiger Nazis, vor allem derer, die noch frisch genug waren, um vor Gericht zu gehen, schwand rapide dahin, und ebenso schwand die Zahl der Nazijäger, bis nur noch Dudiakoff übrig war. Inzwischen waren die Jäger eine gefährdetere Art als die Gejagten. Ihn schien das nicht besonders zu stören. Im Gegenteil.

Er gab drei Fernsehteams gleichzeitig Interviews und warb für eine Initiative zum Aufspüren über neunzigjähriger Verbrecher, die den Namen »Operation Countdown« tragen sollte. Vielleicht hätten ihn die Staatsanwälte und Archivdirektoren weltweit nur als großmäulige Nervensäge wahrgenommen, wenn er sie nicht mit Mitteln zum Handeln gebracht hätte, die selbst Bewunderer von Jerry Seinfeld und Simon Wiesenthal nicht ungerührt ließen. Doch er war ehrlich, effizient und ziemlich witzig.

»Hi, Ilan«, sagte er, als die Kamera des französischen Teams, das seine Abenteuer dokumentierte, gerade mal nicht lief, »ein guter Tag, um einen weiteren letzten Nazi festzunageln, findest du nicht? Ich finde noch mehr letzte Nazis, du wirst schon sehen.«

Ich winkte ihm zu. Aber ich war mit den Gedanken woanders. Würde ich einen weiteren letzten Tag mit Karen haben? Davon hatte ich in letzter Zeit so einige gehabt, ohne ihr etwas davon zu sagen. Ich sah auf die Uhr. Acht Uhr morgens. Frank war schnell gewesen. Ich rief Karen an. Sie nahm ab, sagte aber nichts.

»Hallo«, sagte ich, »geht's dir gut?«

Verletztes Schweigen.

»Im Ernst, ich mach mir Sorgen um dich. Wo bist du? Du fehlst mir, und ich will mich bei dir dafür entschuldigen, dass ich so besessen bin von meiner Arbeit und darüber manchmal alle Gefühle vergesse.«

»Ich bin am Münchner Flughafen«, sagte sie. Sie klang müde. »Ich musste von hier fliegen, weil es keinen Direktflug von Berlin gab. Ich bin um drei Uhr morgens losgeflogen. Der nächste Flug nach Tel Aviv geht heute Nachmittag um fünf. Den ganzen Tag werde ich Tee trinken und dich hassen. Und das mache ich vielleicht auch noch in den nächsten Tagen.«

Sie hatte also letzte Nacht einen Flug von Berlin nach München gefunden und ich nicht. »Okay. Wir treffen uns in einem Café am Flughafen, dann können wir zusammen schmollen«, sagte ich und erwartete, für meine detektivischen Fähigkeiten und meine kavaliersmäßige Bereitschaft, ihr hinterherzulaufen, gelobt zu werden. Ich war zwar nur wegen der Arbeit hergekommen, aber es hätte ja romantisch sein können. Und das sollte doch wohl genügen, oder?

Und das tat es, zu meiner großen Überraschung. Ich konnte ihr wunderschönes Lächeln beinahe hören. Sie schien gar nicht mal so erstaunt zu sein, dass ich nach ihrem Verschwinden aus Berlin nun so plötzlich in München auftauchte. »Okay«, sagte sie, »aber komm bitte rechtzeitig. Ich werde nicht auf dich warten, weißt du?«

Aber sie würde doch warten, weil sie wusste, dass ich wahrscheinlich wieder einen journalistischen Auftrag hatte und wie zu jedem unserer Rendezvous zu spät kommen würde.

Es war nicht meine Schuld, dass der letzte Naziverbrecher zu spät im Gerichtssaal des Münchner Landgerichts eintraf.

Als er in einem Krankenhausbett hereingeschoben wurde, entpuppte er sich als ein sehr alter Mann mit einer großen schwarzen Sonnenbrille und einer kleinen blauen Kappe, die seltsam fehl am Platze auf seinem großen Kopf saß. Der Angeklagte war sorgfältig darauf bedacht, die Augen geschlossen zu halten und kaum hörbar »Ach« und »Ooohh« zu stöhnen, sobald eine Kamera auf ihn gerichtet war. Als der Richter dann die Kameras aus dem Saal verwies, schwatzte er voller Energie mit seinen Anwälten.

Nach Ende der ersten Verhandlung musste ich meine Berichte per Satellit nach Tel Aviv senden. Ich gab mir alle Mühe, ernst zu gucken und einen kritischen Blick auf die ganze Sache zu werfen, während neben mir Omer einen Germknödel verschlang und sich dabei an zwei lokale Medienstars heranmachte. Seine Fähigkeit, von der »historischen Verantwortung Deutschlands« zu sprechen und gleichzeitig einen Knödel zu verspeisen, schien sie zu faszinieren.

Irgendwie brachte ich die nötige Energie auf, über die Ereignisse des Tages zu berichten und mich zu fragen, ob nun der Gerechtigkeit dadurch gedient würde, jemanden ins Gefängnis zu schicken, dessen Schuld sich nicht im klassischen Sinne nachweisen ließ. Das Land urteilte mit dem Prozess auch über sich selbst und über die nachsichtige Behandlung Verdächtiger in der Vergangenheit. Ich hoffte vor der Kamera, dieser Prozess würde es sowohl den Deutschen als auch den Israelis ermöglichen, an eine gemeinsame Zukunft zu denken und nicht nur an die Vergangenheit.

Direkt nach der ersten Sendung erhielt ich einen Anruf. Ich wollte gerade das Gespräch mit den Worten »Bitte sag nicht Motek« eröffnen, was zugleich Abwehr und Stoßgebet sein sollte, doch mein Chefredakteur war diesmal voll des

Lobes: »Dein Bericht über diese deutschen Nazis war einfach gut. Gut gemacht.«

»Danke. Der Mann ist aber Ukrainer. Egal, meine Kamera macht komische Geräusche.« Ich konnte nicht widerstehen: »Ich glaube, sie gibt den Geist auf.«

»Na, dann hoffen wir mal, der alte Knabe wirft das Handtuch noch vorher.«

Ich ließ meinen zufriedenen Freund mit den beiden Journalisten im Löwenbräukeller zurück. Das französische Kamerateam, das über Dudiakoff berichtete, bot an, mich zum Flughafen mitzunehmen. Sie wollten als Nächstes nach Budapest fliegen, wo Dudiakoff seinen Erzfeind, einen ungarischen Satan im Ruhestand, treffen sollte. Allerdings starb der Mann, noch während das Team »Operation Countdown« in der Luft war.

Meinen Berechnungen zufolge kam ich gerade am Flughafen an, als Karen das Flugzeug besteigen musste. Ich zückte meinen israelischen Presseausweis. Mit ihm in der Hand rauschte ich durch die Sicherheitsabsperrungen und die Duty-Free-Läden. Freundliche Polizeibeamte und angesäuerte Parfümerieverkäuferinnen machten pflichtbewusst Platz.

Dann sah ich Karen, und die Faust machte sich wieder in meinem Magen bemerkbar. Sie stand am Flugsteig, sah mit müdem und gleichgültigem Blick auf mein schweißüberströmtes Gesicht: »Du bist also gekommen.«

Ich glaubte nicht, dass sie mir noch eine Chance geben würde. »Es tut mir so leid, wirklich«, keuchte ich. »Es war bescheuert von mir, so von dir wegzulaufen. Schon wieder.«

Sie sah mich prüfend an, schweigend. Dann nahm sie mich fest in den Arm, und ich spürte, wie ihre Wirbelsäule enttäuscht bebte. Wir küssten uns kurz. Gerade, als ich mich damit abgefunden hatte, dass sie ohne ein weiteres Wort im Flugzeug verschwinden würde, brach es aus ihr heraus: »Mein Liebster, das ist deine letzte Chance, zu dir selbst zu finden. Und zur Wirklichkeit. Das solltest du wissen. Aber ich geh jetzt besser.«

Sie wischte sich mit einem Lufthansa-Taschentuch übers Gesicht und drehte sich um. Sie ging durch den Tunnel zum Flugzeug, das schon voller Landsleute war. Ich sah sie vor mir, wie sie durch den engen Gang zwischen den Sitzen ging, umgeben von müden Urlaubern, die gerade das Oktoberfestmuseum und die Gedenkstätte Dachau besucht hatten und nun Tüten voller Lindor, Mini-Jägermeister-Flaschen und Marlboro-Stangen aus dem Duty Free umklammerten wie Rettungswesten. Das Flugzeug hob ab, und keine Katastrophe passierte. Abgesehen davon, dass Karen weg war.

Fünftes Kapitel

Laufen

Sommer

Wunderland

Der Begriff »Zwangsstörung« war an jenem Tag Ende Mai 1932 noch nicht üblich, als Else ihrer Tochter zwölf Stückchen Schnitzel verabreichte, von denen jedes drei Zentimeter breit und vier Zentimeter lang war, dazu zehn Löffel Erbsen und 115 Milliliter Apfel-Trauben-Saft. Dann wies sie Jutta an, auf ihr Zimmer zu gehen, wo sie allein mindestens sechsunddreißig Kinderreime aufsagen sollte. Sie ließ sie hoch und heilig versprechen, sich nicht von ihrem Stuhl zu rühren. »Ich fand es ein wenig seltsam«, schrieb Juda. »Aber Else sagte, sie wende einfach sichere und bewährte Prinzipien an, die aus einem Buch aus dem 19. Jahrhundert stammten, das ihre Mutter ihr hinterlassen habe. *Fehlerfreie Erziehung*. Was für ein seltsamer Titel. Aber ich wollte nicht eingreifen. Obwohl ich viel Zeit hatte, wurde meine Frau zu jener Zeit ziemlich eigensinnig. Und ich war ohne Beschäftigung.«

Else schloss ihre siebenjährige Tochter ein und verließ das Haus. Sie ging zum AEG-Haus am Friedrich-Karl-Ufer. Sie hatte eine Verabredung mit dem mürrischen Mecklenburger Aristokraten, der einst auf Anweisung von oben dem Oberingenieur Hellberg einen Bonus gegeben hatte, mit dem Else ihre Küche nach der neuen Frankfurter Mode einrichten konnte. Warum um Himmels willen wollten diese Leute seine Ingenieurskarriere nun beenden? Würde es helfen, wenn er nicht nur seinen Namen, sondern auch die Religion wechseln und vom Judentum zum Christentum oder gar zum Nazitum übertreten würde? Sie mussten doch rational sein, wenn nicht sogar großzügig.

Der schnurrbärtige Direktor erklärte ihr ernst und feierlich, er könne wirklich nichts tun, wenn es um Umstrukturierung ginge. Es ginge letztlich um effiziente Verwaltung, die sie sehr ernst nähmen. Sie solle nach Hause gehen und ihrem Mann sagen, weder sein Judentum noch seine beruflichen Leistungen hätten etwas damit zu tun, dass er als Einziger entlassen wurde. Er passe einfach nicht mehr, nun da die Firma umstrukturiert werden müsse. »Natürlich wissen wir, dass Herr Oberingenieur Hellberg seine Arbeit ausgezeichnet macht. Wir mögen Juda alle sehr.« Er war nun schon seit Jahren als Joachim eingetragen.

Sie wünschten Else alles Gute für die Zukunft und versprachen ihr lächelnd, ihr Mann würde von ihrem Besuch nichts erfahren. Auf dem Weg nach draußen ließ sie ein goldenes Kurvimeter von einem Schreibtisch mitgehen. Mit dem uhrartigen Gerät konnte man die Länge kurviger Linien messen, vor allem Straßen und Flussläufe auf Landkarten.

Die Chefsekretärin hatte es von dem Mecklenburger bekommen. Er hatte ein Herz auf der Rückseite eingravieren lassen. Sechs Jahre später würde der Galan der Sekretärin an der Plünderung eines Lebensmittelladens an der Torstraße teilnehmen – nur so aus Jux, denn eigentlich war er ein wohlhabender Mann – und dort den Tod finden, da ein Regal voller Aprikosen in Dosen umfallen und ihm das Haupt zerschmettern würde.

»Zu meinem 38. Geburtstag schenkte Else mir eine Ausgabe des *Völkischen Beobachters*«, schrieb Juda. »Es wurde dort der frühe Tod eines loyalen NSDAP-Mitglieds betrauert. ›Rache sollte man immer in Dosen verüben‹, hatte sie an den Rand des Zeitungsnachrufs gekritzelt.«

Doch das lag im Jahre 1932 noch in ferner Zukunft, und Else verspürte einfach den Drang, etwas Ungehöriges zu tun. Ein goldenes Messgerät zu klauen, dessen einziger Zweck es war, scheinbar Ordnung ins Chaos der Natur zu bringen, schien ihr dazu gerade richtig, wie sie später ihrem Mann gestand.

Noch ehe die Chefsekretärin ihren Verlust bemerken konnte, erhielt sie die Anweisung, den Diplomoberingenieur Hellberg in Steglitz anzurufen und ihn zu informieren, wenn er je wieder seine hysterische Frau schickte, um für ihn zu betteln, sähe sich die AEG leider gezwungen, die Behörden über solch unangemessene Störungen zu informieren.

Als Else nach Hause kam, das Gesicht gerötet nach der erlittenen Schmach und im Wissen des begangenen Diebstahls, las sie in Joachims ebenfalls rotem Gesicht und der Geste, mit der er die Brille abnahm, dass sie ein weiteres Mal betrogen worden war.

Doch wies sie ihre Tochter nicht an, aus dem Zimmer zu gehen. So sah Jutta zum ersten Mal mit eigenen Augen, wie ihr Vater mit ihrer Mutter abrechnete. Das Kind beobachtete voller Entsetzen, und zu ihrem Erstaunen auch mit einer gewissen Verzückung, wie Else von ihrem Ehemann gezüchtigt wurde: »Du bist eine Diebin«, krächzte er. »Und ich damit auch, wegen dir, stellvertretend. Du wirst dorthin gehen und es zurückgeben und dich bei diesen Bastarden entschuldigen.«

»Nein.«

»O doch.« Er fühlte nach der Schnalle seines Gürtels.

»Nein. Das sind Schweine und Unholde, die sich mit ihren braunen Hemden produzieren.«

Er öffnete seinen Gürtel und versuchte, seine Frau anzuschreien: »Tu, was ich dir sage, oder … oder … o…« Seine Stimme brach ab. Else rannte in die Küche und brachte ihm ein Glas Wasser, das sie ihm an den Mund hielt. Als er wieder zu Atem gekommen war, sagte sie: »Wir müssen raus aus diesem Land.« Der Dorn stach in seine Hand.

»Du hast recht.« Er ließ den Gürtel fallen und auch seinen Drang nach Gewalttätigkeit.

Else behielt das goldene Gerät. »Später verwendete sie es dazu, den Umfang eines Schnitzels oder eines Pfannkuchens zu messen und diese dann in präzise Stückchen zu schneiden. Und ich würde sie eins nach dem anderen essen, bis mein Teller blitzblank war«, erklärte Jutta 1982 ihrem Psychiater.

Als Joachims Demütigung verebbte, wurde das Mädchen angewiesen, den Mahagonitisch zum Tee zu decken.

Die drei versammelten sich um den Tisch. Joachim, der vom Dienst suspendierte Vorstand der Familie, wurde äußerlich wieder eingesetzt. Er erklärte, dass das Leben »in unserer Stadt dieser Tage schwierig sei«. Seine Frau nickte und kündigte an, dass sich alles ändern könnte und sie vielleicht bald in ein Land zögen, »wo der Sand golden ist und die Sonne heller scheint und die Nächte dunkler sind als hier und wo dein Vater elektrische Wunder erschaffen kann«.

»Wo ist dieses Wunderland?«

»In der Wüste«, sagte Else, und Joachim murmelte ein »tja«, das sowohl nein als auch ja bedeuten konnte.

Er sah sich verwirrt um. »Aber vielleicht bleiben wir auch hier. Oder wir gehen nach Westen.«

Das war es. Jutta wurde angewiesen, die Porzellanteller und das Silberbesteck abzuräumen, auf ihr Zimmer zu gehen und dort zu lesen und hausgemachte Schweinsöhrchen zu essen.

Else wusch wie jeden Tag nach dem Tee die Teller ab, trocknete sie einen nach dem anderen sorgfältig, untersuchte das Silberbesteck auf eventuelle Makel, polierte alles, was nicht perfekt glänzte, und nähte anschließend exakt fünfundsiebzig Minuten lang. Währenddessen las Joachim das Abendblatt und machte seiner Überzeugung Luft, die Journalisten seien alle Mäuse, die über Elefanten im Zoo und Schweine im Reichstag schrieben, anstatt über Wissenschaft, Technik und Fortschritt zu berichten. Sie hatte das dringende Bedürfnis, ihm mit ihrem liebsten Heine-Zitat zu antworten. Doch sie brachte nicht den Mut auf, es laut zu sagen:

Es gibt zwei Sorten Ratten:
Die hungrigen und satten.
Die satten bleiben vergnügt zu Haus,
Die hungrigen aber wandern aus.

In der Nacht aber, als er schlief, rezitierte sie es dann doch laut. Sie genoss den Geschmack jeder der bitteren Silben, die sie aus ihrem Mund in sein Ohr fließen ließ. Als sie ihm den Trank verabreicht hatte, öffnete ihr Mann die Augen und murmelte:

Volk und Knecht und Überwinder,
Sie gestehn zu jeder Zeit:

Höchstes Glück der Erdenkinder
Sei nur die Persönlichkeit.
Jedes Leben sei zu führen,
Wenn man sich nicht selbst vermißt;
Alles könne man verlieren,
Wenn man bliebe, was man ist.

Er setzte sich im Bett auf. »Goethe, *West-östlicher Divan.*« Dann tauchte er wieder unter die Decke. Es war eines der ersten Gedichte, das ihm jener Händler, der ihm die verbotenen Pamphlete verkauft hatte, vor fünfzehn Jahren in Tschenstochau beigebracht hatte.

Else wagte nie zu fragen, ob er sich in jener »Umstrukturierungsnacht«, wie er später die verzweifelten Stunden in der Dämmerung jener Nacht nennen sollte, bewusst ein Duell mit ihr geliefert habe. In seinem Tagebuch tauchte jedoch der Titel »Suleika, von J. W. von Goethe« am Ende des Eintrags an jenem Tag auf. Er wusste, was er im Schlaf sagte. Wenn er wach war, war es komplizierter.

Am nächsten Morgen stand er auf und verließ das Haus.

Joachim schleppte sich drei Tage lang durch die Straßen und betrachtete noch einmal alle seine Lichtkreationen. Hin und wieder murmelte er Worte wie »Schande« und »Schönheit«. Die Menschen wichen ihm auf der Straße aus. Sein maßgeschneiderter Anzug und seine handgearbeiteten Schuhe genügten nicht mehr als Tarnung.

Jeden Abend informierte er seine Frau telefonisch darüber, er würde »zu einem späteren Zeitpunkt« nach Hause kommen. Dann hängte er auf. Er schlug seinen Namen im Berliner Telefonbuch von 1931 nach und riss die entsprechende Seite heraus, nachdem er die Abkürzungen, die seinen Namen schmückten, mit den Fingerspitzen nachgezeichnet hatte: »Hellberg, Joachim, Dipl.-Ing., Obering., Steglitz, Kniephofstr. 10, G9 Albrecht 7598«. Er faltete die Seite sorgfältig zweimal und steckte sie in die Innentasche seiner Jacke.

Das säuberlich gefaltete Papier wurde später zwischen die Seiten seines Tagebuchs gelegt. Ich nahm es zur Hand.

Nach dem allabendlichen Anruf ging er seiner Hauptbeschäftigung nach: Er stellte sich vor dem Titania-Palast auf, seinem ersten und liebsten Kind als Lichtingenieur. Jeden Abend pries er lautstark seine Kunst: »Sehen Sie nur, in welch unglaublichem, fantastischem Licht das Gebäude erstrahlt!«, heischte er bei unwilligen Passanten um Beifall. Er erklärte, wie seine Arbeit die Stadt nachts in Kilowatt erstrahlen lassen habe, »um mit unserem geliebten Autor Erich Kästner zu sprechen«. Manche Leute spuckten auf den Gehweg und sagten etwas Finsteres, das Joachim an seinen echten Namen erinnerte. Doch er verscheuchte diesen Gedanken sofort.

Als Nächstes ging er zum Haus der Technik in der Oranienburger Straße. Dort, vor dem Schau- und Verkaufsgebäude der AEG, stand er, erfüllt von Bewunderung und Schmerz. Vor vielen Jahren war er Teil dieser Schöpfung gewesen, die die Rathenaus in die Welt gesetzt hatten. Doch nun waren die Rathenaus erledigt, und er, der noch vor vierundzwanzig Stunden für den Betrieb der Maschine zuständig gewesen war, war ein Stück Schrott. Im Alter von zweiunddreißig Jahren zeigten sich schon Rostflecken auf seiner Haut.

Hundert Meter weiter stand die Neue Synagoge mit ihren goldenen Kuppeln, Ehrfurcht gebietend und wehmütig, ein

Gebäude, das er nie besucht oder über das er auch nur nachgedacht hatte. Er sah es einen Moment lang an und dachte dann höhnisch, dort würde er sicher nicht hingehen, in dieses Riesenklotz! Er war immer noch besser als die, die den goldenen Märchen über den Allmächtigen auf den Leim gingen. Er war immer noch ein Mann der Fakten, und Fakt war, dass er sich sehr viel mehr für das Haus der Technik interessierte als für das Haus Gottes.

Die runden Gläser seiner Nickelbrille waren voller Regentropfen, doch er erkannte jedes Detail des Gebäudes, der Ausstellungsräume. Die dunklen, schweren Backsteine. Die großen Säulen und beeindruckenden Bögen. Die mächtigen Wände. Und die drei großen Buchstaben AEG.

Es war nicht kalt. Aber er zitterte. Und dann flüsterte er in die feuchte Frühlingsluft: »Gesamtfläche: 10 550 Quadratmeter, Anzahl der Ausstellungskabinen: 20, Anzahl der ausgestellten Gegenstände: 279.« Sein liebstes Objekt war der Elektroherd *CarniFix*, weiß und glänzend, der Stolz der Firma, der erste Herd, der je in Deutschland hergestellt wurde. Genau diesen verwendete seine Frau, um Sachertorte zu backen.

Er erinnerte sich an jenen Tag, als der Schauraum eröffnet wurde. Er hatte neben dem Vorstandsvorsitzenden der Firma gestanden, Felix Deutsch, der ihn »Joachim, unser junger Strommann« nannte. Deutsch war jetzt tot. Aber damals kochte der Mecklenburger Abteilungsleiter vor Neid. Er stand neben einem Maschinenmodell und hob sein Glas Sekt, studierte aber lieber die polierten Scheiben, einen Haartrockner und selbst die alberne Sekretärin mit ihrem albernen Kurvimeter, als zuzusehen, wie dieser triumphierende Bastard Deutsch umarmte.

Joachim betrat das Haus der Technik nicht. Es wäre närrisch, sich mit dem Nachtwächter anzulegen, den die neuen Nutzer angestellt hatten – NSDAP-Mitglieder, die erst kürzlich und praktisch umsonst Büroräume angemietet hatten.

Jahre später sollte das Zentralbodenamt der SS dort einziehen. Und Jahrzehnte später zogen dann künstlerischer geneigte Menschen ein und benannten den Ort in *Tacheles* um. Seine dicken Wände wurden mit Graffiti besprüht. Und auf irgendwelchen Websites ging das Gerücht um, Madonna liebe den Ort wegen seiner Spiritualität.

Joachim sah eine Frau, die sich nach Zigarettenstummeln bückte. Sie trug Dinge, die vor zwei Jahren hochmodern gewesen waren: eine sandfarbene Pelzboa, einen honigfarbenen, knielangen Faltenrock und echte Seidenstrümpfe. Nun wirkte sie wie ein Exponat aus einer Tierpräparationsausstellung. Er näherte sich ihr: »Guten Abend, darf ich mich vorstellen? Mein Name ist Joach…«

»Rauchen Sie?« Die Dame vergeudete keine Zeit mit Höflichkeiten und Anreden. Er bat sie zu warten und ging über die Straße zu dem Kiosk an der Ecke Auguststraße. Bei der AEG kursierten Gerüchte, man könne dort immer noch die illegalen österreichischen Zigaretten der Marke *Nil* kaufen, mit einem Hanfgehalt von acht Prozent. Und tatsächlich gab es für 1,60 Mark die sogenannten Orientzigaretten, auch bekannt als die Lieblingszigaretten der Bohemiens. Er erstand auch noch Streichhölzer für zwanzig Pfennige, »furchtbar überteuert, aber wer rechnet heute noch nach?«, wie er später notierte.

»Einmal im Leben kann ich es ja mal versuchen«, dachte Hellberg, als er die Straße wieder überquerte. Er zündete eine Zigarette für die Dame an und eine für sich selbst. Dann nahm er einen tiefen Zug. Er rezitierte laut:

Die Menschen drängen sich zum Lichte,
nicht um besser zu sehen …

Und sie ergänzte, ohne nachzudenken:

Sondern um besser zu glänzen.

»Tja, ich habe mal Nietzsche an der Mädchenschule da drüben unterrichtet«, erklärte die Zigarettensammlerin, als sie seinen überraschten Blick sah. Das alte Büchlein mit gekürzten Klassikern, das ihm der Händler in seiner Heimatstadt vor so vielen Jahren gegeben hatte, ließ ihn sonst jedes Zitateduell gewinnen. Die Dame zupfte ihre Boa ungerührt zurecht und fuhr fort: »Aber nun ist man arbeitslos, und Nietzsche wird in Beschlag genommen von Sie-wissen-schon-wem, und ich bin keine qualifizierte Lehrerin mehr. Alles hängt in der Luft, oder?«

»Ja«, murmelte er, »aber wir Berliner müssen … Ich meine, wir können mit der Situation umgehen, in einer Weise, die …« Sie warf ihm einen Blick zu, der ihm sagte, sie habe genug gehört. Er nahm sich noch eine der süßlich riechenden Zigaretten und gab ihr dann die Schachtel.

Den späten Abend bis zum frühen Morgen verbrachte er immer im Hotel *Esplanade*, wo er das Misstrauen der Concierge zerstreute, indem er ihr drei Tage Aufenthalt im Voraus bezahlte.

Er lag auf seinem Bett in der teuren Suite und ließ die Kronleuchter im Raum brennen, bis der Morgen anbrach.

Das große Radio, das er sich extra bestellt hatte, spielte Revuemusik, Swing und Charleston. Er überlegte, wie es sich wohl anfühlen würde, seine Hand in die Glühbirne im Inneren des Geräts zu stecken und den Strom in seine Venen fließen zu lassen. Er spürte eine nie gekannte Kälte in sich.

Nachdem er aus dem *Esplanade* ausgezogen war, fühlte Joachim sich ausgedörrt. Eine kleine Erfrischung in der polnischen Kneipe, die er in den glücklichen Tagen seiner Hochschulzeit so gern besucht hatte, würde ihn sicher aufheitern. Als er die Studentenkneipe erreichte, versicherte ein Schild an der Tür der Kundschaft, das Lokal sei »rein national«. Drei imposante Fahrräder und ein großer, schwarzer Mercedes standen im Halteverbot davor. Ein echtes Sturmlokal. Früher gab es hier koschere Matzeknödelsuppe. Unwillkürlich stieß er einen Seufzer aus, um den ihn seine moralistische polnische Mutter beneidet hätte. Gerüchten zufolge waren zwei kommunistische Reporter, die eines dieser Etablissements besucht hatten, sofort erkannt und bewusstlos geprügelt worden. Er schob die schwere Tür auf und trat ein.

Die Kundschaft, manche in sorgfältig gebügelten braunen Hemden, war tatsächlich rein nationalistisch. Ein Grammofon spielte *Die Wacht am Rhein*, und alle standen auf, grölten mit und verschluckten sich an ihrem Bier. Von der Decke hing eine Hakenkreuzfahne, und ein schmeichelhaftes Porträt von Herrn Hitler beobachtete das Gelage von der Wand herab. Ein Plakat verkündete: »Frei sei die deutsche Arbeit«. Zwei lebensgroße Puppen in Polizeiuniformen mit Schweinemasken waren die Hauptattraktion der Kneipe. Um den Hals trug jede ein Schild, darauf ihr Name in großen Buchstaben: Bernhard Weiß und Albert Grzesinski. Die Stirnen des Polizeivizepräsidenten und des ehemaligen Innenministers waren von je zwei Kugeln durchbohrt. »Gut, was?«, brüllte ein dünner, nervöser Mann mit Oberlippenbart und Armbinde in Joachims Gesicht. »Fritzl ist der Name.« Sie gaben sich die Hand. »Erlauben Sie mir, mich vorzustellen. Joach…«

»Ja, ja, angenehm etc.«, fiel ihm der Mann mit dem Hakenkreuz ins Wort. »Ich hab den Bernhard und den Albert selbst entworfen. Willst du wissen, warum es zwei Löcher sind und nicht nur eins?«

»Erklären Sie es mir«, antwortete Joachim ruhig und hoffte zu seiner eigenen Überraschung auf eine logische Erklärung.

»Weil sie zwei stinkende Seelen haben! Die Seele eines Polizisten und die einer Ratte. Kapiert? Nicht eine, sondern zwei Seelen, und so weiter! Verlassen Sie sich drauf, ich bin qualifizierter Entwerfer, mit Diplom!« Schaum sprühte aus seinem Mund.

»Verstehe«, sagte Joachim (oder war es Juda, oder der Oberingenieur Hellberg?). Er fühlte, wie es ihn mit aller Kraft von diesem Ort hinweg und nach Osten zog. Aber sein Zuhause war im Westen, und er war nicht bereit wegzugehen. Noch nicht.

Er musterte sein Gegenüber von Kopf bis Fuß und sagte einfach so: »Nu, schoin.« Der alltägliche Ausdruck entschlüpfte seinem Mund wie ein Tropfen Jiddischkeit und hatte an einem Ort wie diesem höchst explosives Potenzial. Er verdünnte die instabile Lösung schnell mit einem »Das werden wir schon sehen«, doch die Stimme versagte ihm beinahe. Der diplomierte Entwerfer und angehende Mörder musterte ihn mit erwachtem Interesse, doch ein neuerlicher

Ansturm der *Wacht am Rhein* sorgte für eine Generalmobilmachung unter den Zechenden. Der dünne Mann sang mit und vergaß sofort den brillentragenden Skeptiker. Hellberg war vor der Bloßstellung gerettet.

Abgesehen von diesem kleinen Zwischenfall schien sich niemand für seine Anwesenheit zu interessieren. Vielleicht war es das dunkle Glitzern in seinen Augen, ihr Schimmern und ihre Energie, die sich nicht allzu sehr von denen einiger führender Köpfe der Partei unterschieden. Seine rechte Hand zitterte, doch er bestellte ein großes Bier vom Fass und stürzte es rasch hinunter. Dann erklang eine fröhliche Melodie aus *Im weißen Rößl*, und alles war gemütlich, und alle waren zufrieden und sangen, begleitet von Paul Godwin, der eigentlich Pinchas Goldfein heißt, wie schön der Sigismund ist. Juda-Joachim verließ das Sturmlokal zehn Minuten später, das Hemd voller Bier, das er selbst über sich verschüttet hatte, was seine Wangen so rot werden ließ wie die Fahnen, die er so systematisch missachtet hatte.

Maikrawall

»Kracchhhhhh!« So vernebelt mein Bewusstsein in den frühen Morgenstunden des 2. Mai auch war, war ich mir doch ziemlich sicher, dass mich etwas am Kopf getroffen hatte. Doch seltsamerweise war das dabei entstehende Geräusch nur ein Rascheln. Das Projektil war eine Tüte Chips. Um genau zu sein: »Naturals, mit Meersalz und Pfeffer«.

Die Schönhauser Allee war sorgfältig beklebt mit »1. Mai – Nazifrei!«-Aufklebern. Ein Schleier aus Dönerrauch und Pfefferspray schwebte über der Hochbahn, ein letzter Überrest der Geschehnisse am Tag der Arbeit. Ich drehte mich zu dem kurdischen Späti um, vor dem sich kleine Kisten mit den ersten Himbeeren, Johannisbeeren und Erdbeeren der Saison stapelten. Von dort aus hatte mein Angreifer wohl gefeuert. Die Schlagzeilen der Boulevardpresse waren eindeutig wütend, das erkannte ich trotz brennender Augen und klingelnder Ohren.

»Krawalle auf unseren Straßen«, brüllte ein Revolverblatt. Und eine lokale Zeitung verkündete: »Doppelvorstellung außer Kontrolle – Matinee: Prenzlauer Berg, Abendveranstaltung: Kreuzberg«.

In meinen Augen ging es bei den Geschehnissen am Tag der Arbeit mehr um Mut und Kontrolle: ein kurzes Vorspiel fein abgestimmten zivilen Ungehorsams, gefolgt von geordnetem Chaos im eigentlichen Stück. Beide Vorstellungen waren laut, protzig, manchmal sogar nervenaufreibend, aber niemals außer Kontrolle. Natürlich wurden Flaschen zerschmissen und Kracher gezündet und Worte an Köpfe geworfen, doch nachdem die Sonne untergegangen war, kauften sich die meisten Demonstranten eine Fahrkarte und fuhren nach Hause. Auf dem Weg kamen sie vielleicht noch an einem Imbiss vorbei, wo »94,3 rs2 Der Supermix« lief und man Bushido und Sido rappen hören konnte: »Heute will ich mit Frauchen in ’nem Haus leben und gesund bleiben«, was zu dem Zeitpunkt der größte Hit von Berlins beliebtesten Rüpelrappern war.

Der einzige Zwischenfall, bei dem ich Zeuge roher und spontaner Gewalt wurde, trug sich zu, als Dave mit Pfefferspray besprüht wurde. Auf dem Heimweg von Kreuzberg waren wir müde vom Bergauflaufen und nahmen ein Kurzstreckentaxi. Der Fahrer, ein nervöser Typ, machte verächtliche Bemerkungen, als mein Nachbar Zwanzig-Cent-Münzen abzählte, um die erforderlichen vier Euro zu bezahlen. Als Dave endlich fertig war und wir gerade aus dem Taxi steigen wollten, meckerte der Fahrer irgendwas, die Luft war plötzlich voller Pfefferspray, und wir rannten niesend davon.

Der zweite, weniger ernsthafte Akt plötzlicher Brutalität in jener Nacht war der Schlag auf den Kopf mit einer Tüte Chips. »Unverfälschter Genuss mit natürlichen Zutaten«, raschelte die Packung.

»Was soll das denn?«, fragte ich Dave, der auf dem Rücken auf dem gepflasterten Gehweg vor dem kurdischen Späti lag. »Warum greifst du mich mit einer Tüte Chips an?«

Er hob langsam den Kopf von seinem Kissen, einem Sechserpack Beck's.

»Siehst du das nicht?« Seine Sherlock-Holmes-Mütze saß schief, aber sie war noch auf seinem Kopf. »Das ist alles, was ich noch habe. Und jetzt gehört es dir.«

Und damit war der Kampftag der Arbeiterbewegung praktisch vorbei.

Im Gegensatz zu meinem Urgroßvater habe ich nie den Mut aufgebracht, ein Sturmlokal zu betreten. Und das lag nicht nur daran, dass die Auswahl an rechten Bars heutzutage sehr viel kleiner ist als zu Zeiten meines Urgroßvaters. Im Gegensatz zu ihm konnte ich nicht erwarten, mich unerkannt unter die Gäste einer NPD-Kneipe zu mischen.

Zunächst einmal kam es für mich nicht infrage, meinen immer noch sehr ansehnlichen Haarschopf abzurasieren, um mich an den Skinheadlook anzupassen. Zu Hause beneideten mich viele meiner Landsleute stillschweigend um meine grau melierte Stirnlocke, die ich auf den Fernsehbildschirmen präsentierte, was mich nur darin bestärkte, sie noch länger wachsen zu lassen. Außerdem war ich nicht in der Lage, NS-Metal-Balladen wie *Jüdische Brigaden* von »Deutsch, Stolz, Treue« mitzusingen.

Mein üppiger dunkler Haarschopf und meine mageren Kenntnisse ultranationaler Lieder machten also einen Besuch der NPD-Kneipe in Alt-Treptow unmöglich. Vielleicht könnte ich den einen oder anderen dumpfen Skinhead davon überzeugen, dass ich Bulgare oder Rumäne sei, aber darauf wollte ich es nicht ankommen lassen.

Und abgesehen von all diesen Oberflächlichkeiten war die deutsche Gesellschaft einfach nicht meine Gesellschaft. Ich fühlte mich weder berufen, mich zu engagieren, noch zu protestieren. Das mussten die Deutschen schon selbst machen: brüllen, spotten, sie lieben oder eben hassen. Ihren ungenießbaren Elementen war ich nur einmal aus nächster Nähe begegnet, als ein schäumender Mob am Betriebsbahnhof Schöneweide auf den Bahnsteig der S9 geströmt war, gerade als die S-Bahn wegen einer Signalstörung nicht weiterfahren konnte (was normalerweise ein Euphemismus dafür war, dass Personal fehlte, der Etat gekürzt wurde oder jemand sich auf die Schienen geworfen hatte).

Der wütende Pöbel war aus dem Regionalexpress gestiegen, der irgendwo aus Brandenburg gekommen war. Die Gesichter der Männer waren ochsenblutrot. Ich musste auf demselben Bahnsteig wie sie auf die nächste Bahn warten. Einige hatten deutsche Schäferhunde dabei, und die Hunde wie auch die Männer bellten, ich weiß nicht, warum und was, aber ich konnte es mir ganz gut vorstellen. Das war das einzige Mal, dass ich mich so einem Mob stellte. Das heißt, wenn man es als »sich stellen« bezeichnen kann, ganz still neben einem Getränkeautomaten zu stehen, an einem Kinder-Bueno zu knabbern und zu beten, nicht bemerkt zu werden.

Die Dinge änderten sich allerdings, als die NPD beschloss, den 1. Mai in Prenzlauer Berg zu begehen.

Ich war mir ziemlich sicher, dass ich aus all dem ein reiches Mahl zubereiten konnte, das die zu Hause für ein halbes Dutzend Sendungen aufwärmen konnten. Der zuständige Redakteur des Tages klang jedoch nicht besonders begeistert. »Es ist doch Wochenende«, sagte er. »Die Leute wollen sich entspannen. Unruhen? Neonazis? Klingt ja ganz sexy, stimmt schon, aber nicht zusammen mit einer Geschichte über den neuen Touristenhit auf der Westbank: Chakra-Eröffnungs-Workshops in abgelegenen Siedlungen.«

Ich gab zu, dass das Freisetzen positiver Energien in den südlichen Hügeln von Hebron nicht weniger attraktiv sei als das Blockieren von Faschisten in Ostberlin. Wir einigten uns darauf, später noch einmal darüber zu sprechen, beide in der Hoffnung, die Dinge mögen so eskalieren, dass mein Bericht ein würdiger Gegenbericht zu dem über die Hippiesiedler würde.

Nachrichtenwert hin oder her, die Straßen waren so voller Energie an jenem Tag, dass ich einfach teilhaben musste. Omer hatte schon früh am Morgen berichtet, die ganze Bornholmer Straße sei mit Plakaten tapeziert, auf denen ein durchgestrichener Lego-Hitler und der Slogan »Berlin gegen Nazis« zu sehen waren. In der Gegend um die Schönhauser Allee herum klebten Aktivisten Transparente, auf denen Skinheads mit SS-Zeichen auf den rasierten Schädeln zu sehen waren und die Forderung »Nazis raus aus den Köpfen«. Es fühlte sich an, als bräche gleich ein Antifa-Woodstock im Kiez aus.

Dieser Teil der Stadt war bekannt als Bastion der Bürgerrechte und Zivilcourage. Der Ruf reichte zurück in Zeiten, als die Schönhauser Allee noch fünf Minuten von der Mauer entfernt war und nicht an jeder Ecke Baby-T-Shirts für siebzig Euro verkauft wurden. Bei der letzten Wahl zum Abgeordnetenhaus hatten im Bezirk 03 (Pankow), Wahlkreis 6, Stimmbezirk 609 nur 0,042 Prozent der Wähler – oder 7,3 Bürger – NPD gewählt.

Der einzige Mensch, von dem ich mir vorstellen konnte, zur Zielgruppe der NPD zu gehören, war der Aufseher des Waschsalons. Er hatte mir einmal, während er einem ratlosen Franzosen zeigte, wie man Maschine Nr. 7 zum Schleudern bringt, geklagt, in der Grundschulklasse seiner Tochter seien dreißig türkischsprachige Kinder und nur ein deutscher Muttersprachler – »und dann noch die Schwaben!«.

»Wer?« Von dieser Sorte Ausländer hatte ich noch nie gehört.

»Die Schwaben«, murrte er, »alle, die aus dem Südwesten Deutschlands kommen. Gute Heimkehr, kann ich da nur sagen.«

»Ich bin aus dem Südosten, glaube ich.«

»Also auch schwäbisch, aber von einer anderen Sorte.« Ich vermeinte den Anflug eines Lächelns wahrzunehmen, das er zu verbergen suchte, indem er seine Hände an seinem grünen Overall abwischte und irgendetwas Unverständliches brummelte. Das war die ausländerfeindlichste Äußerung, die ich bis dahin zwischen Torstraße und Schönhauser Allee gehört hatte.

Von der »8mm-Bar« an der Schönhauser Allee, wo die Expats saßen, über »Konnopke's Imbiß« mit seiner geduldigen Schlange lokaler Wurstjunkies, die amerikanische Bar »The Bird«, wo man Getto-Burger und Wodka bekam, und das »St. Gaudy Café«, dessen Gäste fast ausschließlich irische, australische und britische Expats waren, die ihre Hoffnungen auf Alben und Drehbücher und Filmprojekte mit dem besten Latte macchiato der Welt nährten, bis hin zu dem kurdischen Späti, wo man im Mai Himbeeren kaufen konnte – wir alle lebten das Berlin-Ding, bei dem es vor allem darum ging, es durch den Tag und das Jahr und das Jahrzehnt zu schaffen und dann vielleicht irgendwann zu entscheiden, was wir mit uns anfangen würden.

Östlich und südlich von uns, jenseits der Ringbahn, gab es natürlich Brennpunkte weniger friedlichen Zusammenlebens. Aber an jenem 1. Mai in Prenzlauer Berg waren die Anhänger der NPD zahlenmäßig eindeutig unterlegen und wurden außer Gefecht gesetzt. Nachdem sie auf ein abgezäuntes Gelände bei der Bornholmer Brücke gedrängt worden waren, wirkten sie ängstlich wie Wölfe in einem Gehege. In der Schule hatte man uns immer Filme gezeigt, in denen Holocaust-Überlebende von »diesen bestialischen Menschen« gesprochen hatten. Jetzt waren die Bestien eingesperrt, besiegt, ihre Augen voller hart erarbeitetem Zorn, ihre Stimmen heiser vom »Frei, sozial und national!«-Brüllen, ihre Hemden zerrissen oder voller neutraler Aufkleber, mit denen sie auf Anweisung der Polizei illegale Kreuze und Adler und NSDAs und Ps überkleben mussten. Sie waren besiegt. Antifaschisten mit schwarzen Kapuzen hatten auf den umliegenden Dächern Stellung bezogen. Tausende Demonstranten warteten hinter den Reihen der Polizei ungeduldig darauf, sie dorthin zurückzujagen, wo sie hergekommen waren. Fenster und Hauseingänge wimmelten vor

Opposition – die Leute brüllten, schlugen Töpfe und Pfanne gegeneinander und schwenkten rote, schwarze und Regenbogenfahnen. Und auch eine weiß-blaue Fahne wehte auf einem Balkon in der Paul-Robeson-Straße – ja, die mit dem Davidsstern. Sie wehte dort nicht aus Anstand oder politischer Korrektheit, sondern aufgrund ihrer Kraft als Instrument des Widerstands. Endlich einmal ärgerte unser nationales Wahrzeichen einen Deutsch Sprechenden aus einem guten Grund (das letzte Mal traf das zu, als wir Israelis die österreichische Nationalmannschaft 5:0 schlugen).

Meine Kamera war begeistert. Ich hoffte, meine Redakteure wären es auch, doch mein Gefühl sagte mir das Gegenteil, und ich bereitete mich auf die Niederlage an der Karrierefront zu Hause vor, während ich hier auf der Straße einen Sieg feierte.

Das alles geschah unter den Augen der Polizei und den Hubschraubern und Videokameras. Die uniformierten Männer und Frauen wurden von uns sterblichen Demonstranten gründlich beschimpft. In ihren Kampfanzügen und Schutzwesten und Helmen und gaben sie einander Zeichen und vollführten komplizierte Manöver, die sie aussehen ließen wie tanzende Cyborgs.

Doch ich kannte ihren Schwachpunkt. In meinem Portemonnaie warteten geduldig ein deutscher und ein israelischer Presseausweis. Plastikkryptonit. Als ich sie herauszog, schmolzen die Reihen der Supermannpolizei vor mir dahin und gewährten mir freien Blick auf die besiegten Jungs von der NPD. Mir – und Niklas. Er stand plötzlich neben mir, als ich gerade filmte, wie die Antifaschisten von den Cyborg-Polizisten vom Boden gezerrt wurden. Niklas behauptete gelassen, er hat Lust auf »mal sehen, was so abgeht«, aber ich hatte das Gefühl, Lara hatte ihn zu meinem Schutz geschickt.

Als ich sagte, ich wollte mit ein paar NPDlern quatschen, stellte er mich einem NPD-Neuling als italienischer – nicht mal rumänischer! – Korrespondent vor. Ich nahm pflichtschuldigst eine männlichere Haltung ein, das heißt, ich ging breitbeinig. Einer der festgesetzten jungen Kerle fragte mich, ob ich Berlusconi mag. Auf mein betontes »Si, regazzzzi!« kehrten sie mir alle voller Verachtung den Rücken zu, fast schon enttäuscht von meiner schlechten Darbietung. Sie sagten kein Wort mehr.

Also gingen wir weg und setzten uns auf eine Bank in der Schönfließer Straße, wo wir ein Club-Mate tranken. Ich schrieb Karen eine SMS: »Ich bin auf dieser unglaublichen Demo, ›Transformers‹ trifft ›Cabaret‹ trifft ›Schindlers Liste‹. Es ist klasse. Heute gewinnen die Guten. Kuss.«

Keine Antwort.

Ich schickte dieselbe Nachricht weiter an Lara, wobei ich noch ein »Gruess und vielen danke zum Niklas« hinzufügte. Woraufhin er sich erhob und nach Hause ging.

Dann sah ich Dave, der gerade hinter einer Polizeiabsperrung hervorkam.

»An wen schreibst du denn? Etwa dem tollen Bürgermeister?«

»Ich hab ihn noch nicht hier gesehen«, gab ich zurück.

»Der sollte sich blicken lassen! Der erlaubt den Immobiliengeiern, die Miete hochzutreiben und uns auf die Straße zu setzen!«

»Kommst du mit nach Kreuzberg? Vielleicht finden wir dort einen Krawall.« Ich dachte, das würde seinen Zorn vielleicht besänftigen.

»Gehen wir«, war seine knappe Antwort. »Die Schlacht ist noch nicht vorbei.«

»Okay.« Als wir zur S-Bahn gelangten, die trotz der Ereignisse planmäßig fuhr, hatte ich das beruhigende Gefühl, dass unser Kiez – *mein* Kiez – die Mittagsrunde durch K.o. gewonnen hatte. Aber diesen Gedanken behielt ich für mich. Wir hatten noch viel vor uns.

Ich bekam eine Nachricht. Von Lara, nicht von Karen: »Du musst nach Kreuzberg. Ich komme mit. In einer halben Stunde am Kotti.«

Auf dem Weg zur U-Bahn machte ich einen Stopp zu Hause und holte das Tagebuch. Ich war gern mit einem von Moms nachdenklichen Büchern in meiner Tasche unterwegs, aber heute schien mir Judas Text der geeignetere Begleiter. Ich steckte auch Juttas psychiatrische Beurteilung ein. Ich wollte wissen, wie die Hellbergs entschieden hatten, Berlin zu verlassen und nach Palästina zu gehen. Im Zug, während Dave neben mir sein Hasseröder schlürfte, begann ich zu lesen.

Das Lamm auf dem Radio

Else und Jutta waren sich einig, dass es natürlich sinnlos sei, dem Vater zu erzählen, was sie während seiner drei Tage langen Abwesenheit in der Schule erlebt hatte.

Zwei Mädchen hatten beim Völkerballtraining im Schulhof gestritten. Es ging darum, wer den roten Ball zuerst werfen sollte und auf wen. Eines der Mädchen verschränkte die Arme vor der Brust und sagte: »Ich spiele nie wieder mit dir!« Sie wandte sich an die anderen Kinder auf dem Schulhof, die aufmerksam zuhörten, und hob trotzig ihr Kinn: »Ich bin Nazi und du bist Jüdin, und mit dir sollte niemand spielen. Nicht einmal reden sollte man mit dir. Niemals! So!« Jutta erzählte ihrer Mama, dass sie die perfekte Lösung für die Situation gefunden hatte. »Ich sagte zu dem jüdischen Mädchen, dass ich auch ein echter Anzi sei, aber trotzdem noch mit ihr spielen würde. Wir sind doch auch Anzis, so wie alle, oder, Mama?«

»Nazis, die heißen Nazis!«, sagte sie mit einer Strenge, die nur eine echte Preußin aufbringen konnte. Doch dann lächelte sie und richtete das rot-weiße Haarband ihrer Tochter. »Denk nicht so viel über die Anzis nach, das verwirrt dich nur.« Damit verwirrte sie Jutta nur noch mehr.

Als Hellberg die Wohnung in der Kniephofstraße 10 betrat, rief er seine Frau und seine Tochter ins Wohnzimmer. Das Radio lief – Brüning verkündete irgendwelche Sicherheitsmaßnahmen. Hellberg fragte seine Frau nicht, wie sie und seine Tochter während der letzten Tage allein zurechtgekommen waren. Er faltete langsam die Hände über der Brust. Dann sprach er seine Zuhörerinnen an: »Was in dieser Woche passiert ist, geht niemanden etwas an, und niemand sollte davon erfahren. Verstanden?«

Else sah ihn schweigend an. Jutta sah nach unten, ihre Augen auf die Schuhe geheftet. Sie grub sich mit Blicken in den Boden. Konnte er irgendwie von dem Vorfall in der Schule gehört haben? Oder meinte er sein eigenes Verschwinden – und anschließendes Wiederauftauchen?

»Verstanden?« Seine Hand begann an der Gürtelschnalle herumzunesteln, und er beugte sich zu Jutta hinunter. »Halt die Füße ruhig. Wir sind hier nicht am Strand von Usedom.«

Sie gehorchte.

Der Vater drehte das Mädchen um, und sie lehnte gegen das Sofa. Tränen. Dann ein Schluchzen. Aber sonst unterbrach nichts die Stille.

Er wusste nicht, warum, aber er hegte schon geraume Zeit Misstrauen gegen das Mädchen. Er konnte es nicht abschütteln.

Der Gürtel knallte.

»Zwing mich nicht, das noch einmal zu tun!« Seine Stimme war schriller als die des Kanzlers.

Dann sagte Else: »Einmal ist genug. Sie wird es niemandem sagen.« Und das war es.

Hellberg zog seinen Gürtel wieder an, tätschelte den Kopf seiner Tochter und murmelte: »Na, na, da muss man doch nicht weinen.«

Brüning schwieg endlich und wurde ersetzt durch eine Sinfonie von Brahms. Jutta wischte sich die Tränen ab. Natürlich würde sie schweigen.

Nur manchmal wisperte sie, wenn sie es gar nicht mehr aushielt: »Vater, Mutter, Peter Schlemihls«, und beschwor damit die Fabel von dem Mann herauf, der seinen Schatten verkaufte und ihn nie wieder zurückbekam. Das jedenfalls erzählte sie ihrem Psychiater in Münster, als sie eine grauhaarige Frau war, die allein lebte und nur Elses Porträt im Wohnzimmer zur Gesellschaft hatte.

Für Else stand eines fest: Die Ordnung musste wiederhergestellt werden. Es durfte kein Vakuum geben, keine Leere. Joachims größte Erfindung, er selbst, war zersprungen, und wenn das bedeutete, dass sie Berlin verlassen und in ein anderes, bäuerisches Land gehen mussten, sei es nun Amerika oder Palästina, dann könnte Else gleich zwei Schritte unternehmen: erstens ihre Position als neue Führung der Familie stärken und zweitens ihn wieder Juda nennen.

Und das tat sie. »Juda Hellberg«, sagte sie zu ihm, als er gerade die Morgenausgabe des *Berliner Tageblatts* las. »Bitte gib mir die Zeitung.« Er grummelte, sein Name sei Joachim, doch er gehorchte. Sie beachtete sein Gegrummel nicht, faltete die Zeitung viermal, trug das ordentliche kleine Quadrat zum Ofen und verbrannte es sorgfältig. Alles ging in Rauch auf, von »Joseph Goebbels spricht im Rahmen des Reichstagswahlkampfes im Haus des Rundfunks in der Masurenallee (Charlottenburg) über das Thema ›Der Nationalcharakter als Grundlage der Nationalkultur‹« über die Premiere des proletarischen Films *Kuhle Wampe oder: Wem gehört die Welt* bis hin zu »Die Pilotin Marga von Etzdorf trifft nach ihrem ersten Langstreckenflug nach Tokio über 10 000 Kilometer wieder in Berlin ein«. Der Abendausgabe erging es nicht besser: Wieder faltete Else die Zeitung sorgfältig, doch diesmal zerschnitt sie sie mit ihrer Nähschere in kleine Schnipsel und spülte sie die Toilette hinunter.

Der ehemals angestellte Oberingenieur Hellberg zeigte keinerlei Verwunderung über das Verbrennen, Schreddern oder Wegspülen der liberalen Zeitungen. Solange er nur lesen und futtern konnte, war ihm jedes Vorgehen seiner Frau egal.

Aber auch sie schob die Entscheidung hinaus und suchte weiter ihr Heil in sinnlosen Vermessungsritualen.

Das goldene Kurvimeter wurde das Epizentrum von Elses ausgeklügeltem System aus Vorschriften. Sie festigte damit sorgfältig jedes kleinste Detail ihres Lebens, das noch ein Körnchen Flexibilität bot. Sie verwendete es dazu, den Umfang jeder halbierten Pflaume und jedes Apfels zum Frühstück, jedes Wiener Schnitzels und Schweinskoteletts und Ochsenschwanzes zum Abendessen exakt zu bestimmen. Jutta musste alles in einem speziellen Oktavheft aufschreiben und zusammenrechnen. Manche dieser Zahlen wusste sie für den Rest ihres Lebens auswendig.

Am Vorabend des 31. Juli holte Else aus dem Kinderzimmer eine Kiste mit Handpuppen und stellte sie im Herrenzimmer auf den Boden vor das große Radiogerät. »Heute spielen wir ein kleines Spiel: Wahlen«, erklärte sie Jutta und zog einen großen bösen Wolf, ein scheues Lamm und eine Krähe aus der Kiste. »Wir wählen jede eine Puppe und stimmen für eine Partei. Die, deren Puppe gewinnt, bekommt eine Überraschung.«

Jutta hatte schon gesehen, dass in der Zeitung ihres Vaters eine Menge über diese Wahlen stand, vor allem über die »Braunhemden«. »Mein Lamm und ich sind für die Braunhemden der SA-Sturm 33 Berlin-Charlottenburg!«, rief sie und summte ein beherztes Kampflied, das die SA-Schalmeienkapelle geschmettert hatte, als sie neulich von Friedrichshain nach Westberlin marschiert war, während sie auf ihren Holzblasinstrumenten *Die Fahne hoch* geblasen hatten. Dann senkte sie ihre Stimme zu dem Flüstern, das sie gewohnt war, und wiederholte: »Wir sind für die Braunen.«

»Gut, dann ist meine Krähe für die SPD und Papas böser Wolf für die Kommunisten.«

Zwei Stunden vergingen. Nichts war zu hören außer der Stimme im Radio und dem Klappern von Elses Stricknadeln. Jutta dachte sich kleine Anzi-Hymnen aus und sang sie leise ihrem Lamm vor. Hellberg starrte schweigend das Radiogerät an, wie so oft in den letzten Wochen.

Als die offiziellen Wahlergebnisse bekanntgegeben wurden, war klar, dass die NSDAP 230 Sitze im Reichstag erlangt hatte, 123 Sitze mehr als zuvor. Das ergab sich aus 13 745 680 Wählerstimmen oder 37,27 Prozent (ein Zuwachs von 19 Prozent gegenüber den letzten Wahlen). Die SPD erhielt 21,4 Prozent der Stimmen und die KPD nur 14,3 Prozent. Else schrieb all diese Zahlen sorgfältig auf, und Jutta kämpfte gegen den Drang an, ihr Lamm auf einem Siegeszug zu geleiten.

Else tat ihrer Tochter den Gefallen, das Lamm auf das schwere Radio zu setzen. Aus Juttas Perspektive thronte es wie auf einem Altar. Dann kam die Überraschung: Mutti hatte vor den Wahlen eine Notiz in jede Puppe genäht. Die Krähe hatte New York unter dem rechten Flügel getragen, in den Gaumen des Wolfes war Berlin gestickt. Und unter dem Huf des Lammes stand Palästina.

»Du hast gewonnen«, sagte Else mit trockener Stimme. »Wir gehen in die Wüste.«

»Dann gehen wir wohl nach Palästina«, fügte Hellberg hinzu.

Als sich herausstellte, dass die Nazis in Berlin nur den dritten Platz errungen hatten, hinter den Kommunisten mit 33,5 Prozent und den Sozialdemokraten mit 27,9 Prozent, war es zu spät. Hätten sie die Regeln noch einmal neu verhandeln und nach den lokalen Ergebnissen entscheiden wollen, so hätte Judas großer böser kommunistischer Wolf die Familie in Berlin bleiben lassen. Doch die Entscheidung war gefallen.

Juda trug sein Schweigen und Else ihre Obsessionen in die »Judenkiste«, die große Holzkiste, die sie gekauft hatten, um ihre Hoffnungen und Bücher und geheimen Rezepte und Diagramme und Spielsachen, ihr Rosenthal-Service und das Radio, das Kurvimeter und auch einige der AEG-Geräte einzupacken und in die Wüste zu gehen, wo Joachim Strom für die Philister produzieren würde.

Gerade als das Schicksal – im Form eines seltsamen Marionettenspiels – diktiert hatte, dass die Hellbergs Berlin verlassen und nach Palästina gehen würden, erreichten Dave und ich unser Ziel. Kottbusser Tor. Die U8 würde heute nicht auf ihrer üblichen Route fahren. Hier endet der Service, und das Durcheinander beginnt. »Bitte alles aussteigen.« Der höflichen Ansage gehorchend, quoll der Strom aus dem Zug. Touristen und Autonome mischten sich auf dem Betonbahnsteig. Manche hatten Kameras dabei. Andere schwenkten schwarz-rote Fahnen. Polizei war auch da, und nicht zu wenig.

Mein Mund war trocken, mein Kiefer angespannt. Vielleicht hat Hellberg sich ganz ähnlich gefühlt, als er aus dem Zug nach Berlin stieg und sich selbst in die Bürgerkriegszone navigierte. Oder war es so an dem Tag, an dem sie fortgingen?

Dave war beschwingter Stimmung: »Dann lass uns mal sehen, ob diese Stadt die Polizei verjagen kann.« Mit dem Hasseröder in der Hand schlich er zu einem nahen Abfalleimer. Er legte die Flasche sanft auf den Boden daneben. Ein paar dieser Robocops, wie wir früher schon welche gesehen hatten, ignorierten ihn. »Munition«, Dave zeigte auf eine Gruppe Jungs mit schwarzen Kapuzenshirts, »die sind auf der Suche danach.« Einer der Jungs bückte sich, griff sich die braune Glasflasche und versenkte sie in seinem Rucksack. Während sie hinter ihren Visieren hervorlugten, strahlten die Polizisten eine eiserne Ruhe aus. Alles unter Kontrolle.

Die gnadenlose Mischung aus Musik, Jubeln und Pfeifen machte uns mürbe. Vielleicht war es auch der feine Staub, den die vielen Tausend Raver aufwirbelten. Während sie darauf warteten, dass der Tumult am Kottbusser Tor losging, standen Dave, Lara und ich gegen den Wind auf dem Hügel im Görlitzer Park, wo man jede Menge Illegales in Pulverform kaufen konnte. Vielleicht war unsere entspannte Laune ja auch das Ergebnis der frischen Frühlingsluft voller Glückspartikel. Oder auch einfach unverfälschte Glückseligkeit.

Das Wetter war jedenfalls sehr hilfreich dabei. Der Nachmittag des 1. Mai war klar und kühl, und um halb sechs schien immer noch die Sonne. Die Menschen trugen Sonnenbrillen und Baseballkappen und Filzhüte und Rastamützen und Kapuzen und Strickmützen und Baumwollmützen. Das alles könnte sich später als sehr nützlich gegen die Kameras der Polizei erweisen.

Radioeins zufolge schätzte die Polizei, etwa fünfzehntausend Menschen hätten sich im Görlitzer Park versammelt. Ich hatte sofort den Verdacht, so wie jeder vernünftige Berliner, dass die Menschenmenge sehr viel größer und die Spannung sehr viel geringer sei, als die Polizei behauptete.

Der kleine Grashügel, auf dem sonst gegrillt wurde, war bedeckt von hüpfenden und sich verdrehenden Körpern: ein Gemisch aus netten Einheimischen, Partypromotern, Klubgängern, Cafébesuchern und semiprofessionellen Schriftstellern, lächelnden Außenseitern, Rotkäppchen-Sekt trinkenden Denkern und Maskenbildnern. Sie erhielten Verstärkung durch ein Kontingent Touristen. Diese Volksmiliz hatte sich am Tag der Arbeit zum Feiern versammelt, nicht zum Kämpfen.

Auf der gegenüberliegenden Seite hatte eine schwarz gekleidete Brigade Stellung bezogen. Manche Gesichter sahen denen der Aktivisten und Anarchisten von heute Morgen sehr ähnlich. Vielleicht waren es auch dieselben Leute, die nach dem Erfolg ihrer Blockade mit der M10-Tram nach Süden weitergezogen waren. Sie hielten die Betontribüne besetzt, zwischen den graffitibeladenen Ziegelsteingebäuden, in denen normalerweise ein paar Roma lebten. Einige Hundert von ihnen schmückten die Dächer, schlugen mit einer Hand in die Luft, hielten in der anderen Hand Wasser-, Mate- und Bierflaschen und brüllten zum Beat, auf den Höhen und Tiefen von Trance und Techno segelnd, auf dem Zusammenfluss von Paul Kalkbrenner und Paul van Dyk treibend.

In ihren Latzhosen, Stiefeln, Bärten und Schals wollten die Trotzkisten und Leninisten und Anarchisten und Antifaschisten und Piraten und parteilosen Männer und Frauen aus Kreuzberg und Neukölln etwas ganz anderes vermitteln als bürgerliche Frivolität oder Yuppie-Fröhlichkeit. Doch viele von ihnen hatten ganz zarte Gesichter, eingerahmt von weichen blonden Locken, die unter den schwarzen Kapuzen hervorlugten – was würde geschehen, wenn jemand ihnen die Kapuzenpullis wegnähme? Würden sie sich von Spartakisten in Softies verwandeln?

Diese Gruppe, sehr viel weniger zahlreich, aber stärker im Geist als die auf dem Hügel, war gegen institutionalisierte Unterdrückung, Vorurteile und Voreingenommenheit, gegen den Staatsapparat und den militärisch-industriellen Komplex und gegen McDonald's.

Die Filialen der großen Ketten hatten schon lange zuvor

ihre Schaufenster verbarrikadiert. Es war eine Verteidigungsstrategie, die ich in meinem eigenen Land noch nie gesehen hatte, wo man zwar alle paar Jahre erwartet, dass eine Rakete vom Himmel fällt, niemand aber je eine Bierflasche in das Schaufenster eines Supermarkts werfen würde.

In dem kleinen Tal zwischen dem Hügel und der Tribüne war eine gemischte Garnison aus Aktivisten und Partymenschen. Die unentschiedenen Massen pfiffen jedes Mal lautstark, wenn einer der Organisatoren ankündigte: »Die Polizei verlangt, dass wir die Musik ausmachen, weil wir keine Lizenz haben. Die Party ist vorbei.« Buhrufe und Pfeifen. »Aber noch nicht sofort!« Alles brüllt und tanzt. Ich filmte das Geschehen mit meiner klapprigen Kamera, und meine Brust füllte sich mit Frische.

Dave holte uns ein paar Flaschen *Berliner*, das mit dem Bären, der drei Flaschen auf einem Tablett trägt. Wir tranken, und dann sagte Dave, die schwarzen Augen verträumt ins Leere blickend: »Vor gar nicht so langer Zeit hat mein Großvater mit bloßen Händen Deutsche getötet. Und jetzt bin ich hier und lerne echt offene, gutherzige, interessante Leute kennen. Ich mag diesen Ort, weil er so speziell ist. Die Geräusche, die diese Stadt macht, klingen wie eine Mischung aus Todeskampf und Ekstase. Sie würden es hier nicht zulassen, eine Überwachungskamera an jeden sterbenden Baum und jeden blühenden Laternenpfahl zu hängen, wie sie das in meinem Land tun. Und du kannst es dir hier immer noch leisten, dich nicht totzuschuften fürs Überleben, selbst wenn du auf einer Baustelle arbeitest.«

»Darauf trinke ich«, fiel ich mit ein. »Und außerdem denkt sich hier immer mal wieder jemand ein Stipendiumprogramm für Israelis aus.«

»Glückspilz! Aber das ist ganz normal«, sagte Lara mit trillernder Stimme, die ein bisschen zynisch klang. »Heutzutage toleriert Berlin sogar Leute aus Nordrhein-Westfalen wie mich.«

Dave hielt seine Flasche hoch, und wir stießen an. »Lass uns nur hoffen, dass es hier nicht zu cool wird. Wenn invasives, parasitäres Volk wie die Yuppies einen Preisanstieg erzwingen, werden Leute wie ich abgedrängt aus Vierteln wie Kreuzkölln und Prenzlauer Berg. Dann müssen wir uns fortan woanders auf der Welt von Schnaps und Haferflocken ernähren.«

»Du magst Haferflocken?«, wollte Lara wissen.

»Ich interessiere mich für alles, was halbwegs natürlich wächst und schmecken könnte. Hühner und Halluzinogene eingeschlossen.«

»Aha«, meinte Lara. Dann gab sie zu, dass später am Abend noch ein Revierderby anstand. Als ich versprach, mich nicht ohne meinen israelischen Presseausweis mit der Polizei anzulegen, und sie sah, wie geordnet alles um uns herum ablief, beschloss sie, Dave und mich uns selbst überlassen zu können.

»Macht keinen Unsinn, okay? *Zehirut, chaver«,* was auf Hebräisch so viel bedeutet wie »Achtung, mein Freund«. Und dann war sie weg. Ich fragte mich, ob auch sie ein paar Leichen oder Tagebücher in einer Familienkiste hatte.

Die Party tobte weiter. Wir fanden ein kleines Rasenstück mit vergleichsweise wenigen Currywurstpappen und Antikapitalisten-Flugblättern und legten uns hin. »Sag mir, wenn's Ärger gibt«, bat Dave um einen Weckruf und ließ seinen Kopf auf den biergetränkten Boden sinken. Er schnarchte.

Alles war bereit. Die Judenkiste war gepackt und versiegelt und schon verschifft. Die Fahrscheine hatten sie schon lange im Voraus im »Orientreisen – Palestine Lloyd« an der Joachimstaler Straße gekauft. An jenem Nachmittag im September 1932, einen Tag, bevor sie am Anhalter Bahnhof den Zug über Wien nach Triest und von da weiter nach Nahost nehmen würden, blieb nichts mehr zu sagen oder zu tun. Else war am Lauenburgteich und zählte die Enten, die immer weniger wurden, je kälter und dunkler es wurde.

Juda holte sein braunes Notizbuch aus der Anrichte. Er wies Jutta an, ein kleines Feuer zu entfachen. Sie zündete ein paar Seiten des dünnen *Tageblatts* an. Da die Leserschaft zusammenschrumpfte, gab es inzwischen nur noch eine Morgenausgabe. Juda öffnete das Tagebuch und schrieb eilig auf die letzte Seite: »Es macht nichts.« Dann ließ er es ins Feuer fallen, drehte sich um und begab sich in sein Arbeitszimmer, wo er sich hinsetzte und vor sich hin starrte und nicht mehr grübelte.

»Nein«, wimmerte Jutta. »Nein!« Sie griff mit der Hand ins Feuer und zog das Tagebuch heraus. All das kann nur Sekundenbruchteile gedauert haben, denn selbst siebzig Jahre später ist das Tagebuch noch intakt. Nur die Rückseite ist ein wenig verkohlt. Jutta trug es vorsichtig in ihr Zimmer, wie das Vogelkind, das sie einst in der Tauentzienstraße unter einem Baum gefunden und nach Hause getragen hatte, nur um später angewiesen zu werden, die hilflose Kreatur ihrem Schicksal zu überlassen. Doch diesmal würde sie das, was sie gerettet hatte, nicht wieder hergeben.

Da ihr roter Holztisch schon weit weg war, legte sie das

Notizbuch ihres Vaters mit dem Buchdeckel nach unten auf den Boden. Sie hatte Angst und traute sich nicht, es zu öffnen. Dann blitzte ein Gedanke in ihr auf, und sie zog hinter ihrem Bett, das in Berlin bleiben würde, die federgeschmückte Tasche hervor, die ihre längst verstorbene Tante ihr noch vor ihrer Geburt gekauft hatte und die ihre Mama weder ansehen noch wegwerfen konnte. Jutta nahm einen Stift heraus und begann zu schreiben, mit dem Ernst, den nur eine Zungenspitze zwischen den Lippen vermitteln kann:

»*Mai-käfer fl-ie-g.*« Langsam arbeitete sie sich zum Höhepunkt des Liedes voran.

»*Der Va-ter ist in …*«, nein, ausradiert und verbessert, »*… im Krieg.*«

Sie schrieb es auf die Rückseite, immer schneller und mit jedem Buchstaben flüssiger.

»*Die Mutter ist in Pommerland.*«

Dann, die letzte Zeile in Großbuchstaben:

»*Pommerland ist abgebrannt!*«

Als Else vom Entenzählen zurückkam, hatte sie eine Sonderausgabe von *Scherl's Magazin* in der Hand. Auf dem Titelblatt war ein Mann zu sehen, der es sorgfältig vermied, auf die Linien zwischen den Platten auf dem Gehweg zu treten. Darüber stand der Titel: »Unbewusstes treibt sein Spiel«.

Else legte das Magazin beiseite, als sie die Federtasche sah und das Tagebuch, das Jutta aus den Flammen gerettet hatte. »Das nimmt Mama jetzt«, sagte sie. Ihre Tochter willigte ein. Sie las den Titel »Schokolade ist dicker als Blut: Wie und warum ich von Juda zu Joachim wurde«, lächelte und drehte das Büchlein um, kicherte, als sie das Kinderlied las, und schrieb mit demselben Stift, den Jutta verwendet hatte:

»Das klingt wie der Titel eines spannenden Romans, ist es aber nicht.«

Dann rief sie ihr Mann aus dem anderen Zimmer. Rasch versteckte das Tagebuch unter Juttas Matratze. Als Else weg war, zog Jutta es wieder hervor.

»Ich steckte es unter mein Kleid«, erzählte sie später ihrem Psychiater. »Und als Else zurückkam, sagte ich ihr, ich hätte es die Toilette hinuntergespült, weil niemand es lesen durfte. Und dann verließen wir Berlin, und das war's.«

Im zarten Alter von neun Jahren war Jutta somit im Besitz der Chronik ihrer Eltern, wie sie versuchten, ihre Lebensgeschichten neu zu schreiben – und wie sie auf ganzer Linie versagt hatten.

Und hier endet die Geschichte im Notizbuch von Juda, der erst zum Joachim heranwuchs, um dann wieder zum Juda zu werden.

In Palästina verkaufte er zunächst Wiener Würstchen auf den Straßen von Tel Aviv. Wer weiß, vielleicht trat er sogar in einer der Wochenschauen im Kino auf, wo Menschen vorgestellt wurden, die mit seltsamem Akzent auf der Straße Wurst mit Senf an die Einheimischen verkauften, die eigentlich an Aprikosenschorle und frische Wassermelone gewöhnt waren. Dann wurde ihm eine Stelle bei dem im Entstehen begriffenen Stromerzeuger angeboten, wo er bis zu seinem Tod 1949 arbeitete.

Ich frage mich, was für eine Art Licht Hellberg wohl am Ende seiner Tage gesehen haben mag. War es das schwache Glühen der Sabbatkerzen oder das Flackern der Flammen, die zu Ehren der Schwarzen Madonna leuchteten, waren es unschuldige Berliner Neonlichter oder das blendende Glitzern der Dünen. Vielleicht aber schaltete sich einfach nur sein Bewusstsein aus. Genau wie der Strom der israelischen Elektrogesellschaft, die zu unvorhersehbaren Unterbrechungen neigte. Dieses Problem machte den Oberingenieur zeit seines Lebens wütend und würde seine Ehefrau noch viele Jahre, nachdem er von ihr gegangen war, immer wieder umtreiben.

Else machte weiter, hielt sich am Leben fest und am Stricken und an Ingwerplätzchen und Edelbitterschokolade, auch wenn es nur die minderwertige aus Nahost war.

Jutta heiratete mit siebzehn einen Busfahrer, der sie auf einem verlassenen Grundstück auf dem Rücksitz seines Busses befummelt hatte, wo niemand ihren Protest hören konnte, selbst wenn sie welchen geäußert hätte. Er erzählte ihr, dass er aus dem österreichisch-ungarischen Transsylvanien komme, und das ist die Version, die ich mein ganzes Aufwachsen über herbeten musste. Jutta gebar meine Tante und meine Mutter, die ihre ersten Schritte zusammen mit dem Staat Israel machte. Im Hinterhof ihres Hauses in einer Hafenstadt im Norden stellten Jutta und ihr Mann ein paar kleine Käfige auf, in denen sie Hühner und Kaninchen züchteten und schlachteten – alles in dem Versuch, die Knappheit zu lindern, die auf ein Rationierungsprogramm der Regierung zurückzuführen war.

In der Kiste waren Fotos von Jutta am Strand. Neben ihrer Birnenfigur steht ein gut gebauter, braun gebrannter Mann. »Ein attraktiver Rettungsschwimmer aus Frankfurt«, schrieb sie hinten auf das Foto. Sein Haar ist dicht, lockig und zurückgekämmt. Sie trug einen perfekt geschnittenen Bob, seltsam unbewegt für einen Tag mit Wind und Seewasser. Fotos aus derselben Serie zeigen den stattlichen Mann lächelnd, während sie eine Grimasse schneidet. Er hebt sie hoch, und sie zieht ein Gesicht; er rudert ein Boot, und sie lacht fast.

Als Jutta mit ihrem Lebensretter nach Deutschland segelte, war meine Mutter zehn Jahre alt. Einige Jahre später trieb der gut aussehende Rettungsschwimmer davon und verschwand.

Ich fragte meine Schwester, was ihre Haupterinnerung an unsere Großmutter ist. Sie sagte: »Ihr vorsichtiger und zögerlicher Gebrauch der hebräischen Sprache, zusammen mit ihrer seltsamen Betonung. Auch ihr Gesicht – fast gleich wie Immas (Moms auf Hebräisch) Züge. Aber Juttas Blick war wie tot.«

Alle paar Jahre hatten wir Jutta am Telefon. Ihre Stimme klang immer ausgehöhlt. Ich fand immer, dass ihr Hebräisch mit dem deutschen Akzent komisch klang, aber amüsiert hat es mich nie. Eingangs sagte sie immer: »Shalooom, kann Jutta midaberet«, was hieß: »Hallo, hier spricht Jutta.« Ihre Grammatik und ihre Aussprache und ihre Ausdrucksweise hätten mich eigentlich zum Kichern bringen sollen, aber so war es nie.

Jutta sammelte, sortierte und ordnete die Einzelteile ihres Lebens und legte sie in eine Kiste. Auf die schrieb sie die »Hoppe, hoppe, Reiter«-Zeilen. Kein Brief meiner Mutter, kein Wort über sie.

Ihre Tochter durfte in dieser Sammlung nur auf wenigen Schwarz-Weiß-Fotos auftauchen. Auf einem sitzen meine Mutter und meine Tante in seichtem Wasser, mit Eistüten in den Händen. Es ist der Strand, an dem Jutta ihren Liebhaber kennenlernte. Meine Mutter ist eine hübschere Kopie von Jutta. Und zwingt sich das gleiche schmerzliche Lächeln ab.

Mom ist auf weißem Sand gestrandet, das Meer und der Himmel um sie herum sind grau und ölig. Der anonyme

Fotograf hatte wohl Probleme mit der Belichtung. Mamas Gesicht ist so dunkel wie der Himmel. Ich habe es blasser in Erinnerung.

Navajo-Holger

Die Krawalle liefen wunderbar.

Das Kottbusser Tor wurde von vereinzelten brennenden Mülltonnen und den Scheinwerfern der Polizei erleuchtet. Dieselben kantigen Gesichter auf menschlichen Kampfanzügen waren wieder im Einsatz. Sie schienen wirklich zu wissen, was sie zu tun hatten, was von ihnen erwartet wurde. Trotz meines generellen Misstrauens gegen humanoide Beamte in Rüstungen wollte ich glauben, dass Gewalt nicht Teil ihrer Betriebsvorschriften war. Israelische Polizisten sehen meistens ziemlich verlottert aus, sind aber höchst effizient darin, Demonstranten zusammenzuschlagen. Hier dagegen hatte ich das Gefühl, die Beamten legten es nicht darauf an, die Menge in Stücke zu schlagen. Teilen wollten sie sie allerdings schon.

»Das machen die jetzt seit zwanzig Jahren«, erklärte Dave in der Rolle des Krawallanalysten, während die Polizei sich einen Weg durch die Anarchie bahnte und versuchte, die Demonstranten in einzelne kleine Inseln aufzuteilen. »Beide Seiten haben aus den britischen Poll Tax Riots gelernt. Das Ganze ist gut inszeniert. Hoffentlich läuft es aus dem Ruder.«

Aber das tat es nicht, jedenfalls nicht, während wir da waren. Gespalten durch Misstrauen, Bildungsunterschiede und Berge von Hamburgerverpackungen, schienen beide Seiten recht zufrieden mit dem Verlauf des Abends zu sein:

ein angespanntes Patt, aber kein spontaner Ausbruch. Ich kam mir vor wie bei einer alljährlichen Opernaufführung: Die Hochbahn am Kotti war eine massive Eisenbühne, auf der gewaltige Armeen kapuzentragender Fußsoldaten antraten. Wir hatten einen guten Blick über den Platz, weil wir uns an einem mit Plastikgewichten verstärkten Straßenschild festhielten, das uns als eine Art Loge diente.

»Später wird es bestimmt hässlicher«, versprach ich ohne ersichtlichen Grund. Dave nickte zustimmend.

Ein grauhaariger Mann mit einem Einkaufswagen voller Bierflaschen und Lidl-Tüten kam auf uns zu. Er entlarvte uns schnell als Zuschauer, die höchstens Statisten in der Berliner Szene zu werden hoffen konnten, auf keinen Fall aber Figuren im eigentlichen Stück. »Ihr seid Touristen, oder? Wo kommt ihr her?«

»Ich komme von nirgendwo«, sagte Dave mit einer Stimme, die keinen Widerspruch zuließ.

»Ich komme aus …«, ich wusste nicht recht, was ich sagen sollte, »… aus der Wüste.«

»Ich auch«, sagte der Mann ernst. Er sprach fließend Englisch. »Ihr müsst wissen, dass Touristen – nach Faschisten, katholischen Erzbischöfen und FDP-Wählern – zurzeit die unbeliebteste Gruppe in dieser Stadt sind.« Er lachte und hob eine leere Flasche.

»Bist du Sozialwissenschaftler?«, versuchte ich den älteren Herrn für seine Zeitgeistanalyse zu loben, eine Fähigkeit, die auf eine längst vergangene, glücklichere Zeit seines Lebens hinzudeuten schien, als sein Aussehen heute vermuten ließ. »Bist du ein richtiger Berliner?«

»Eigentlich heiße ich Holger, aber mein Volk sind die Navajo aus Arizona. Ich empfinde die Indianer als sehr viel …

wahrhaftiger als irgendwen sonst. Habt ihr mal an bewusstseinserweiternden Peyote-Sakramenten teilgenommen? Wir hatten gestern eins hier am Paul-Lincke-Ufer. Wir haben Mezcal mit Meskalin getrunken«, sagte er und genoss das Wortspiel mit einem rauchigen Lachen, »und um Schutz für unser Stammesland vor den Behörden gebetet.«

»Schön, dich kennenzulernen, Navajo-Holger.« Dave gab ihm die Hand. »Ich habe Respekt vor Leuten, die die Geschichte überlebt haben mithilfe bewusstseinserweiternder Kakteen und einer eisernen Opposition gegen alles, das korrupt ist in dieser Welt.«

»Und was machst du?«, fragte Navajo-Holger mich.

»Ich bin der Europakorrespondent des nationalen israelischen Fernsehens«, sagte ich. »Ich wohne hier, reise aber überall.«

»Ach, du bist vom Fernsehen… Und wo ist deine Kamera?«, fragte der indianische Deutsche.

»In meiner Tasche«, sagte ich und gestand damit den Gegensatz zwischen meinem großartigen Titel und der winzigen Wirklichkeit ein.

»Dann nimm deine Kamera und geh nach Libyen, in den Irak, nach Arizona. Dokumentiere die wahren Verbrechen gegen die Freiheit, die Menschlichkeit und den heiligen Pilz. Dort, am Kottbusser Tor, siehst du Menschen, die protestieren, ohne zu verstehen, wogegen. Sieh dich doch mal um! Alle sind gegen etwas, Rassismus, Antifa, Atomkraft und Pelze. Keiner ist für etwas. Der einzig wahre Akt des Protestes in dieser trotzigen Stadt ist es, *für* etwas zu sein.« Er zog an seinem klappernden Wagen und wollte schon gehen, da hielt er inne, Augen und Atem voller Mezcal. Aber ich fand, er hatte was zu sagen. Die meisten Berliner, die ich kannte, abgesehen von Lara und Niklas, regten sich auf gegen diese oder jene Ungleichheit, Ineffizienz, Ungerechtigkeit. Waren womöglich die Leute, die etwas unterstützten, die wahre Opposition, *the bona-fide alternative*?

»Tut mir leid, ich muss los. Ich verdiene meinen Lebensunterhalt als Flaschensammler, vor allem auf Festivals, Demonstrationen und an Touristenorten. Die sind sich alle ähnlich, denkt nur an das Holocaust-Mahnmal und das Ring-Center. Acht bis zwanzig Cent pro Flasche, so geht das. Wenn ich nicht schnell bin, zerschmeißen die Chaoten zu viele Flaschen, und mein Einkommen ist futsch. Wisst ihr, für mich zerstören Straßenschlachten die Grundlagen des Kapitalismus.« Er lächelte uns mit krummen Zähnen an.

Dave bat ihn, kurz zu warten, ging zum Lidl und kam mit vier Flaschen Astra Rotlicht wieder, »ein antifaschistisches, aber verlockendes Bier mit hohem Alkoholgehalt«.

Navajo-Holger inspizierte das Bier genau: »Interessante Flaschen, zerbrechen nicht so leicht, und wenn, dann machen sie einen Höllenlärm.«

Wir überließen ihm leere Flaschen im Wert von zweiunddreißig Cent.

Um Daves freundlicher Geste etwas hinzuzufügen, ging ich in einen Späti und kaufte zwei Tafeln Schokolade. Eine war ein grünes Quadrat und versprach ganze Mandeln. Auf dem anderen war diese lila Kuh. »Magst du Schokolade?«, fragte ich auf Deutsch, als ich ihm die Tafeln anbot.

Er warf mir und den Tafeln einen geringschätzigen Blick zu, kicherte und sagte: »Ich esse kein Junkfood. Die Deutschen produzieren keine wirklich gute Schokolade. Sie sollten ihre Energie lieber in Spreewaldgurken investieren.« Dave gluckste, und Holger rollte mit seinem Köfferchen davon.

Meine Wange wurde wieder genau an der Stelle knallrot, auf die mir meine Mutter vor dreißig Jahren eine Ohrfeige gegeben hatte. Ihre Bewunderung für deutsche Qualität zeigte sich am Import von lauter Rechtecken: Deutsche-Grammophon-CDs und Zartbittertafeln. Ich konnte nur hoffen, dass der teutonische Navajo nicht auch Brahms und Schubert für Müll hielt.

Fast schon ein Jahr

Als Dave und ich die Schlesische Straße entlangbummelten, weg von den Krawallen, wichen wir sorgfältig den Knallern aus, die in regelmäßigen Abständen von beiden Seiten gezündet wurden. Es war der organisierteste Aufruhr, den ich je gesehen hatte.

Kriegsgebiet oder nicht, die Bars waren jedenfalls voll. Wir tranken ein paar Moscow Mules zum speziellen Maipreis von 4,90 Euro. Dann stolperten wir zur M10 und von da in ein Taxi, und der Rest ist Geschichte. Dave bekam Pfefferspray ab und schlug mich dafür mit einer Tüte *Naturals, mit Meersalz und Pfeffer*, die er mir dann zum Abschied schenkte. Es war fast sechs Uhr morgens, als ich nach Hause kam, mit glitzernden Augen im Wissen der potenziellen Gewalt und ihrer – mehr oder weniger – effektiven Bekämpfung und Unterdrückung.

Dann fiel mir auf, dass ich schon eine Weile nicht mehr mit Karen gesprochen hatte. Aber dann dachte ich, dass ich eigentlich auch gar nichts zu sagen hatte. Also rief ich sie an.

»Hey, es ist ganz schön früh«, sagte sie, wie üblich schon bei Sonnenaufgang voller Energie.

»Ich habe schon geturnt und muss gleich zu einem Interview mit einem Singer-Songwriter, der jetzt auf Kasino-Kreuzfahrten spielt. Warum hast du nicht über die Nazikrawalle zum 1. Mai in Berlin berichtet? Es war hier überall in den Nachrichten, auch auf deinem Sender.«

»Es gab keine Krawalle und nur eine Handvoll Amateur-Neonazis. Aber trotzdem merkwürdig, dass mich keiner angerufen hat. Ich habe einen Kommentar gefilmt mit ein paar bösen Jungs, die im Hintergrund Grimassen schneiden. Vielleicht hätte ich die Redakteure anrufen und was sagen sollen.«

»Ja, vielleicht«, sagte sie. »Wie geht es dir? Bist du müde? Iss doch ein Stück Chalvakuchen. Du hast bestimmt noch ein paar Stücke im Eisschrank, vom letzten Mal, als ich da war, bevor du nach Warschau abgehauen bist. Sehr nahrhaft, voller Eisen und Kalzium und so.«

»Ja, klasse. Ich meine, wirklich.« Ich verhaspelte mich.

Wie immer half sie mir gerne weiter: »Schon okay, du kannst, weißt du. Du kannst es mir sagen«, sagte sie, wie damals auf der Hochzeit, als wir uns kennengelernt hatten, vor fast einem Jahr. Ich hörte das Rascheln von Papier im Hintergrund. Sie blätterte wahrscheinlich in der täglichen Flut Pressemitteilungen.

»Hör mal, ich muss … Ich kann das nicht.« Ich schämte mich fast für meine Stimme, die entschuldigend und ungeduldig zugleich war. Ihre gedämpfte Stimme wurde heiser. Sie ertrank in einem Meer aus Zeitungsausschnitten und Hintergrundinformationen, und ich reichte ihr nicht die Hand, versuchte nicht, sie herauszuziehen. Dann ließ ich es heraus: »Es ist zu weit weg. Ich meine wir. Ich kann nicht mehr. Es tut mir leid.«

»Aber du bist doch fertig dort, oder? Es ist doch fast schon ein Jahr.« Ihre Stimme war voller Tränen.

»Nein, ich bin nicht fertig. Genau das ist es ja. Da ist noch mehr.«

»Mehr was?« Karens raue Stimme war um mich herum.

»Ich weiß es nicht, aber es ist so.«

Ich konnte ihre Tränen fast an meinem Ohr spüren, wie die falschen Diamanten, die ich neulich in den Arcaden an den Ohrläppchen eines Kerls gesehen hatte. *No matter how hard you try, you can't avoid noticing them.*

»Check mal deine Mails. Du hast ja keine Ahnung«, brach es aus ihr heraus. Dann legte sie auf.

Ich fand eine weitergeleitete Mail von ihr, eine Bestätigung des Organisationskomitees des Berliner Marathons. Darin standen mein Name und eine Läufernummer. Außerdem fand ich einen Stadtplan mit einer dicken blauen Linie, die einen Kreis bildete, größer als die Ringbahn, und Symbole für die Siegessäule und den Fernsehturm entlang der Strecke, die aussahen wie Aufkleber für Kinder. Ein großes Stück der Strecke wand sich rund um den Westen Berlins, aber die meisten Etappenposten dort kannte ich nicht. Karen hatte mich zum Marathon angemeldet. Es war eine Überraschung, ein Geschenk.

Die andere Mail war von meinem Chef und ganz kurz: »Ruf mich an, asap.« Ich sah die Buchstaben lange an, schloss erst mein rechtes Auge und dann mein linkes und versuchte, sie in meinem Kopf zu fixieren.

In jenem Sommer war nicht viel zu tun. Karen und ich hatten schon seit Wochen nicht mehr miteinander geredet. Nicht einmal E-Mails geschrieben oder gechattet oder geskypt.

Eine Mail schickte sie mir noch, direkt nach dem Debakel am Morgen des 2. Mai: »Ich hab Dir was geschenkt – Du wirst den Berlin Marathon laufen. Und Du wirst es schaffen. Aber Du willst allein weitergehen, weil Du noch nicht angekommen bist. Aber eigentlich sagst Du mir mit Deinem Verhalten, dass Du nicht ankommen willst. Nicht bei mir. Vielleicht nie. Vielleicht kannst Du bei Dir selbst ankommen? Das wünsche ich Dir, und deshalb lasse ich Dich – und mich – frei. Hoffen wir, dass Du Dich eines Tages auch von falschen Erwartungen freimachen kannst, von diesem ständigen Bemühen, Dich Dämonen zu stellen. Denn wenn Du das tust, läufst Du weg. Für Dich gibt es niemanden als Dich, aber viel wichtiger ist, dass es kein Wir mehr gibt. Ich hätte all Deinen Schmerz fortküssen können, wenn Du mich nur gelassen hättest. Ich wünsche Dir alles Liebe und auch ein bisschen Verstand. Sei brav.«

Sie unterschrieb nicht mit ihrem Namen. Da stand nur dieses »sei brav«.

An ebenjenem Morgen des 2. Mai antwortete ich auf die asap-Mail und wurde telefonisch von meinem Chefredakteur gefeuert. Seine Erklärung lautete so: »Ähm, na ja, Budgetkürzungen. Es ist nicht leicht, aber es wird schon.« Wie sich herausstellte, kursierten längst Gerüchte über meine Kündigung in der Zentrale in Tel Aviv, bevor ich davon erfuhr.

Ich schilderte dem Waschsalonbetreiber in knappen Worten meine neue Lage. »Pech«, sagte er, »Pech gehabt. Aber hast du Münzen, Kleingeld? Du musst es passend haben.«

Omer hatte Berlin verlassen, weil er den Regen satt hatte und den Morgen in der Feuilletonabteilung seiner Zeitung verbringen wollte, *the afternoon in a well insulated Archive*, und den Abend am Strand von Tel Aviv. Er machte sich einen Namen dadurch, dass er immer wieder peinliche historische Fehler in öffentlichen Publikationen aufdeckte und damit zum wiederholten Male Museumskuratoren und Katalogherausgebern von Washington über Jerusalem bis Auschwitz schlaflose Nächte bescherte.

Lara und Niklas zogen nach München. Sie wurden beide zu leitenden Redakteuren befördert, zwei Profis par excellence. Sie hinterließen mir ihr Sofa, eine Sucht nach Apfelschorle und dem Aktuellen Sportstudio und eine gewisse Verwirrung angesichts ihrer so natürlichen Einstellung, dass das Leben ganz okay ist und deshalb auch besser werden kann.

Ich sah Dave ein weiteres Mal, zehn Wochen vor dem Marathon. »Wie geht's, Mann?«

»Nicht schlecht, ich werde einen Bauernhof in Mecklenburg renovieren. Eine meiner amerikanischen Barbesitzerbekanntschaften hatte ihn für eine Summe gekauft, mit der man in seinem Heimatviertel Williamsburg gerade mal einen Schuppen kriegen würde. Der Expat aus New York hatte mir eine Künstlergage von einer Flasche Whisky pro Auftritt angeboten. Bald beschäftigte er meine Verputzertalente für fünfzig Euro pro Tag. Immerhin, die Renovierung war besser bezahlt als Bassspielen oder Auflegen, und sie war nicht so schlecht für die Leber.«

Er schien sich mit den Fakten des Lebens abgefunden zu haben. Wenn es bedeutete, dass ein desillusionierter Antikapitalist sich freiwillig für die Vorhut der Marktkräfte im Hinterland der DDR meldete, um seine Miete zu bezahlen, so sei es.

Ich brauchte noch ein letztes Mal seine Hilfe. »Kommst du mit mir in die Kniephofstraße 10 in Steglitz?«

»Warum?«

»Mein Urgroßvater und meine Urgroßmutter und meine Großmutter lebten dort bis 1932. Es könnte interessant für dich sein, denn wenn ich richtig informiert bin, ist das nicht weit entfernt von da, wo Iggy Pop und David Bowie in den Siebzigern wohnten. Das muss man ihnen lassen. Sie lebten in einem total uncoolen Teil von West-Berlin, als die Stadt noch alles andere als cool war.«

Im Gegensatz zu uns, wollte ich hinzufügen. Aber dann sah ich Daves Gesicht. Da zog gerade ein Sturm auf.

»Wer gibt einen Scheiß auf David fucking Bowie? Bei dem hat sich ewig nichts mehr getan. Und bei dir, mit Verlaub, ist auch nix los. Du bist zu sentimental, und du bist Journalist, du tust nichts außer beobachten und absorbieren. Aber du bist stark«, meinte er schließlich. »Du bist ein Langstreckenläufer. Viel Glück bei deinem Rennen.« Und damit verließ er mich, und ich fragte mich, ob er je in der Lage sein würde, in einem Mecklenburger Bauernhaus diese selbstsichere Zufriedenheit zu entwickeln, die meine Großeltern suchten und nie fanden.

Da wartete kein herzerwärmender Altbau auf mich in der Kniephofstraße 10. Nur ein Apartmentgebäude aus den Sechzigern, eine gelbe Fassade mit grünlich angestrichenen Balkonen.

Ich versuchte, sie mir vorzustellen, wie sie aus dem ursprünglichen Haus kamen. Else fuhr mit der Hand das Geländer entlang *and counted.* Juda dachte über Brünings Steuern nach. Jutta hielt eine Ausgabe vom *Struwwelpeter* im Arm. Unter ihrem knielangen weißen Rock steckte das verkohlte Tagebuch.

Ob sich ihre Eltern an die Nacht erinnerten, als Elses Marmorbeine auf Platz zwei hinter denen der schwarzen Venus landeten? Oder an den Morgen, als ein Gummimann Juda warnte, keinen Ärger zu bekommen?

Es war noch nicht so lange her, müssen sie gedacht haben. Etwas mehr als zehn Jahre.

Fand Juda je heraus, dass seine Mischlingstochter mit der Milch seiner konvertierten Frau getauft war?

Ich fuhr zurück zum Prenzlauer Berg, wo manche der alten Gebäude immer noch die Narben der Einschusslöcher trugen. Diese alten Male verbreiteten eine Ernsthaftigkeit, die die glatten Fassaden an der Kniephofstraße nicht besaßen.

Ich hatte also meine Beziehung beendet, war fast mit der Kiste fertig, hatte gerade meinen Job verloren und litt unter einem akuten Mangel an Menschen, die mir nahestanden. Nun, da alle äußere Anregung und Unterstützung verloren waren, ging der innere Lärm los. Ich hatte von Anfang an gewusst, dass in dieser Stadt, die so viele günstige Snacks bot, der Hungertod – finanziell und emotional – nicht selten war. Nun bekam ich meinen Anteil, von beiden. So wie es aussah, gab es nur einen Weg, mit der Leere umzugehen: Ich musste mich bewegen. Also ging ich laufen.

Blieb noch ein ochsenblutfarbener Tintenfleck, den Jutta auf dem psychiatrischen Gutachten hinterlassen hatte. Dasselbe Dokument, das mir vor fast einem Jahr »Hasse sie« und »Hasse dich« und »Hexe« entgegengeschrien hatte, als ich die schwarze Kiste zum ersten Mal geöffnet und »Hoppe, hoppe, Reiter« und »Maikäfer flieg« losgelassen hatte. Inzwischen konnte ich trotz Juttas roter Hieroglyphen ganze Sätze entziffern.

»Ich ging zu dem Therapeuten, weil ich hoffte, ich könnte meinen Kopf sortieren und mich mit den Strafen auseinandersetzen, die mir zugefügt wurden«, schrieb Jutta. »Der Therapeut machte folgenden Vorschlag, wie ich mit den Erinnerungen an mein Leben umgehen sollte: Ich soll ein schönes Porträt von Else an einem zentralen Punkt im Haus aufhängen. Jedes Mal, wenn ich daran vorbeigehe, soll ich laut und so oft ich will sagen: ›Ich hasse dich, hasse hasse hasse hasse dich! Else! Genug! Ich hasse dich!‹ Komische Idee, nicht wahr? Aber ich glaube, ich probiere es aus.«

Auf der Rückseite und noch tiefer in den Untiefen der Seele meiner Großmutter fand ich ihre Beschreibung des Ergebnisses: »Es funktioniert! Die Schreimethode gefällt mir. Manchmal schreie ich so laut, dass der Nachbar herüberkommt, um nach mir zu sehen, und ich sage ihm dann, dass es mir gut geht, danke. Komisch, nicht wahr?«

Jetzt weiß ich also, warum Jutta, als ich damals mit meiner Mutter bei ihr war, das gerahmte Porträt meiner Urgroßmutter im Wohnzimmer angebrüllt hat.

Jutta bat ihren Nachbarn, vier schlecht gemalte Ölgemälde aufzubewahren, jene nämlich, die ich weggeworfen hatte. Elses Foto gab sie ihm nicht. Die Frau, die ihr das Leben geschenkt und sie dann hängen gelassen hatte, widerte sie an, doch zugleich fühlte sie sich zu ihr hingezogen. Also hängte sie das Bild auf, schuf der rachsüchtigen Matriarchin einen Heiligenschrein. Später tat Mama, Juttas Tochter, es ihr nach: Sie hängte alte Fotos auf und sprach mit ihnen, mit Bewunderung und Zorn.

Jutta schreibt weiter: »Ich fragte den Psychiater, ob es vererblich sei, ob man es über das Blut bekommen könne. Er forderte mich auf zu beschreiben, was ›es‹ sei. ›Na ja, das, was meine Mutter hatte‹, antwortete ich. Darauf lächelte er und sagte: ›O nein, es ist nicht ansteckend oder dergleichen. Sonst hätte Ihr Vater doch auch Symptome gezeigt, oder? Hatte er ›es‹? ›O nein‹, sagte ich, ›soweit ich mich erinnern kann, war mein Vater ein ruhiger, fast schon langweiliger Mann.‹ ›Sehen Sie, dann ist es nicht in Ihrem Blut‹, sagte der Psychiater und schickte mich nach Hause, meine Mutter im Flur aufzuhängen.«

Juttas psychiatrisches Gutachten endet mit der Einschätzung »gelegentlich desorientiert«.

Die Schrittmacherin

Die beiden Linien erstreckten sich unter mir, gleichgültig und funktional. Die eine war gelb und Teil der normalen Straßenmarkierung des Berlin Marathon, die andere war blau und markierte die Rennstrecke. Beide waren auf dem glatten schwarzen Asphalt deutlich erkennbar, trotz des strömenden Regens, der schon große Teile der Straße überflutete. Ich war kurz vor dem Fünf-Kilometer-Schild, irgendwo bei der JVA Moabit, in einer Pfütze gestolpert, als ich die Straße überqueren wollte, um zu einer Wasserstation auf der linken Seite zu gelangen. Und das, obwohl ich in dem strömenden Regen wahrscheinlich kaum Gefahr lief zu dehydrieren. Einer meiner Mitläufer trat mir – vielleicht versehentlich – auf die Ferse. Mein Turnschuh flog in einen nahe gelegenen Busch, eine perfekte Tropfenspur hinter sich herziehend. Humpelnd fischte ich meinen Schuh wieder aus dem Busch.

»Was zu trinken?«, fragte mich eine freiwillige Helferin, ein etwa zehnjähriges Mädchen, und reichte mir einen Plastikbecher, während ich meinen Schuh wieder anzog. Das kleine R auf meinem neuen professionellen, atmungsaktiven Socken verlor schon die Farbe. Ich hatte ein Ziel: Ich wollte 42,195 Kilometer in weniger als dreieinhalb Stunden, also zweihundertzehn Minuten, laufen. Drei davon zu verlieren, weil ich meinen Schuh nicht gut gebunden hatte, war unverzeihlich. »Ja, danke!« Ich trank und rannte zurück auf die Strecke.

Das sollte für eine Weile meine letzte zusammenhängende Erinnerung bleiben. Der Rest sind nur noch Fetzen und der verzweifelte Versuch, in der Zeit zu bleiben. In dichten Fäden fiel der Regen und durchweichte mein ärmelloses Hemd, das an meinem durch die Kälte gefühllosen Brustkorb klebte. Die Straße war gesäumt von lächelnden Gesichtern, die vor den Plattenbauten am Strausberger Platz »Weiter, Thomas, weiter!« riefen und »Erik, Erik!«. Am Südstern gurrten Marimbas, in der Yorckstraße summten karibische Trommeln, und am Platz am Wilden Eber schwenkten Cheerleader ihre Pompons.

Dann, bei Kilometer 25, verschmolz alles. Die Musik, Rufe, Gesichter, Schilder und Flaggen verschwammen, lösten sich auf. Selbst ich war nicht mehr da, jedenfalls nicht wie ein menschliches Wesen auf der Erde. Was blieb, waren nur Leere und das Trappeln der Füße entlang der gelben und blauen Linien. Ich wollte mich an den beiden Linien festhalten, wenn ich um Kurven rannte, damit mich die Zentrifugalkräfte nicht aus der Bahn werfen konnten. Doch die Linien waren keine Rettungsleinen. Ich watete durch den grauen Asphalt, der sich nicht mehr vom Himmel unterscheiden ließ.

Ich steckte zu tief drin, zu weit draußen im Westen, wo Judas und Elses Fantasien blühten und welkten. Als ich zwölf Monate zuvor in diese Stadt gekommen war, wollte ich Teil werden von etwas, das man mir als Jahrhundert alte Familiengeschichte nahegebracht hatte. Was aber die Kiste herausgekotzt hatte, lehrte mich, dass Urgroßvater und Urgroßmutter hier für etwas mehr als ein Jahrzehnt gelebt hatten, zwei Emigranten, irregeführt zu der Annahme, dass es genügen würde, ihre Rolle mit Feuer und Hingabe zu spielen. Sie hielten fest an alten Gewohnheiten und neu entwickelter Getriebenheit so fest, wie sie nur konnten. Und dennoch, alles, was fest war, wurde weggewaschen, löste sich auf.

Bei dem 25-Kilometer-Schild, das an der großen Kaisereiche stand, nur fünf Minuten Laufstrecke entfernt von dem Berliner Haus, das sie hatten verlassen müssen, wusste ich, wie es sich anfühlt, entwurzelt zu sein.

Am Tag vor dem Marathon hatte ich noch einen maschinengeschriebenen Brief von Jutta aus der schwarzen Kiste gezogen, das letzte Stückchen Erinnerung an sie. Er war aus dem Jahr 1976, und sie schrieb einer israelischen Freundin aus dem Sommerurlaub in Flensburg und Glücksburg an der Ostsee, nur wenige Kilometer von der dänischen Grenze entfernt. Sie hatte der Freundin ein Päckchen schicken wollen. »Darin hätten 1,5 Kilo dänisches Marzipan sein können. Das kostet hier im Hafen nur 8,60 DM, in Deutschland aber 22 DM. Stell dir das mal vor! Und das Marzipan ist viel intensiver und hält viel länger. Die verkaufen hier auch wunderbares dänisches Konfekt, Aprikosen in Karamell und Kognak und solche Sachen. Aber ich musste es alles selbst essen und konnte nichts schicken. Es schmilzt ja hier schon, so heiß ist es. Bis es bei dir ankommt, ist es nur noch eine braune Masse.«

Ich ging zu Bett, ohne Juttas Brief zu Ende gelesen zu haben. Am Morgen vergaß ich ganz, zwei Stunden vor dem Start des Laufes ein Stück Edelbitterschokolade zu essen, was mir ein Profi geraten hatte. Ein weiterer Ratschlag war gewesen, immer darauf zu achten, dass meine Schuhe fest geschnürt sind.

Und dabei sollte ich doch an meinem großen Tag wie ein fehlerfreier Automat laufen. Wie diszipliniert und willensstark hatte ich mich durch den Sommer gekämpft. Keine Zigaretten. Laufen im Grunewald. Keine Tüten. Joggen im Plänterwald. Apfelschorle statt Bier. Bergauftraining im Humboldthain. Weniger Ritter Sport und mehr Müsli.

Einmal war ich im Plänterwald über einen Zaun in einen verlassenen Vergnügungspark geklettert. Ich lief über einen Dinosaurierfriedhof und hüpfte an Plastikkadavern entlang, die dort in den nächsten fünfundzwanzigtausend Jahren verrotten würden, im Gras unter einem stillstehenden Riesenrad. Als der Wachmann mich erwischte, zog ich meinen israelischen Presseausweis hervor. Er wies mich darauf hin, dass er abgelaufen sei. Also gab ich ihm zwei Euro. Er gab mir dafür ein Glas abgestandenes Leitungswasser und geleitete mich aus dem Jurassic Park. »Warum klettern bloß alle immer über den Zaun? Ich versteh das nicht«, murrte er, als er das Tor hinter mir schloss. »Warum kommt ihr nicht einfach zu den geführten Touren am Wochenende?«

Alles in allem war ich sehr diszipliniert gewesen und hatte nicht mehr Energie als unbedingt nötig auf die Kommunikation mit Menschen verschwendet. Meistens redete ich mit mir selbst, gab mir Befehle, schmeichelte mir, machte Witze, tat alles, um mich davon zu überzeugen, dass ich es schaffen konnte. Meine engsten Vertrauen und Verbündeten in jenem Sommer waren meine Laufschuhe. Ich hatte sie im *Runner's Point* gekauft, zwischen dem kurdischen Späti und Kaiser's. Auf einem Plakat im Schaufenster stand »50 % Rabatt auf alle Schuhe«. Das hing dort schon, seit ich vor langer Zeit durch den Januarschnee gepflügt war.

Als ich gerade in Erwägung zog, aufzugeben und an einem Stand anzuhalten, an dem drei bärtige Männer »Lust for Life« von Iggy Pop spielten – eine merkwürdige Art, Marathonläufern dabei zu helfen, Frustrationen zu überwinden –, und als sie gerade krächzten »Well, that's like hypnotyzing chickens«, da tauchte etwas Konkretes zwischen den Regentropfen auf. Es war eine grüne Baseballkappe. Ein Pferdeschwanz wuchs daraus hervor und hüpfte vor mir auf und ab, im selben Tempo wie ich, aber ohne die darunterliegende Verzweiflung. Die schlanke Mittvierzigerin trug ein schwarzes Top und schwarze Leggins. Sie trug ihre eigene Wasserflasche und lief konzentriert, effizient und selbstbewusst. Sie hatte nichts zu tun mit einer grandiosen oder beschämenden Vergangenheit. Sie rannte einfach. Wie ein Metronom, neutral und fähig.

Ich folgte ihr mechanisch, trat in jede Pfütze, in die sie trat, nahm eine Banane von einem Obststand, wenn sie eine nahm. Ich winkte sogar in die Kameras und lächelte, wenn sie es tat, und bemühte mich, immer einen Schritt und eine halbe Geste hinter ihr zu bleiben. Wir waren miteinander verbunden, wurden gleichzeitig schneller, wenn wir Energie hatten, verlangsamten, wenn wir müde wurden. Der einzige Makel in unserer Zusammengehörigkeit war, dass sie keine Teilnehmernummer trug.

Sie zog mich mit. Gleichmäßig, selbstsicher trabten wir den Hohenzollerndamm und den Ku'damm entlang. Nachdem wir schweigend über eine Stunde lang gerannt waren, näherten wir uns dem Potsdamer Platz. Das nahe Ende schien quälend fern. Zeit und Entfernung und auch alles andere waren zugleich bedeutungslos und dramatisch. Hundert Meter waren nicht mehr das, was sie im normalen Leben waren. Sie waren länger, dehnten sich ewig. Und doch – so nah.

Dann stieß ich mit dem Schienbein an ihre Ferse.

»Ssstt, uouuuffn«, hörte ich ihre erstickte Stimme durch den Regen.

»Tut mir leid«, keuchte ich. »Hast du gesagt, ›pass auf!‹?«

»No, no«, sagte sie über die Schulter, *»pass it on!«*

Sobald wir die Ziellinie erreichten, wollte ich sie fragen, was sie damit meinte. Plötzlich war da ein Blitz, und jemand rief meinen Namen.

»Ilan!« Es war Lara. Sie schwenkte ihre Kamera und rief: »Ich hab dich. Lauf weiter!« Wie hatte sie mich nur unter den Tausenden Läufern vor dem Bahntower gefunden? War sie eigens aus München gekommen, um mich im Blitzlicht zu baden und mir einen letzten Schub Energie einzuspeisen? Jawohl! Ich werde es schaffen, wir werden es schaffen, versprach ich meinen protestierenden Beinen.

Und auch der Frau wollte ich das sagen, aber wo war sie? Der Pferdeschwanz hüpfte nicht mehr vor mir auf und ab. Unter Schmerzen wandte ich den Kopf. Hinter mir war sie auch nicht. Weg. Dann kam der letzte Abschnitt, Sekunden und Meter lösten sich in seltsam gedämpftes Trampeln und Atmen auf. Das letzte Stück Unter den Linden war nur noch gesichtsloser Lärm. Ich hielt mich an der blauen Linie fest, mein Kopf war angefüllt mit etwas, das sich wie verwirrtes Garn anfühlte.

Sie war auch nicht da, als ich atemlos die Ziellinie überquerte und auf die große Uhr sah, nur um festzustellen, dass ich schon wieder zu spät kam, diesmal um neunundzwanzig Sekunden. Aber das bedeutete nun nichts mehr. Nicht jetzt. Ich hatte es geschafft. Ich keuchte im Nieselregen, und meine Augenlider konnten nicht mehr und fielen zu.

Irgendwas nicht Süßes

Im trüben Halbdunkel machten die sepiafarbenen Gesichter aus der Judenkiste ein kleines Tänzchen vor mir. Jetzt war es klar. Juda war kein bisschen mehr echt deutsch gewesen als ich; Else und Ingrid waren keine Berliner Freigeister gewesen. Mom war keine Preußin und Jutta keine Jüdin.

Als ich hier ankam, wollte ich unbedingt ihren Spuren folgen. Aber die Spuren, die sie in der Kiste hinterlassen hatten, waren derart verworren. Also versuchte ich, wo immer es ging, an lebenstüchtige Personen zu geraten. Ein cooler Profi zu sein wie Lara und Niklas, ein bissiger Charmeur wie Dave, eine melancholische Romantikerin wie Karen, ein geschmeidiger und schrulliger Unternehmer wie Omer. Die

Frage meiner Mutter »Was machst du mit dem Deutschen?« versandete schneller als die Bemühungen meiner Vorfahren. Aber es kostete mich nicht mein ganzes Leben. Im Gegensatz zu meiner Urgroßmutter und meinem Urgroßvater lockte Berlin mich nicht charakterlich in die Falle. Wenigstens nicht für immer. Inzwischen ging man behutsamer damit um. Im Gegensatz zu meinen Vorfahren hatte ich eine Wahl: mein eigenes Leben zu führen – ungeschickt, unperfekt, ein bisschen dekadent und ein bisschen spießig, aber meins – oder einem todernsten Skript zu folgen. Mom hatte sich für die zweite Möglichkeit entschieden, aber ich war ziemlich sicher, sie hätte die erste gemocht. Sie war tot. Ich war auf mich selbst gestellt.

Ich öffnete meine Augen. Lara war da.

Sie winkte mir zu. »Sieh dir das Foto von dir an!« Sie wurde rot vor Stolz. »Ziemlich cool.«

Ich war mitten im Lauf, aber gestochen scharf. Ich lächelte. Wenn Sportkommentatoren mich gesehen hätten, hätten sie mich gut und gern als, na ja, spritzig beschreiben können. Zumal es gegen Ende meines ersten Marathons war. »Das ist doch was, stimmt's?«, sagte ich. Die anderen Läufer auf dem Foto waren verwischt, auch meine Schrittmacherin. Sie hatte ihr Gesicht abgewandt, und sie hatte keine Nummer. Den Regeln des Organisationskomitees zufolge hatte sie nie existiert. Ich war dem freundlichen Geist dankbar, der mich ins Ziel gebracht hatte. Und einem lebenden Menschen.

»Lara, du hättest wirklich nicht …«, keuchte ich, auf eine Absperrung gestützt.

»Ach, sei still«, sagte sie, »ihr habt immer wegen irgendwas Schuldgefühle.«

Sie saß neben mir, während ich eine Banane und einen Müsliriegel und ein Erdbeer-Vanille-Energie-Gel verschlang. Wir sagten lange Zeit nichts. Ich atmete in tiefen Zügen. Dann war mein Kopf leer und ruhig. Sie half mir auf die Beine.

»Wollen wir was essen gehen?« Ich humpelte glücklich neben ihr her.

»Klar«, sagte sie. »Worauf hast du denn Lust?«

»Irgendwas nicht Süßes.«

Eine Tram mit einem rosa Werbeplakat fuhr an uns vorbei. Es versprach – auf Englisch – das *Diana FKK* sei »under new management«. Ich fragte mich, ob Engelbert ebenfalls geflogen war.

Verändert

Ein paar Tage nach dem Marathon musste ich zum Bundespresseamt, um mein Visum und meinen Presseausweis verlängern zu lassen. Neben einem Stapel Formulare und Dokumente musste ich auch ein aktuelles Passbild vorlegen, und so suchte ich am Bahnhof Friedrichstraße eine FotoFix-Kabine auf. Ich brauchte ein biometrisches Passfoto zur Vorlage bei der allmächtigen Ausländerbehörde.

Für die in die Maschine eingeworfenen sechs Euro erhielt ich Anweisungen von einer Stimme mit starkem Dialekt – vielleicht Schwäbisch? »Gerade sitzen. Nicht lächeln. Nicht die Stirn runzeln. Wenn Sie ein Baby haben, achten Sie darauf, dass es nicht im Bild ist. Brille absetzen, es sei denn, Sie haben entspiegelte Gläser.«

An der Wand neben dem Automaten hing ein Poster

mit etlichen verbotenen Kopfbedeckungen und problematischen Frisuren. Ich war frisch rasiert, hatte sogar ein Stylingprodukt angewendet und trug einen perfekten Seitenscheitel.

Als sie die ausgefüllten Formulare, meinen Pass und die vier Fotos entgegennahm, trat ein besorgter Ausdruck auf das hilfsbereite Gesicht von Frau Schröttler, der Dame vom Bundespresseamt: »O je«, sagte sie zerknirscht, »wie schade. Der Ausländerbehörde wird das nicht gefallen.«

»Wo liegt das Problem?«

»Sie sehen genauso aus wie vor einem Jahr.«

»Wie meinen Sie das? Es ist ja gerade erst ein Jahr her.«

»Ja, natürlich. Aber Sie haben sich nicht genug verändert. Die werden vermuten, dass Sie gefälscht sind. Ich meine, Ihr Antrag. Es tut mir sehr leid. Können Sie mir ein Foto bringen, auf dem Sie ein bisschen … anders aussehen?«

»Na klar.« Ich dankte der freundlichen Frau Schröttler und kam ein paar Tage später in lockerem Outfit und mit einem neuen Satz Passbilder wieder. Diesmal hatte ich mich nicht rasiert und mir die Haare verstrubbelt. Als ich aus der Foto-Fix-Kabine trat, hätte man mich leicht für einen Schmuggler vom Balkan oder einen Kämpfer aus Nahost halten können.

»Viel besser«, strahlte Frau Schröttler, als sie meinen Bart und mein wirres Haar sah. »Jetzt sehen Sie ganz … anders aus! Und das so schnell! Gut gemacht!«

Die Ausländerbehörde war anscheinend auch mit meinem neuen Style zufrieden, und so bekam ich innerhalb von einer Woche meinen Pass zurück und eine Aufenthaltserlaubnis für ein weiteres Jahr.

»Ein Wunder ist geschehen«, stand auf der letzten, maschinengeschriebenen Seite von Jutta. »Ich habe mich auf meine alten Tage verliebt. Er ist vierundsechzig, unglaublich nett, ausgebildeter Kapitän und arbeitet noch. Er nennt mich Judy, aus Spaß. Aber er ist verheiratet und so gewissenhaft, dass er sich ganz sicher ist – so wie ich auch –, dass man nach einundvierzig Jahren Ehe nicht einfach sagen kann: ›Das war's, ich lebe, da ist jemand anderes.‹ Nun, so ist das Leben, man kann eben nicht alles haben, was man gerne möchte. Aber eine komplizierte Liebe ist immer noch besser als gar keine.«

Ich las die letzten beiden Sätze wieder und wieder. Die Worte schmeckten nach Tränen. Ich mochte diese Salzigkeit.

Bitte beachten Sie auch
die folgenden Seiten

Lena Muchina

Lenas Tagebuch

Leningrad 1941–1942

Aus dem Russischen übersetzt und mit Vor- und Nachwort sowie Anmerkungen von Lena Gorelik und Gero Fedtke

375 Seiten, gebunden mit Schutzumschlag, € 18,–

ISBN 978-3-86220-036-8

Ein einzigartiges Dokument, das erst jetzt entdeckt und veröffentlicht wird: das berührende, dabei unsentimentale Tagebuch eines sechzehnjährigen Mädchens, das die Belagerung von Leningrad überlebte. Eine russische Anne Frank.

»Ein Sensationsfund.« *Vladimir Balzer, DeutschlandRadio*

»Eine Chronik des Grauens, in ihrer unsentimentalen Art vergleichbar mit dem Werk von Anne Frank.«
Til Biermann, welt.de

»Eine wichtige und beklemmend nachhaltige, weil unverstellte Stimme aus diesen 872 Tagen.« *Anja Hirsch, FAZ*

G

GRAF

www.graf-verlag.de